国家社科基金项目"政府向社会力量购买公共服务评估指标体系构建及应用研究"(15BZZ055)成果

北京大学国家治理研究院研究成果

江苏省第五期"333高层次人才培养工程"科研资助项目(BRA2020279)

南京理工大学数字政府与基层治理研究中心研究成果

国家治理研究丛书

政府向社会力量购买公共服务

评估指标构建及应用研究

范炜烽 许 燕 著

中国社会科学出版社

图书在版编目(CIP)数据

政府向社会力量购买公共服务：评估指标构建及应用研究 / 范炜烽等著. —北京：中国社会科学出版社，2020.12
ISBN 978-7-5203-7671-6

Ⅰ.①政… Ⅱ.①范… Ⅲ.①公共服务—政府采购制度—研究—中国 Ⅳ.①D669.3

中国版本图书馆 CIP 数据核字（2020）第 259548 号

出 版 人	赵剑英
责任编辑	许　琳
责任校对	鲁　明
责任印制	郝美娜

出　　版	中国社会科学出版社
社　　址	北京鼓楼西大街甲 158 号
邮　　编	100720
网　　址	http://www.csspw.cn
发 行 部	010-84083685
门 市 部	010-84029450
经　　销	新华书店及其他书店
印刷装订	北京市十月印刷有限公司
版　　次	2020 年 12 月第 1 版
印　　次	2020 年 12 月第 1 次印刷
开　　本	710×1000 1/16
印　　张	21.75
插　　页	2
字　　数	324 千字
定　　价	128.00 元

凡购买中国社会科学出版社图书，如有质量问题请与本社营销中心联系调换
电话：010-84083683
版权所有　侵权必究

总　序

2013 年，中共十八届三中全会通过的《中共中央关于全面深化改革若干重大问题的决定》庄严宣示，全面深化改革的总目标是"完善和发展中国特色社会主义制度，推进国家治理体系和治理能力现代化"，从而在全面深化改革的意义上，确定了国家治理现代化的目标。2019 年，中共十九届四中全会通过的《中共中央关于坚持和完善中国特色社会主义制度、推进国家治理体系和治理能力现代化若干重大问题的决定》，把国家治理现代化提升到"五位一体"总体布局和"四个全面"战略布局层面，进一步明确中国的国家治理现代化，就是坚持和巩固中国特色社会主义根本制度、基本制度和重要制度，完善和发展中国国家治理的体制机制，并且提升运用国家制度科学、民主、依法和有效治理国家的能力，由此使得坚持和完善中国特色社会主义制度、推进国家治理体系和治理能力现代化成为国家建设、改革和发展战略的重要构成内容。

基于对于中华民族伟大复兴和中国人民幸福的伟大事业、中国特色社会主义建设、改革和发展历史进程和中国特色社会主义现代化宏伟工程的初心使命和责任担当，北京大学国家治理研究院协同兄弟院校、科研机构，紧紧围绕国家治理现代化的重大迫切需求，通过与国家机关、地方政府、企业事业、社会组织的合作，促成政治学、行政管理学、法学、经济学、财政学以及相关学科的协同创新，承担科学研究、人才培养、学科建设和社会服务的重要任务，建成"国家急需、世界一流、制度先进、贡献突出"的一流科研和教学机构，为推进国家治理现代化培养一流人才、贡献智力支持。

在新时代，根据坚持和完善中国特色社会主义、推进国家治理体系和治理能力现代化事业的本质内涵、实现目标、战略部署、实际内容、方略路径和方针政策，我们具有以下认知：

1. 坚持和完善中国特色社会主义、推进国家治理体系和治理能力现代化，是决定当代中国命运的关键抉择，是实现中华民族伟大复兴的必由之路，同样也是世界和中国现代化历史进程的重大命题。在人类社会现代化发展的历史长程中，在共产党执政规律、社会主义社会发展规律和人类社会发展规律的结合上，探索国家治理现代化的发展规律和中国国家治理现代化的基本特点，是坚持和完善中国特色社会主义、推进国家治理体系和治理能力现代化的理论视野和认识使命。

2. 坚持和完善中国特色社会主义、推进国家治理体系和治理能力现代化，必须坚持马克思列宁主义、毛泽东思想、邓小平理论、三个代表重要思想、科学发展观和习近平新时代中国特色社会主义思想为指导。马克思主义是科学的理论、人民的理论、实践的理论和不断发展的开放的理论，它创造性地揭示了人类社会发展规律，第一次创立了人民实现自身解放的思想体系，指引着人民改造世界的行动并且始终站在时代前沿。

中国共产党人坚持马克思列宁主义政治学基本原理，并把它与中国革命、建设、改革的具体实践紧密结合起来，在领导人民在长期的革命、建设和改革实践中，积极推进马克思主义中国化，实现了两次历史性飞跃，形成了毛泽东思想和中国特色社会主义理论体系。这些理论成果蕴含着丰富的政治思想，在中国的社会主义政治实践中丰富和发展了马克思主义政治学理论。

党的十八大以来，以习近平同志为核心的党中央运用辩证唯物主义和历史唯物主义方法，深刻分析了世情、国情、党情、民情及其发展变化，深入阐发了党在改革发展稳定、治党治国治军和内政外交国防等领域的新理念、新思想、新战略，从理论和实践结合上系统回答了新时代坚持和发展什么样的中国特色社会主义、怎样坚持和发展中国特色社会主义这一主题，促进了我国社会的根本性历史变化，创立了习近平新时代中国特色社会主义思想。习近平新时代中国特色社会主义思想，是对马克思列宁主义、毛泽东思想、邓小平理论、"三个代表"重要思想、科学发展观的继承和发展，是马克思主义中国化最新成果，是党和人民实践经验和集体智慧的结晶，是中国特色社会主义理论体系的重要组成部分，是全党全国人民为实现中华民族伟大复兴而奋斗的行动指南。

3. 坚持和完善中国特色社会主义、推进国家治理体系和治理能力现代化，必须坚持党的全面领导。中国共产党的领导是中国政治发展历史逻辑、理论逻辑和实践逻辑的必然，是中国特色社会主义最本质的特征，是中国特色社会主义制度的最大优势。

党是最高政治领导力量，必须坚持和加强党对一切工作的全面领导。必须坚持和完善党的领导制度体系，提高党科学执政、民主执政、依法执政水平。必须坚持党政军民学、东西南北中，党是领导一切的，坚决维护党中央权威，健全总揽全局、协调各方的党的领导制度体系，把党的领导落实到国家治理各领域各方面各环节。要建立不忘初心、牢记使命的制度，完善坚定维护党中央权威和集中统一领导的各项制度，健全党的全面领导制度，健全为人民执政、靠人民执政各项制度，健全提高党的执政能力和领导水平制度，完善全面从严治党制度。

4. 坚持和完善中国特色社会主义、推进国家治理体系和治理能力现代化，必须坚持中国特色社会主义现代化的根本方向。这就是说，国家治理现代化必须在中国共产党领导下，在坚持和完善中国特色社会主义制度的前提下推进。与此同时，国家治理现代化，必须在推进社会生产力发展、实现中华民族伟大复兴和人的全面解放的方向和轨道上展开。

这就是说，在新时代，推进国家治理现代化，必须在中国共产党领导下，以人民为中心，优化和创新国家治理的主体格局、体制机制和流程环节，提升治国理政的能力，把我国的根本制度、基本制度和重要制度内含的价值内容、巨大能量和潜在活力充分释放出来，使得这些制度显著优势转化为国家治理的效能。

5. 坚持和完善中国特色社会主义、推进国家治理体系和治理能力现代，必须清醒认识到，我国仍然并将长期处于社会主义初级阶段，社会主义初级阶段是我国的基本国情和最大实际。中国特色社会主义新时代与我国社会主义长期处于初级阶段，构成了我国社会发展的时代历史方位与社会主义发展历史阶段的有机统一。

关于我国社会所处历史阶段和历史时代的判断，为人们把握我国政治发展形态确定了历史背景和时代坐标，我们必须切实基于社会主义初级阶段政治的经济基础、本质特征、基本形态和发展规律，认识我国政治的社会基础、领导力量、依靠力量、拥护力量、根本属性和阶段性特性，按照国家治理现代化方向，统筹推进政治建设与经济建设、社会建设、文化建设、生态文明建设一体发展。6. 坚持和完善中国特色社会主义、推进国家治理体系和治理能力现代化，必须立足于现实中国看中国。同时，也需要立足于历史和世界看中国，借鉴人类文化和文明的优秀成果，通晓其他国家和地区的积极经验和做法，在马克思主义指导下，在古往今来多种文明的相互交流、比较甄别和取舍借鉴中，进行创造性转换和创新性发展，不断开拓视野、验证选择、吸取经验教训并形成思路和举措。

7. 坚持和完善中国特色社会主义、推进国家治理体系和治理能力现代化，涉及经济、政治、社会、文化、生态五位一体的总体布局和四个全面的战略布局，涉及党的领导、人民当家作主和依法治国有机统一，涉及利益、权力、权利、制度、法律、组织、体制、机制和价值等多方面要素，涉及社会主义市场经济条件下政府与市场、政府与社会、中央与地方、治理体系与治理能力、效率效益与公平正义等多方面关系，需要研究和解决的问题具有复杂性、综合性和高难性，改革需要思维、制度、机制、政策和路径的系统性、整体性和协同性创新，因此，多主体、多学科、多层面、多角度和多方法的科学协同创新，是深化改革思想认知，形成科学合理、现实可行的理论和对策成果的重要方式。

8. 坚持和完善中国特色社会主义、推进国家治理体系和治理能力现代化，在现实性上，必然体现为重大问题及其解决导向，因此，"全面深化改革，关键要有新的谋划、新的举措。要有强烈的问题意

总　序

识，以重大问题为导向，抓住重大问题、关键问题进一步研究思考，找出答案，着力推动解决我国发展面临的一系列突出矛盾和问题"，这就需要把顶层设计和基层实践、整体推进和重点突破有机结合起来，需要准确把握全面深化改革面临的突出问题和矛盾，把这些重大问题和矛盾转变为研究的议题和课题，围绕这些议题和课题，从理论与实践、规范与实证、体制与机制、战略与政策、规则与价值、体系与能力多方面有机结合出发展开专门研究，形成专项成果，从而不断积累跬步，以助力于国家治理现代化的长征。

基于这样的认知，北京大学国家治理研究院整理、征集和出版"国家治理研究丛书"，期望对于坚持和完善中国特色社会主义，推进国家治理体系和治理能力现代化有所助益，对于加快构建中国特色政治学科体系、学术体系和话语体系有所助益，对于形成中国特色、中国风格和中国气派的政治学研究成果有所助益，对于中华民族伟大复兴和人的全面发展有所助益。

丛书的编辑出版得到北京大学校领导、社会科学部领导的指导和支持，得到中国社会科学出版社领导和编辑的鼎力相助，特此表达衷心的谢忱！

北京大学国家治理研究院欢迎各位同仁积极投稿于丛书，具体可见北京大学国家治理研究院网（http：//www.isgs.pku.edu.cn）《"国家治理研究丛书"征稿启事》。同时，任何的批评指正都会受到挚诚的欢迎！

北京大学国家治理研究院
2020 年 7 月 10 日

序　言

随着我国全面深化改革向纵深发展，政府职能转变和公共服务供给方式创新等趋势下，对购买绩效评价的需求也逐渐凸显。尤其是在2018年7月30，财政部颁发《关于推进政府购买服务第三方绩效评价工作的指导意见》（财综〔2018〕42号），2018年9月1日，中共中央、国务院印发《中共中央国务院关于全面实施预算绩效管理的意见》，这两个文件都对绩效工作的科学性、常规化等提出更高的要求。同时，政府向社会力量购买公共服务制度安排的一个重要出发点就在于通过购买方式提供公共服务要优于传统政府直接提供公共服务，这就需要有效的评估工具进行论证。而目前绩效评价工作并不完善，存在评价工具杂而不全，评估指标难以量化等现实困境。这都需要构建一套科学而合理的评价指标体系来积极回应时代发展和现实需要。因此，本书旨在对政府向社会力量购买公共服务绩效评估指标体系进行研究。本书主要由理论篇和实践篇构成。第一至四章是理论篇，重点是对政府向社会力量购买公共服务相关理论知识及共性指标构建进行阐释；第五至九章是实践篇，重点是以政府向社会力量购买养老服务为例，构建个性评估指标并对长三角地区政府购买养老实践进行运用。第十章主要是对本研究引发的一些问题进行反思，以期引发更多的学术兴趣。

本书详细内容主要包括六部分。绪论部分阐述了选择这一研究主题的缘由，系统梳理国内外政府向社会力量购买公共服务的背景、边界、模式、主体关系、挑战、路径等现状，以及评估指标建构中学者对评估主体构成、评估服务事项、评估价值取向、评估指标体系、评估机制或过程等问题的看法。最后概述了本书的研究思想与研究方法。

第二部分是在理论上对政府向社会力量购买公共服务的动因、主客体关系、行为逻辑等基本问题进行研究，尤其是对政府、社会力量和公众三元主体角色定位及相互关系进行解析。结合国内外政府向社会力量购买公共服务评估实践、经验，从法律法规制度建设，监督和评价体系，评估范围、方式等方面总结政府向社会力量购买公共服务评估启示。

第三部分建立在前期文献资料和实地调研的基础上，明确政府向社会力量购买公共服务评估指标建构的目标、思路、原则等，运用德尔菲法（Delphi Method）、层次分析法（AHP）等，经过初步拟定、首轮筛选、最终确定及指标赋权重等环节，最终确定7个评估维度，33个具体指标的共性指标体系。

第四部分是对政府向社会力量购买养老服务评估的背景、国内外评估现状进行详细的阐述。尤其是在当前推动养老服务转型以化解日益严峻的老龄化情势下，香港、日本和美国的评估实践以及国内评估进展和典型做法具有重要参考价值，但也存在政府过度干预、公信力缺乏等不足。

第五部分针对国内外政府向社会力量购买养老服务评估现状与不足，从指标运用可行性出发，对区一级政府购买养老服务评估指标进行构建。最终保留了共性指标中的7个评估维度，并针对养老服务的个性化内容，修正每个评估维度下的具体指标。

第六部分是基于"长三角区域一体化"已经发展为"国家战略"，上海、江苏、浙江、安徽四地民政部门签署"合作备忘录"的考量，兼顾实际测评难度和可操作性，本书将指标应用范围定位至长三角城市区县一级，分别对南京市A区、上海市B区、杭州市C区和合肥市D区政府向社会力量购买养老服务基本情况、评估过程、评估结果及对比分析进行详细的介绍，从中反思指标构建的优劣处，总结长三角地区政府向社会力量购买养老服务的经验与不足，促进我国养老服务事业的长远发展。

目　　录

第一章　绪论 …………………………………………………………（1）
　第一节　研究缘起 ……………………………………………………（2）
　　一　选题背景 ………………………………………………………（2）
　　二　研究目的 ………………………………………………………（4）
　第二节　研究现状 ……………………………………………………（5）
　　一　国内研究的学术进展 …………………………………………（5）
　　二　国外研究的知识图谱 …………………………………………（36）
　第三节　研究思路与研究方法 ………………………………………（48）
　　一　研究思路与基本框架 …………………………………………（48）
　　二　研究方法 ………………………………………………………（50）

第二章　政府向社会力量购买公共服务评估的基本问题 …………（56）
　第一节　政府向社会力量购买公共服务评估的动因 ………………（57）
　　一　政府向社会力量购买公共服务评估的缘起 …………………（58）
　　二　政府向社会力量购买公共服务评估的动力 …………………（62）
　　三　政府向社会力量购买公共服务评估的协商 …………………（66）
　第二节　政府向社会力量购买公共服务评估的主客体关系
　　　　　及行为逻辑 …………………………………………………（70）
　　一　政府购买公共服务评估的主体与客体 ………………………（71）
　　二　政府购买公共服务评估的主客体关系 ………………………（73）
　　三　政府购买公共服务评估的主客体行为逻辑 …………………（75）

第三章 政府向社会力量购买公共服务评估实践与启示 …… (85)
第一节 政府向社会力量购买公共服务评估实践 …… (85)
　　一　中国政府购买公共服务评估实践 …… (85)
　　二　国外政府购买服务实践 …… (96)
第二节 政府向社会力量购买公共服务评估经验 …… (100)
　　一　完善购买过程的立法规定 …… (100)
　　二　严格规范的绩效评价模式 …… (102)
　　三　公开透明的公共服务购买评价和监督机制 …… (103)
第三节 政府向社会力量购买公共服务评估启示 …… (105)
　　一　健全法律法规制度体系 …… (105)
　　二　建立监督制度和评价体系 …… (106)
　　三　完善政府购买公共服务评估的机制设计 …… (107)

第四章 政府向社会力量购买公共服务评估指标体系构建 …… (109)
第一节 构建目标与思路 …… (110)
　　一　构建目标 …… (110)
　　二　构建思路 …… (113)
第二节 理论基础与原则 …… (115)
　　一　理论基础 …… (115)
　　二　建构原则 …… (119)
第三节 构建方法与设计 …… (123)
　　一　评估指标的初步拟定 …… (123)
　　二　评估指标的首轮筛选 …… (129)
　　三　评估指标的最终确定 …… (133)
　　四　评估指标权重的确定 …… (134)
第四节 评估结果分析 …… (145)
　　一　评估指标的解释说明 …… (145)
　　二　评估指标权重的结果分析 …… (148)
　　三　结论与不足 …… (150)

目录

第五章 政府向社会力量购买养老服务评估的背景 …………（152）

第六章 政府向社会力量购买养老服务评估的现状 …………（155）
 第一节 政府向社会力量购买养老服务评估的境外现状……（155）
  一 香港 ………………………………………………（155）
  二 日本 ………………………………………………（157）
  三 美国 ………………………………………………（167）
 第二节 政府向社会力量购买养老服务评估的国内实践……（174）
  一 对购买者的评估 …………………………………（176）
  二 对生产者的评估 …………………………………（179）
  三 对消费者的评估 …………………………………（185）
  四 典型做法 …………………………………………（188）
 第三节 政府向社会力量购买养老服务评估的问题…………（193）
  一 政府过度干预 ……………………………………（194）
  二 评估缺乏公信力 …………………………………（195）
  三 评估信息非对称 …………………………………（196）

第七章 政府向社会力量购买养老服务的指标体系构建………（199）
 第一节 制度规范的指标构建 …………………………………（199）
 第二节 购买投入的指标构建 …………………………………（201）
 第三节 承接能力的指标构建 …………………………………（202）
 第四节 公正性的指标构建 ……………………………………（204）
 第五节 服务质量的指标构建 …………………………………（206）
 第六节 满意度的指标构建 ……………………………………（208）
 第七节 影响力的指标构建 ……………………………………（210）

**第八章 测评：政府向社会力量购买养老服务评估指标
   的应用** ……………………………………………………（212）
 第一节 南京市 A 区：政府向社会力量购买养老服务
   评估 ……………………………………………………（212）

一　基本情况 …………………………………………………（213）
　　二　评估过程 …………………………………………………（216）
　　三　评估结论与讨论 …………………………………………（228）
第二节　上海市 B 区：政府向社会力量购买养老服务
　　　　评估 …………………………………………………………（229）
　　一　基本情况 …………………………………………………（230）
　　二　评估过程 …………………………………………………（234）
　　三　评估结论与讨论 …………………………………………（246）
第三节　杭州市 C 区：政府向社会力量购买养老服务
　　　　评估 …………………………………………………………（247）
　　一　基本情况 …………………………………………………（248）
　　二　评估过程 …………………………………………………（253）
　　三　评估结论与讨论 …………………………………………（264）
第四节　合肥市 D 区：政府向社会力量购买养老服务
　　　　评估 …………………………………………………………（265）
　　一　基本情况 …………………………………………………（266）
　　二　评估过程 …………………………………………………（269）
　　三　评估结论与讨论 …………………………………………（279）

第九章　政府向社会力量购买养老服务评估分析 …………（282）
第一节　四地区人口老龄化对比情况 ……………………………（282）
第二节　四地区政府向社会力量购买养老服务评估对比
　　　　情况 …………………………………………………………（283）
　　一　制度规范维度下的对比分析 ……………………………（286）
　　二　承接能力维度下的对比分析 ……………………………（287）
　　三　公正性维度下的对比分析 ………………………………（288）
　　四　服务质量维度下的对比分析 ……………………………（289）
　　五　满意度维度下的对比分析 ………………………………（289）
第三节　四地区政府向社会力量购买养老服务特色分析 ……（290）

第十章　结语 …………………………………………………（295）

附　录 ……………………………………………………………（298）

参考文献 …………………………………………………………（312）

后　记 ……………………………………………………………（332）

第 一 章

绪 论

自 1994 年，我国政府向社会力量购买公共服务以来，各级政府纷纷展开探索，形成形式多样、过程规范、项目丰富的购买服务局面。尽管我国政府向社会力量购买公共服务事业还处在初步发展的阶段，但基于这种新型的制度安排顺应时代潮流、现实需要和人民期待，通过政府向社会力量购买方式提供公共服务已是大势所趋、人心所向。

首先，政府购买公共服务已经成为一种世界性的制度安排。在中国，政府购买公共服务是国家在部署转变政府职能、构建服务型政府、改善公共服务工作中明确提出的一项重要工作。其次，政府购买公共服务评估是扎实推进公共服务管理水平，全面实施绩效管理的现实要求。最后，政府购买公共服务评估实践是反映公众需求，接受公众监督，提高人民满意度、参与感的重要举措。

目前，我国政府向社会力量购买公共服务事业已经取得一定成果，如针对本地区政府购买服务指导意见的出台、制定政府向社会力量购买服务清单、政府购买服务实践工作的全面推广等。新时期，政府向社会力量购买公共服务的重点任务已经转向对实践工作的评估和评价。就是说"怎么买"这个问题现在已经很明确，但是怎么去评估，我们在做项目的时候确实发现这是一个很大的难点。[①] 从现状来看，政府向社会力量购买公共服务评估还存在重理论、轻应用；指标

---

① 来自访谈资料（20180814NJMZJ）。

体系单一化,权重设置不合理;引入第三方绩效评价工作不充分等问题。因此,构建一套全面、科学的评估体系,衡量政府向社会力量购买公共服务的目标达成度,并作为进一步推进政府向社会力量购买公共服务机制的客观依据,形成良性循环,是任何理论和实践工作都绕不开的一步。

第一节 研究缘起

一 选题背景

政策背景。从 2013 年 9 月 26 日,国务院颁发《关于政府向社会力量购买服务的指导意见》(国办发〔2013〕96 号)至今,国家已出台很多政策文件(见表 1-1),对政府购买服务目标、购买服务领域、组织实施、预算管理、绩效评估等问题进行明确规定,为精准做好政府向社会力量购买公共服务事业提供政策支持。

表 1-1　　　　中央层面相关政策文件一览

时间	部门	文件名称
2013 年 9 月 26 日	国务院	《关于政府向社会力量购买服务的指导意见》
2013 年 11 月 21 日	民政部	《2014 年中央财政支持社会组织参与社会服务项目实施方案》
2013 年 12 月 4 日	财政部	《关于做好政府购买服务工作有关问题的通知》
2014 年 8 月 26 日	财政部、发展与改革委员会、民政部、全国老龄办	《关于做好政府购买养老服务工作的通知》
2014 年 11 月 25 日	财政部、民政部	《关于支持和规范社会组织承接政府购买服务的通知》
2015 年 5 月 5 日	国务院	《关于做好政府向社会力量购买公共文化服务工作的意见》
2016 年 6 月 27 日	国务院	《国务院办公厅关于成立政府购买服务改革工作领导小组的通知》

续表

时间	部门	文件名称
2017年9月15日	民政部、中央编办、财政部、人力资源和社会保障部	《关于积极推行政府购买服务加强基层社会救助经办服务能力的意见》
2018年6月21日	财务司	《中国民用航空局政府购买服务指导性目录》
2018年7月30日	财政部	《关于推进政府购买服务第三方绩效评价工作的指导意见》
2018年9月14日	住建部、财政部	《推行政府购买公租房运营管理服务的试点方案》

从发文时间来看，中央层面的政策发展大体历经从宏观指导意见到购买具体服务项目以及评估工作的意见转变，尤其是从2018年7月30日，财政部颁发《关于推进政府购买服务第三方绩效评价工作的指导意见》（财综〔2018〕42号）以来，天津、山西等10省市纷纷开展试点，充分肯定新时期政府向社会力量购买服务评价工作的必要性。而从购买具体服务项目来看，如养老、公共文化、社会救助、住房等，进一步表明政府向社会力量购买公共服务的绩效管理工作直接关乎"为人民服务"质量。

改革背景。随着全面深化改革的不断推进，政府也在逐步厘清购买服务边界，并不断理顺政府、市场、社会之间的关系。政府向社会力量购买公共服务是深化政治、行政、经济、社会改革的重要部分。首先，政府通过购买方式，将部分公共服务交由社会力量承担，精简政府职能，释放市场活力，培育社会力量，是实现政府、市场、社会等多元主体之间合理定位和良性互动的必然要求。其次，政府将社会力量纳入公共服务供给体系，推动多元、民主、合作的治理模式，是推进国家治理体系和治理能力现代化的必然要求。最后，政府向社会力量购买公共服务涉及财政资源配置效率，通过购买方式，引入竞争机制，有助于调整和优化财政支出结构，是深化财税体制改革，建立现代财政制度的必然要求。

绩效管理背景。2018年9月1日，《中共中央国务院关于全面实施预算绩效管理的意见》明确表示要全面实施预算绩效管理，加快建成全方位、全过程、全覆盖的预算绩效管理体系。① 这是继《关于推进政府购买服务第三方绩效评价工作的指导意见》（财综〔2018〕42号）以来，对规范政府向社会力量购买公共服务绩效评价工作的又一风向标。对于公共服务绩效管理而言，公众不仅关心公共服务财政资金用于何处，更关心取得怎样的效果。同时，政府向社会力量购买公共服务制度安排的出发点之一就在于有些服务项目通过购买方式提供要优于政府直接提供，这就需要构建一套科学而合理的评价指标体系进行论证。

二 研究目的

通过政府向社会力量购买公共服务研究现状，试图引发对政府、社会、市场的定位及三者之间应然和实然关系的思考。政府向社会力量购买公共服务是我国政府治理现代化和创新公共服务供给机制的重要尝试。在对这一体制进行理论剖析和实地调研中，主要涉及主体包括政府、社会力量、公众，其中政府和社会力量之间的互动与博弈是热点。在访谈中，有工作人员明确表示现在政府和社会组织"更多的是以项目的方式进行合作，因为这种管理和被管理的关系逐步淡化，更多的是业务指导，但是这种指导应该说有两方面的，第一个就是把以前的管理层次进行淡化以后，可能存在一个政府部门愿不愿意指导的问题，那大家可能就抱着多一事不如少一事的心态，现在确确实实存在这种问题和倾向；第二个就是社会组织听不听你的指导"②。

对此，学术界并未形成一致的见解。虽然对政府与市场、社会力量与公众之间关系并没有直接的探讨，但购买行为本身就是市场行为，竞争机制的引入绕不开市场的作用，由此引发学者对购买模式的争议，指出"该买不买""走过场"等在购买过程中存在的问题。所有这些问题的本质就是三者的角色定位及其关系。但值得警惕的是，这种角色和关系并不是一成不变的，依不同服务项目而有所不同，这

---

① 新华社：《中共中央国务院关于全面实施预算绩效管理的意见》，http://www.gov.cn/zhengce/2018-09/25/content_ 5325315. htm，2018年9月25日。
② 来自访谈资料（20180814NJMZJ）。

也是各级政府拟定购买服务清单的重要缘由。

通过构建政府向社会力量购买公共服务绩效评估共性指标体系，试图实际运用来展示个性指标的生成过程。目前，国内关于政府向社会力量购买公共服务绩效评估主要通过购买主体自评、服务提供者的评估以及第三方评估。在这三种评估方式中，第三方评估因客观性、专业性、公正性、权威性等优势而成为主要方式，本书对指标的实践运用就是作为第三方进行评估。在此方面，更重要的研究目标是突破指标囿于对某一具体服务事项进行评估的有限性，而尝试建立一套共性的指标。一方面，为实际负责购买部门或评估部门提供可依据的测评工具；另一方面，为衍生更多个性指标提供可参考的评估资料。由此，本书研究目的还在于通过展示从共性指标到个性指标的研究成果，丰富政府向社会力量购买公共服务评估指标的研究成果。

通过理论和实践的研究布局以及质性和量化的研究方法，试图呈现此类主题的研究思路和激发公共管理学科方法论的灵感。学术研究不能"坐而论道"，尤其是对现实问题的回应。政府向社会力量购买公共服务绩效评估是迫切的现实需要，除理论研究，如评估主体构成、评估服务事项、评估价值取向、评估过程和机制等问题探讨以外，更准确的购买事实以及评估操作还需要实地走访和调研，评估指标及权重的最终确认也需要通过科学而规范的程序进行。鉴于此，本研究通过理论篇和实践篇的研究布局，并运用多样化的研究手段，尝试对研究成果进行检验。

第二节　研究现状

一　国内研究的学术进展

（一）政府向社会力量购买公共服务的现状

政府向社会力量购买公共服务，是我国深化政府治理改革和优化公共服务供给机制的重要选择。[1] 近些年，学术界也将目光聚焦在政

---

[1] 王浦劬：《政府向社会力量购买公共服务的改革机理分析》，《北京大学学报》（哲学社会科学版）2015年第4期。

府向社会力量购买公共服务上，相关研究成果十分丰富。本书以"政府向社会力量购买公共服务"或"政府向社会组织购买公共服务"为关键线索，在中国知网学术平台上搜索文献，将来源类别选定为核心期刊和CSSCI进行筛选，截至2020年1月，共检索到文献320篇，论文发表的分布状况在2015年和2016年达到顶峰，随后有所下降。总体趋势如图1-1所示。

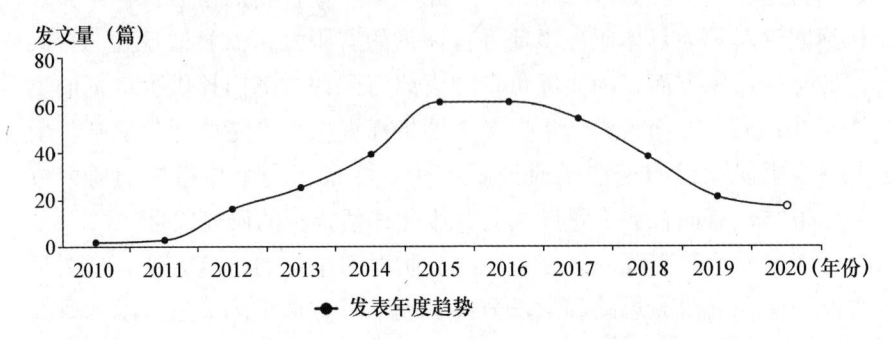

图1-1 发文量的时间分布折线图

从关键词分布情况来看，涉及"公共服务""政府购买""社会组织"的文献篇数居多。位列前三位。关键词聚类共现展示和分布情况如图1-2、图1-3所示。

深入分析上述文献数量分布趋势和关键词聚类情况发现，目前国内学者对该领域的研究内容主要集中在政府向社会组织购买公共服务的背景、边界、模式、困境、路径，以及购买公共服务中政府与社会组织关系等主题上。对此有必要说明本书确定社会力量作为承接方，主要是因为社会力量的范畴大于社会组织，而国家也鼓励更多的社会力量参与政府购买行为中。

1. 政府向社会力量购买公共服务的背景

在我国，随着政府深化改革和政府治理体系与治理能力现代化的不断推进，政府向社会力量购买公共服务受到各方关注与重视。2013年9月26日，国务院出台了《国务院办公厅关于政府向社会力量购买服务的指导意见》（国办发〔2013〕96号）。该文件指出："推行

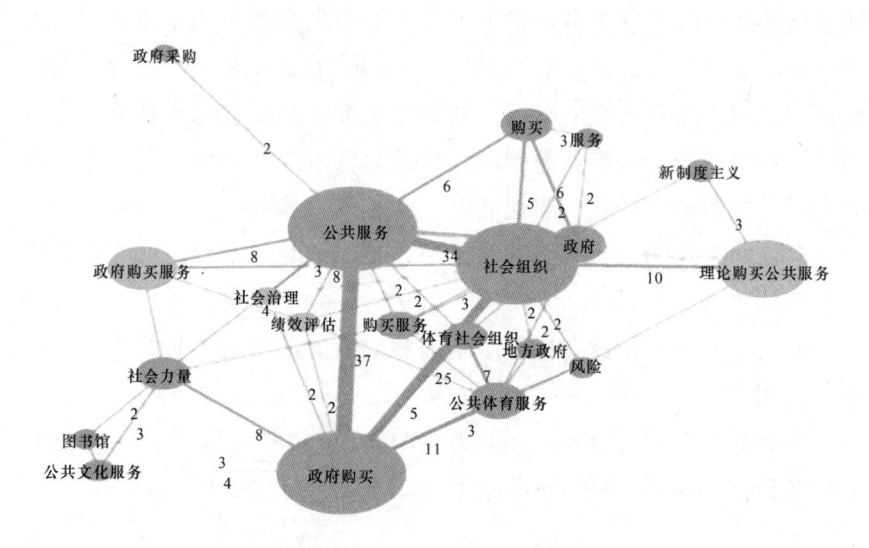

图 1-2　关键词共现网络图

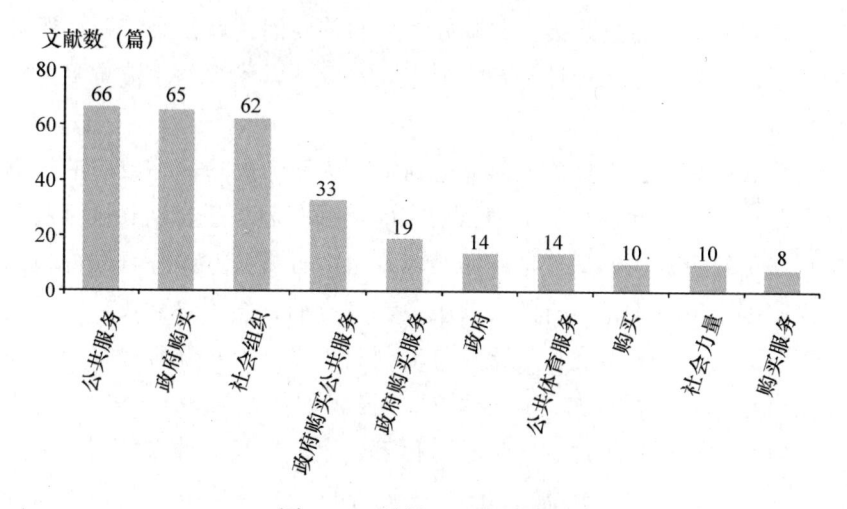

图 1-3　关键词分布柱状图

政府向社会力量购买服务是创新公共服务提供方式、加快服务业发展、引导有效需求的重要途径",并明确"到2020年,在全国基本建立比较完善的政府向社会力量购买服务制度"。

2013年11月,党的十八届三中全会《决定》,明确指出"推广

7

政府购买服务，凡属事务性管理服务，原则上都要引入竞争机制，通过合同、委托等方式向社会购买"①。同时，在加快事业单位分类改革进程中，提出要加大政府购买公共服务力度，在深化教育领域综合改革时，健全政府购买服务等制度。这成为政府向社会力量购买公共服务强有力的改革助推器。与此同时，地方政府积极响应，强化并持续推进政府向社会力量购买公共服务的改革，加快导入政府购买公共服务机制的进程，陆续出台政府购买公共服务的相关法规、条例和办法，并付诸实施。由此，掀起了全国各地政府向社会力量购买公共服务的浪潮。

在此背景下探讨政府向社会力量购买公共服务相关问题，对深化我国政府治理和公共服务供给改革，具有重要的学理价值和现实意义。

2. 政府向社会力量购买公共服务的边界

政府向社会力量购买公共服务面临的首要问题就是澄清购买服务的边界，这涉及技术理性与意识形态。对此，学术界的主流意见还是比较审慎的。

政府购买公共服务需要谨慎地划定购买服务的边界，政府应根据公共服务的属性和社会价值等因素来确定哪些服务适合购买，哪些服务仍需由政府提供。从理论和实践双重角度分析公共服务合同外包的适用范围来看，不是所有的公共服务都适合向社会力量购买，判定是否能购买的标准有两类，一是从价值判断出发，看这项服务是否适用于政府核心职能的发挥，其公共性的强弱如何；二是从服务本身来看，以它的资产专用性、度量难易程度、竞争性高低等来预测交易成本，作为购买依据（句华，2010）。政府购买公共服务作为一种治理工具，其作用的发挥必然要受制于众多条件，应该建立在政府职责、成本效益、公共服务质量、竞争程度和扶持社会组织五个分析维度的基础上，以清单列举的方式从政府职责分类或者从公共服务分类出发

---

① 《中共中央关于全面深化改革若干重大问题的决定》，《人民日报》2013年11月16日第1版。

来界定政府购买公共服务的范围和底线（王丛虎，2015）。

政府可以购买的服务是那些非排他性和一定竞争性服务，不能向社会力量购买的是那些核心服务（魏娜，2015）。基于对规范性文件、行政任务、公共服务功能、公民基本权利、政府职能转移等几个方面更为详细的考量，政府购买公共服务可分为不属于购买范围的事项、不能购买的事项、可以购买的事项、应当购买的事项四类（付士成，2016）。针对当前政府购买公共服务过程中的边界不清、缺乏界定标准等问题，我国政府购买公共服务的现状及制约因素，市场失灵与政府失灵理论、多中心治理理论和不完全契约理论可以作为界定公共服务边界的理论依据（张偲，2018）。政府可以购买的服务应该是那些能收费、能度量受益程度、能清晰定位服务对象的服务（冯俏彬，2010）。

除理论上的探讨，也有学者对该问题的实践范畴进行了考察。在实践中，地域性和经济发展水平极大地影响了政府购买服务的范围和类型。通过实证研究发现，在发达的东部沿海地区，政府向社会力量购买集中养老服务和外来工服务等，而在西部欠发达地区，则集中在教育、扶贫以及环保等领域（刘博，2015）。

3. 政府向社会力量购买公共服务的模式

在政府向社会力量购买公共服务的实践过程中，各地探索出了多向度的创新模式。相应地，学者们也尝试从不同角度对政府购买公共服务的基本模式进行理论总结。其考量政府向社会力量购买公共服务模式的主要维度有"竞争性""独立性""制度化程度"等。王浦劬等学者根据社会组织的独立性和购买过程中市场竞争程度，把政府购买公共服务的基本模式分为合同制模式、直接资助模式、项目申请制模式等。① 合同制是国内外实践中最典型的方式，即政府与社会组织通过签订适用于私法的服务合同形式来实现服务购买。直接资助模式是我国最常用的方式，即政府通过实物、资金、优惠待遇以及消费券

---

① 王浦劬、[美] 莱斯特·M. 萨拉蒙：《政府向社会组织购买公共服务：中国与全球经验分析》，北京大学出版社2010年版，第17—20页。

等形式直接给予某些社会组织以资助,以实现社会组织提供某些公共物品。项目申请制作为一种创新模式,其特点在于服务项目不是由政府而是由社会组织自行设计,然后由社会组织向政府申请立项,经政府评估后获得立项资助的一种服务供给方式。

我国关于购买公共服务模式的研究主要采用竞争程度、主体间关系、制度化程度三个指标进行分析。一方面分析国内购买模式在这三个指标上的差异;另一方面针对不同购买模式的现状,探究其背后存在的问题,提出优化国内现有政府购买模式的举措。如扶持社会组织发展、增强社会组织在运营过程中的独立性、完善顶层的制度建设等(张礼建等,2017)。

利益相关者分析也是研究政府购买公共服务模式的一个理论视角。政府主导购买服务全过程的模式是对我国购买服务相关制度安排和购买实践的回应,但这种政府主导模式阻碍了购买服务中各方的利益需求和购买服务水平提升,未来政府向社会力量购买服务的模式应该向兼顾各方利益,平等合作,"利益相关者协作"的购买模式转变(高海虹,2014)。

有研究从政府和社会组织合作的制度化程度和功能角度对购买模式进行考察。定制式模式作为公共服务供给模式的革新方向,其目标是构建非营利组织与政府的战略性合作联盟这一理想模式。这种战略性联盟是以政府为主导、政府与非营利组织合作的公共服务供给新体制,即通过政府购买服务方式提升合作治理的制度化水平,以及通过个性化、差异化的定制方式提升政府回应性水平,进而形成一种战略性联盟,并在此基础上,以深化流程再造方式来全面提升公共服务供给模式的服务质量(翁士洪,2017)。凭单制作为一种机制,具有使市场在资源配置中起决定性作用和更好发挥政府作用的突出优势,在服务承接主体上通常不使用政府采购,与合同制存在较大差异。凭单制综合了政府集中决策与消费者分散决策两个方面,有利于提高资源配置的效率和质量,降低政府购买成本,促进了管理模式的创新(刘晓洲等,2019)。

也有研究更加关注新型模式的开拓探索。以上海实践为例,各类典型模式在不同程度上陷入了行政化、碎片化、市场化等结构性困境，反映了一系列制度性偏差及价值性缺失，严重制约了服务绩效与社会价值的最大化彰显。基于此，有必要进一步总结和讨论契合于本土实践所需要张扬的契约性、整体性与包容性，建构法治化、协同化与长效化的新型模式（彭少峰，2016）。还有一些研究根据各地实践，深入探讨了诸如公益创投（郑钦，2017）、分层项目制（薛泽林、孙荣，2017）等创新模式的经验与启示。

4. 购买公共服务中政府与社会力量的关系

政府向社会力量购买公共服务承载着推动公共服务供给方式变革、社会力量发展的责任，在政府与社会力量的互动关系中，后者作为服务承接者，其所扮演的角色呈现多样化风格，故而学术界比较关注政府与社会力量之间的互动与博弈。综观研究成果，我国学者在此问题上的观点可归纳为"依附式关系""博弈关系""合作关系"三个方面。

在认同"依附式关系"的研究者看来，在政府向社会力量购买公共服务的过程中，社会力量并不能独立发展，两者实质上是一种依附关系。康晓光认为在购买服务过程中，政府掌握巨大的话语权并占据主导地位，社会力量则是政府的附属衍生物，被政府牢牢控制，而这种主导和依附关系的产生主要源于政府拥有政治、经济、社会资源优势。[1] 从政社互动视角出发，解构"体制内"模式和"民间化"模式发现都存在一定共性特点，即组织结构"行政化"依附、运作资源"不确定性"供给、主体关系的"契约性"流失、合同文本的"虚文性"等，究其根源在于"政社不分"，因此二者在购买服务中实际上是一种行政依附关系（彭少峰等，2014）。在公共服务购买中，我国政府与社会力量之间形成了非对称性依赖关系，社会力量过度依赖政府以求发展，这背后有着复杂的历史和现实因素，导致两者不能确立平等合作的互动关系（苗红培，2015）。实践中的官僚运行机制限制了整体性国家规划的预期效果，原有的路径依赖与行政体制特质的结

---

[1] 康晓光等：《依附式发展的第三部门》，社会科学文献出版社2011年版，第97—99页。

合，通过购买公共服务的催化作用，使社会组织与政府的关系从原来的分散化依附转向属地化依附状态，形成新型属地化吸纳倾向（李颖等，2019）。

另有一些研究从博弈论的视角看待政府与社会力量的关系，认为政府与社会力量具有不同利益需求和对现实的考量，二者的关系必然是一种动态博弈互动关系。通过分析宁波市海曙区政府与社会组织在提供养老服务过程中，那些由政府牵头培育的具有浓厚"行政色彩"的社会力量，在公共服务供给的过程中，尽管存在威权主义的倾向，这些社会力量却表现出很高的独立性，不仅具有较高的自我治理水平，而且在一定程度上能够与政府互动博弈，事实上已经影响了政府的决策过程（王诗宗，2014）。协同和控制是社会力量与政府互动博弈的两种方式，政府权力影响越大，社会力量越倾向于接受控制的方式；组织目标越清晰，组织认同度越高，社会力量越会采用协同的方式参与公共服务活动当中，此时公共服务供给的质量会有明显提升（许鹿等，2015）。在利益博弈过程中，政府、社会组织、公众三方的目标和价值得以实现，购买公共服务工作本身得到不断改进，但也导致了各种风险的形成（崔光胜，2017）。

持合作论的观点认为在购买服务的过程中，政府与社会力量的关系是一种互补的合作关系。政府与社会力量具有不一样的资源优势，就二者合作形态而言，有购买服务和合作治理两种模式，并具有独有的特征。在购买服务模式中，一般遵循市场化和契约原则，二者之间存在契约式的委托代理关系；在合作治理模式中，合同和契约关系逐渐虚化，二者之间是一种边界模糊、责任共担、权力共享的合作关系（敬乂嘉，2014）。政府与社会力量互动合作供给能够使总的社会效益最大化，通过典型案例的进一步分析，表明政府与社会力量互动合作供给是可行的（张洪柱，2017）。

政府与社会力量的关系可以被划分为寄生、共栖、非对称性共生和对称性互惠共生四种类型。其中，对称性互惠共生是社会系统中组织间关系的高级形态，也是共生关系演化的最终发展趋势。政府与社会力量对称性互惠共生关系表征为社会力量的高自主性和其与政府资源相互依赖性的增强。在构建对称性互惠共生关系的过程中，可进一步改革社会力量管理体制，平衡政府与社会力量之间的权力、责任和利益关系（刘志辉，2017）。社会组织与政府的亲密合作关系至关重要，它是社会组织在竞争中占有优势的必要条件。政府和社会组织在现今社会治理的场域中均以"合作"而非"控制""吸纳"又或者是"替代"等形式出现，政府和社会组织的关系逐渐从行政吸纳演变为"策略性合作"关系（程坤鹏，2018）。

由此看出，在政府向社会力量购买服务中，关于政府与社会力量关系的结论并未达成一致，但学者们都承认政府与社会力量未来的发展方向是建立合作关系。意味着政府应该给予社会力量独立自主的制度环境，在平等的基础上建立一种合作关系。

5. 政府向社会力量购买公共服务的挑战

政府向社会力量购买公共服务是我国改革进程中的重要一环，这项新生事物在实际运作中遭遇了理想与现实的挑战与张力，学者们对此展开了多重理论视角的解读。

一是以资源依赖理论为视角揭示困境。社会力量的成立与发展之所以受制于政府在于政策依赖，而政府具有制定各种政策和制度的权限（汪锦军，2008）。社会力量的发展不仅依赖于市场、公共服务和公共需求资源，而且还存在非营利误读等问题（马立，2014）。从农村社会力量发展入手，政府与社会力量在资源拥有方面存在不均衡、不平等的现象，农村社会力量发展非常需要政府政治资源、财政资源和制度资源的支持与扶持，从而导致农村社会力量对政府过度依赖（李熠煜，2014）。

二是从供给需求理论的视角切入解析。在购买服务过程中，需求方因服务定义困难、信息获取困境等，导致机会主义问题；供给方则存在竞争水平低，购买中的负外部性，购买价格攻守同盟等问题（詹国彬，2013）。在购买服务过程中存在购买成本高、服务对象定向选择、组织自主性缺乏、目标错位等问题（陈为雷，2014）。现阶段的需求管理多数是由决策者主导，而终端需求者在需求管理过程中并没有作用空间，从而出现需求偏好被政府或社会力量偏好替代及供需错位等问题(陈建国,2018)。

此外,案例研究也是聚焦问题的分析视角。有学者基于苏、浙、沪、粤等省市的调研,发现政府购买公共体育服务过程中存在改革内生动力和制度供给不足两方面问题(丛湖平等,2016)。有学者对山东省政府购买服务状况进行调研发现,政府购买公共服务过程中存在诸多问题,如许多部门"该买不买""超范围购买",竞争方式购买比重小,购买过程中"内部操作""走过场"等,购买过程和服务过程缺少监督,"服务绩效考核"基本缺失,社会力量处于劣势,承接服务市场主体培育差等(姜文华,2017)。还有学者基于广东欠发达地区的购买实践,发现政府向社会组织购买公共服务存在服务项目的选择性购买、项目合同管理困境以及项目制度设计缺乏系统性等问题(马全中,2019)。

综上所述,政府向社会力量购买公共服务过程中存在的问题聚焦政府主导控制、购买服务形式化、服务质量不高、社会力量行政化、社会力量发育不足、机会主义逆向选择问题、顶层制度设计缺位等。

6. 政府向社会力量购买公共服务的路径

针对政府向社会力量购买公共服务中存在的普遍问题,目前学术界的探索路径主要有两种思路,一种是从主体入手,即"政府""社会力量"维度;另一种是从制度与机制维度切入。

加强政府购买能力是众多学者重点提倡的。政府在购买服务过程中,应该作为一个精明购买服务的买家,去设定政策议程、签订合同及高质监管等,发挥学习型组织的优势,不断提升自身能力(詹国彬,2013)。政府在向社会力量购买公共服务过程中应该提高挑选合适合作对象的能力、信息沟通能力、协调能力等(高海虹,2014)。政府购买公共服务并不是一种普适性的服务供给模式,其功能的有效发挥受制于多个因素,而政府要想优化购买公共服务就需要正确平衡好经济职能与政治职能之间的关系,把握主客观因素之间的最大容量,同时还要处理好政策引导与自主行政的关系(周定财,2019)。

有些学者则更关心社会力量的培育问题,提出要做好社会力量在成长过程中的组织文化、目标设定、治理机制、服务流程等方面的规范工作（何寿奎等，2015）。社会力量应提升责任承担能力、服务提供能力、信誉维护能力；社会力量还必须去行政化，保持其独立性（曾维和等，2014）。通过枢纽型社会力量的发展来扭转社会力量"单打独斗"的弱势地位，以此来推动草根社会力量的发育和成长，同时还能有效弥补草根社会力量合法性和服务有效性之间的矛盾（马贵侠等，2015）。社会组织在制度嵌入、目标设置等影响下，存在不同的自我调适策略，只有自愿性和专业性并重，才能提高其治理水平（许鹿、杨小寻，2019）。

制度和机制的建设也是探索路径的一种思路。政府应该切实制定和实施财政税收优惠政策、社会力量扶持政策等政策法规，在宏观社会政策上给予社会力量成长的空间，在体制上为社会力量营造良好的生存和发展环境（肖小霞，2012）。在购买服务过程中，要从制度上对政府和社会力量均给予一定的制度约束，避免其机会主义的出现，规避逆向选择和道德风险等问题（胡朝阳，2014）。政府和社会力量在服务供给过程中要从合约途径和顾客途径两个方面构建购买服务中的问责制度（陈琤，2014）。以绩效评估引入政府购买公共服务研究来看，政府需要建立服务供给绩效评估制度、多元主体评估制度、动态评估制度和需求评估制度等，确保绩效评估有效性和公平性（胡穗，2015）。

法律法规的建立也是完善制度的重要环节。目前我国现有社会组织法还存在分类标准复杂多样，管理措施不统一等现实问题，严重制约社会力量的成长和壮大，对此亟须出台一个标准统一、科学规范的社会组织法（伍治良，2015）。制定公共服务购买法是应对政府购买公共服务各类挑战的当务之急（崔光胜、余礼信，2014）。在优化民族地区政府购买公共服务的可行路径上也认为要建立健全政府购买服务的相关法律制度（马辉、廉睿，2016）。

我国政府向社会力量购买公共服务起步较晚，因此现有的相关制度机制尚不完善，在改革探索的过程中存在诸多问题与挑战。当前，国内关于政府向社会力量购买公共服务的研究主要集中在政府购买模式，政府与社会力量关系，政府购买服务现状、困境及对策，购买服务案例分析等。这些研究在取得大量丰富成果的同时，也尚有改进和提升的空间，在以下几个方面仍有深化和拓展的必要。

第一，加强政府向社会力量购买公共服务的实证研究。目前，在理论方面的研究较为全面深入，为推进深化改革提供了坚实的理论基础，但该领域的实证研究则相对较少，研究大多集中对一些案例进行分析，这些研究成果不仅缺乏长期的跟踪考察，而且也缺少深度的分析。因此，进一步深入对政府向社会力量购买公共服务的实证调查研究十分必要。通过实证调查研究，探究政府向社会力量购买公共服务的地域特色、领域特征等发展趋势，以及具体的实施条件等。

第二，深入展开制度和机制研究。学者们已经将制度和机制建设作为解决政府向社会力量购买公共服务的路径选择之一，也进行了一定程度的探索讨论。不过，学者们关于此议题的探讨大多仅限于提出该问题，而缺乏对相关制度与机制的深入研究，今后可从制度和机制两个层面延展深入。

第三，关注评估指标体系的构建及应用研究。在理论研究与实证验证交相作用的过程中，现有研究以政府绩效评估理论为基础，为政府购买公共服务评估指标深化研究奠定了粗略的框架，但并未形成系统的评估指标体系。对政府向社会力量购买公共服务评估的概念提供了研究指向，但并未明确界定其科学内涵和理论体系。对多元主体参与评估达成了共识，但对公民参与途径、第三方评估机制以及政府的双重角色冲突与衔接等问题还有待进一步厘清。对评估指标的内容、影响因素、方法等进行了分析，但未系统地梳理出通用的指标体系，特别是对不同地区、不同类型政府购买公共服务绩效评估指标适用性是本书进一步探讨的问题，以上研究为政府购买公共服务绩效评估的深化研究提供了基础和空间。

（二）评估指标体系建构研究的现状

评估指标体系建构是绩效考核最为核心的内容，也是建立科学评估的基本工作。受西方绩效评估指标体系科学方法以及国内政府改革现实发展的需要，学界越来越重视绩效评估体系建构。参考国内评估指标体系建构的研究成果，学者们主要集中对评估主体构成、评估服务事项、评估价值取向、评估指标体系、评估技术方法、评估过程和机制等问题进行探讨。

1. 有关评估主体构成的研究

国内关于评估主体的研究，可以分为购买主体自评、服务提供者评估、服务使用者评估和第三方评估。由于第三方评估所持有的客观性、公正性和专业性，国内关于评估主体的研究主要集中于第三方评估，而关于政府自评、服务提供者和服务使用者评估的文献相对较少。此外，也有许多强调关于多元主体共同评估的文献。

关于购买主体自评的研究多集中于对此方式的反思和批判，也有少量学者提出购买主体自评的优化方式，认为应严格推进自我评价法律制度的实施，以提高政府绩效管理水平（崔卓兰、杜一平，2011）。关于服务提供者即社会力量作为评估主体的研究多是作为多元主体评估的一个方面进行探讨的，鲜有文章将其作为一个单独的评估主体进行研究。关于服务使用者的研究，多强调公民或公众参与绩效评估。服务对象满意度是政府购买公共服务绩效评估的核心标准（徐家良，2013）；在服务使用者即公众参与政府购买公共服务绩效评估的因素中，公众因素是其中主要因素之一（宁靓、赵立波，2017）。

关于第三方作为评估主体的研究，学者们探讨了其定义、作用、分类、困境及解决路径。独立第三方评估机构成为协调资方（政府、市场、相关团体和个人捐赠者）、服务实施方（以社会组织为核心主体）以及服务对象（社会公众）之间的重要力量，也成为化解上述政府购买服务实践中诸多问题和困境的重要机制（赵环等，2014）。政府购买公共服务的第三方评估可分为学术机构专家评估、中介组织评估、官方评估与社会代表评估四种基本模式（何阳、孙萍，2018）。这里的官方评估是政府内部评估，社会代表评估是以公民为代表的评估，这两种评估主体与政府购买公共服务具有利益相关性，是否可作为第三方评估值得商榷。但第三方评估在合法性、制度化、专业化和社会化等方面还存在困境（赵环等，2015）。有学者基于对Z市S区社会工作服务评估项目的参与式观察，发现第三方评估存在着专业化水平不高、独立性不强、评估效益不明显的内卷化现象，建议以内卷化理论和评估权力—评估方式—评估标准—评估目标四维层次为切入点，并提出从完善法律体系和制度体系和遵循证据为本的评估标准、优化评估结果的出台流程等机构行为策略两个层面探寻第三方评估的优化路径（韩江风，2019）。

国内关于多元化评估主体的研究较多，预示着这是政府向社会力量购买公共服务绩效评估的一个发展趋势，研究集中于评估主体的类型、问题及解决方法。政府绩效评估主体可分为内部评估主体与外部评估主体，内部评估主体即政府自评，外部评估主体包括国家权力机关、人民群众、专业绩效评估机构等（吴绍琪、冉景亮，2006）。政府购买公共服务的评估存在着政府强势主导和社会组织的弱势遵从的问题，所以在评估中要注重服务的直接受益者与第三方评估的联动（邰鹏峰，2013）。我国政府购买公共服务的评估主体独立性欠缺，主要表现为社会组织和第三方评估机构在权力和资金上都依附于政府，要构建政府、社会公众、第三方机构多元独立的评估主体（胡穗，2015）。

2. 有关评估服务事项的研究

研究前期，我国不论在理论上还是在实践上都未对政府购买公共服务的事项做一个统一的定论，学者们多借鉴国外经验或根据"十二五"规划的内容对政府购买公共服务进行研究。"十二五"规划中列出了我国基本公共服务的几大领域，包括基本公共教育服务、劳动就业服务、社会保险、基本社会服务、基本医疗卫生、人口和计划生育、基本住房保障、公共文化体育和残疾人基本公共服务等。目前，有关评估服务事项的研究多集中于公共文化体育和居家养老等方面。之所以会聚焦体育与养老领域与国外对于政府购买公共服务领域研究领域细化有关，也和我国人民日益增长的精神文化需要以及进入老龄化阶段有关。

2016年3月，我国颁布了政府购买服务指导性目录，财政部关于做好政府购买服务指导性目录编制管理工作的通知（财综〔2016〕10号）将政府购买服务事项划分为基本公共服务、社会管理性服务、行业管理与协调服务、技术性服务、政府履职所需辅助性工作及其他。江苏、浙江、安徽、上海等省市在此基础上，细化至二级、三级指标，并编制了各省级的政府购买事项的指导目录。目前，浙江省已从这六个领域对政府购买公共服务进行评估。但在理论上，对这六大领域进行评价的文献较少，研究仍集中于基本公共服务。本书认为，随着实践的发展和研究的深入，此方面的理论研究也会得到长足的进步。

3. 有关评估价值取向的研究

我国关于绩效评估的研究最先集中于企业领域，20世纪90年代后才逐渐关注公共部门。在大力发展市场经济背景下，国内早期研究评估价值取向的学者多把"经济"和"效率"要素作为政府绩效评价的最重要因素。有学者对政府绩效管理中的"效率"原则进行了详尽的阐述（张俊彦，1993）。有观点认为合规的政府绩效评估已经不适用于经济社会的发展，应当引入经济、效率、效果等评价观念（黄天友，1997）。政府绩效评估的价值取向可以概括为"增长、公平、民主、秩序"四个要素，公平主要是一种经济分配的公平而不是权力的平等，而且效率应优先于公平（马宝成，2001）。也有学者对这种价值取向提出了质疑，主张注重服务对象满意程度的政府绩效评价的标准观念（徐邦友，1997）。

21世纪初，我国学者对于单纯追求"效率"和"经济"的绩效评估进行了反思和批判，并在借鉴西方绩效评估理论和实践的基础上，引入"公平""公众满意"等具有前沿性的价值取向。首先是对"效率"原则进行了批判，并将企业、社会、公众等服务对象的"满意"原则视为政府绩效评估的最终尺度（徐邦友，2000）；满足公众需要是政府绩效的根本价值取向，并提出廉洁、高效、公正是政府绩效的价值追求（林琼、凌文辁，2002）。这个时期，也有学者综合研究评估价值取向的标准，将管理的效率、能力、服务质量、公共责任和社会公众满意程度等方面的判断作为政府绩效评估依据（蔡立辉，2002）；政府绩效评估的价值取向分为"可持续发展""民众本位"的目的取向和"有限政府""效益标准""系统评估"的工具取向（彭国甫，2004）。之后，随着"科学发展观""以人为本""和谐社

19

会"等理念的提出，有些学者将"全面协调可持续"（邓金堂，2006），"以人为本"（何植民，2006），"和谐"（臧乃康，2005），"系统效能"（李民、吴永清，2009）等理念纳入政府绩效评价的价值体系中。

  2010 年以后，政府绩效评估的价值取向更为多元，而研究视角和领域也更为独特和深入，并从实践层面对政府绩效评估的价值取向做了更为具体的探讨。如基于我国贫困县的扶贫工作，提出绩效评估应该注重"民生""公平"和"责任"等因素（王荣党，2010）；贫困治理绩效的评价应该保障多元评价主体、完善评价内容和指标体系，同时绩效评价也应该随着贫困治理成效的提升而不断进行调整（刘俊英、时帅，2018）。有学者运用扎根理论，构建地方政府绩效评价的价值分类模型，并通过内容分析法提出地方政府绩效评价的价值结构三角模型，即以职能—使命为核心、以命令—忠诚为基础、以运行—发展为保障（孙斐，2018）。也有学者从社会现实背景出发设计政府绩效评估的指标体系，提出以民生为价值取向对地方政府绩效评估指标体系进行解读（孙洪敏，2011）；服务型政府绩效评估的价值体系是以服务价值为核心，由公正和公平价值、廉洁政府和政府生产力价值取向构成（马全中，2012）。还有学者为政府绩效评估引入了新的研究视角或研究理论，将新公共服务理论引入政府绩效评估，并以"效率、秩序、公平和民主"作为政府绩效考核的原则（和晓艳，2011）；有学者基于 PV–GVG 理论，确立以公共价值为基础的政府绩效治理理论（包国宪、张弘，2015；王学军，2019）；还有学者运用博弈论的方法，归纳整理出六种政府绩效评价的基础理论模型（郎玫，2018）。

  国内关于政府绩效价值取向的研究多是在借鉴国外经验的基础上发展起来的，从历史发展的脉络来看，政府绩效评估价值取向历经从单一绩效观到多元绩效观转变的过程[①]，而且其价值标准与所处的政

[①] 包国宪、[美]道格拉斯·摩根：《政府绩效管理学——以公共价值为基础的政府绩效治理理论与方法》，高等教育出版社 2015 年版，第 44 页。

治经济环境不可分割。从计划经济向市场经济过度时,国内学者们多关注"效率""经济"等价值标准;随着科学发展观理念的提出,学者们则关注"以人为本""公平""科学发展"等理念;随着政治经济环境更加开放包容、理论研究更为深入,评估价值取向也更加多元,视角也更为独特。如今中国特色社会主义进入新时代,我国社会主要矛盾也已经转化为人民日益增长的美好生活需要和不平衡不充分的发展之间的矛盾,政府绩效评估的价值取向会更加注重"以人民为中心""公平""公正"等价值标准。

4. 有关评估指标体系的研究

通过对中国知网检索发现,在21世纪初有关评估指标体系的研究开始兴起,大体呈现逐年增长的趋势。在图1-4中可以看出,与评估指标体系联系最为密切的几个关键词"指标体系""绩效评估""评估指标"的发文量总体都呈增长的趋势,且趋于一致。

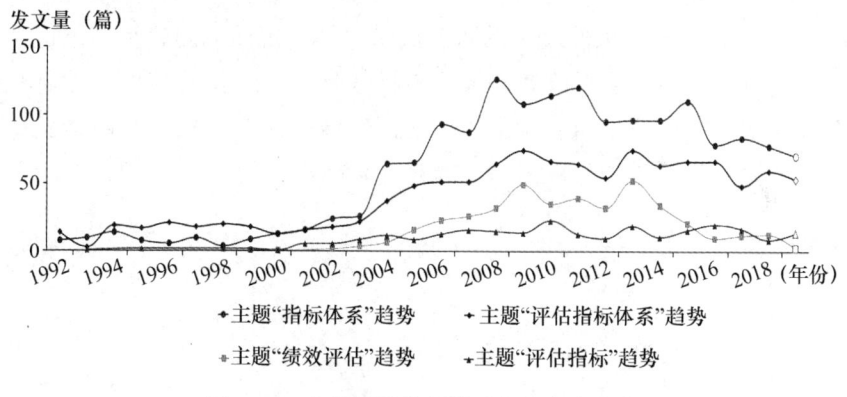

图1-4 有关评估指标体系研究发文趋势

受西方政府绩效广泛运用的影响及我国政府管理和社会发展的现实需要,政府对绩效评估指标体系的需求越来越高,要求也越来越严格。经过20多年的探索,政府绩效评估指标体系不断丰富和发展,已经形成制度化、常规化、法制化的研究成果。随着改革的深入推进,在政府职能转变和政府提供公共服务方式的创新等发展趋势下,对政府绩效评估指标体系的需求也在改变,尤其是在2013年,国务院办公厅印发《关于政府向社会力量购买服务的指导意见》(国办发〔2013〕96号)以及2017年印发《"十三五"推进基本公共服务均等化规划》(国发〔2017〕9号),公共服务绩效和政府向社会力量购买公共服务绩效评估指标体系建构的需求不断增加。因此,本书遵循历史与逻辑相统一的方法,沿着政府绩效、公共服务绩效、政府购买服务绩效的发展脉络,逐一进行综述。

(1) 政府绩效评估指标体系研究

政府绩效评估指标体系文献总体趋势。本书使用"政府绩效评估指标体系"在中国知网期刊全文数据库上进行检索(可查的论文区间为2004—2019年),共找到573篇论文。鉴于文献来源的权威性和检阅的有限性,本文主要选取来源于核心期刊和CSSCI期刊(包括扩展版)的261篇文献进行分析。

在国内,首次有学者进行政府绩效评估指标体系设计是在2004年,随后该研究开始引起学界的关注,研究成果呈现井喷式发展,2008年达到顶峰。虽然之后的研究成果总体呈现递减的趋势,但这与政府绩效评估指标体系研究成果逐渐科学化、实践化及其他相关研究专题的增加有关,比如公共服务绩效评估指标体系研究。政府绩效评估指标体系总体趋势分析图如下(图1-5):

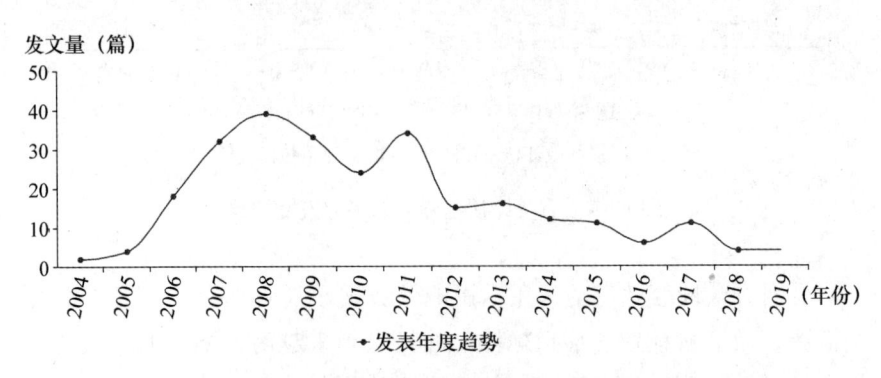

图1-5 政府绩效评估指标体系总体趋势分析

在对检索结果的261篇文献研究发现,"指标体系"关键词的分布频率仅次于"绩效评估",说明在政府绩效评估过程中,指标体系的建构与之关系最为密切,也最为重要。在图1-6中,文献排名前五的关键词直接聚焦政府或绩效。

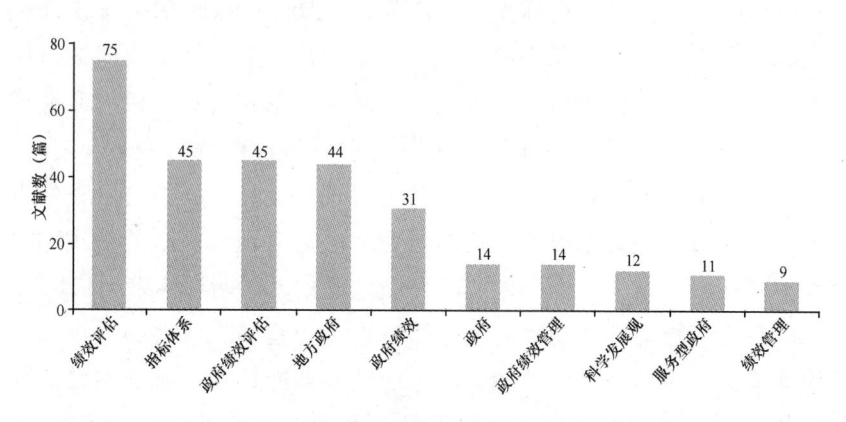

图1-6 有关政府绩效评估指标体系的关键词分布

在下图1-7中呈现同样的结果,政府绩效与指标体系的共现频率高达22次。因此,政府绩效与评估指标体系之间的紧密度,是引

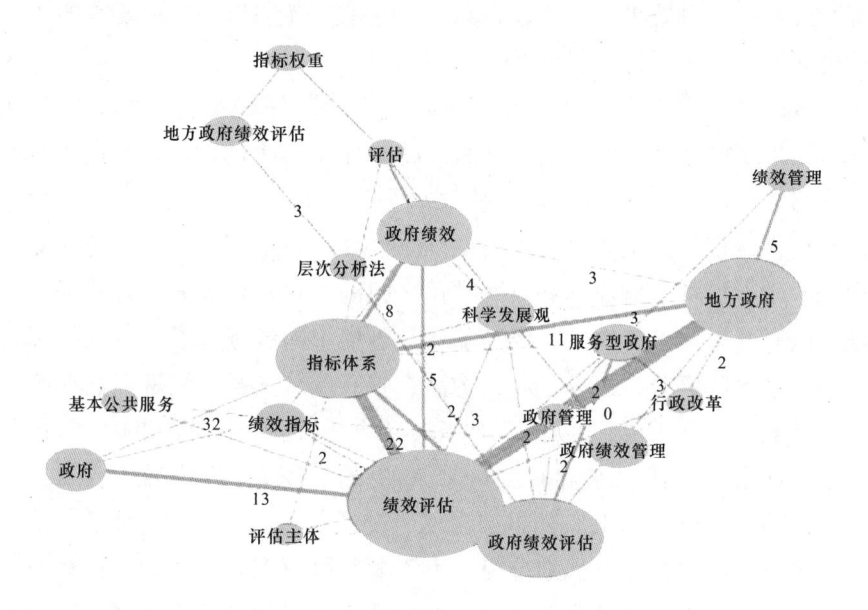

图1-7 有关政府绩效评估指标体系关键词共现网络

发学界对其研究热情的重要缘由之一，对其成果的总结也为进一步深入研究打下良好的基础。

政府绩效评估具体指标体系建构现状。政府绩效评估的理论探究和实践努力由来已久，从2004年伊始国内学者在政府绩效评估指标体系建构方面纷纷提出自己的观点，形成了一系列各具特色的研究成果。这与研究者们基于不同的建构原则或视角有很大的关系。同时，随着行政改革的发展和政府职能的转变等现实变化，必然会触发学者们对政府绩效评估指标体系建构的研究。通过对现有文献的梳理和总结，主要从以下几个方面来阐明政府绩效评估具体指标体系现状。

以政府职能为基础的政府绩效评估指标的建构。政府绩效评估与政府职能的关系密切，有不少学者基于政府职能的角度来建构政府绩效评估指标。中国地方政府绩效评价体系包括行政管理、经济发展、社会稳定、教育科技、生活质量和生态环境6个领域层、37个具体指标（范柏乃、朱华，2005）。有学者基于"经济调节、市场监管、社会管理、公共服务"的政府职能定位，提出经济发展、社会发展、资源与环境、行政效果4个维度，14个基本指标和28个指标要素的中国地方政府绩效评估指标体系（崔述强等，2006）。

以政府投入—结果过程为导向的政府绩效评估指标的建构。投入—结果结构是衡量政府效率最明显的一种评估途径，可以直接通过成本与收益的对比来确定政府绩效水平，因此以如何构建有效的投入—结果过程为导向的绩效评估指标成为学者们一直关注的研究方向。有学者根据政府成本和政府收益之间的主要对比关系，客观反映地方政府效率水平的原则，设计了一套测度中国省级政府效率的指标体系，它由政府公共服务、公共物品、政府规模、居民经济福利四个因素及其子因素组成，共计47个指标（唐任伍、唐天伟，2004）。还有学者在政治合法性基础转型所带来的新的价值标准指导下，从投入—管理—产出（结果）的框架出发，设计了一套地方政府绩效评估指标体系。其中投入指标划分为人力资源与财政资金；管理指标涉及政府的行政能力、廉洁程度等；产出与结果指标则细分为经济发展水平、人民生活质量等六个方面，通过进一步细化为140项指标的地方政府绩效评估指标体系（倪星，2006）。

以政府内部管理和外部效应为准则的政府绩效评估指标的建构。早些年，政府绩效评估指标体系的构建没有对政府内部管理与外部效应进行明确的区分，有些二级指标或三级指标可能涉及内部管理水平或外部效应。有学者在总结美、英、新西兰和欧盟政府绩效指标的设计以及我国政府绩效评价现状的基础上，提出了以政府自身建设和外部影响为视角，构建具有中国特色的政府绩效评价指标体系。该指标体系包括三个级次，其中一级指标包括政府总体政府自身建设、政府工作完成度、资源耗费和部门可持续发展四项指标，15个二级指标和50个三级指标（丁增稳、陈莉，2011）。还有学者运用层次分析法的思想，建立了以政府内部管理水平和政府外部管理水平两个一级指标为准则层，8个二级指标为子准则层和31个三级指标作为方案层的地方政府绩效评价的指标体系（宋美喆、缪世岭，2012）。进一步明确了内外兼具的地方政府绩效评价指标体系。

以公民为本为理念的政府绩效评估指标的建构。受西方"新公共管理"和"新公共服务"等行政理论的影响，国内在政府绩效评估的理论研究和实践探索的过程中，开始注重公民的参与和影响力。因此，学界和政府越来越注重在政府绩效评估指标体系建构中贯彻人民为本的理念。公民参与是政府绩效评估的理想模式和重点努力方向（周志忍，2008），在政府绩效评估中引入公众参与对公众满意度发挥着重要的作用（马亮、杨媛，2019）。有学者借鉴经典的满意度层次结构，构建了中国地方政府整体绩效满意度理论模型，并依据对广东省公众调查的有效数据，得出政府整体满意度有显著的正向影响（郑方辉等，2014）。还有学者基于2014年广西的抽样调查，将公众满意度作为一级指标，确立了法律规章建设、法治过程保障、法治目标实现和总体目标实现的指标体系及权重（陈磊，2016）。除此之外，实现公共责任对绩效评估也不容忽视（李乐，2018）。

综合性的政府绩效评估指标的建构。除以上对指标体系进行归类的研究成果以外，还有很多学者针对政府绩效评估指标体系的建构是综合性质的。既融合物质和精神层面测量，又贯穿政府行政的始末。

最早有学者结合理论分析与实地调研，开发一套包括思想建设、组织建设等15个二级指标在内的评估地方政府绩效的指标体系（卓越，2004）。2005年，国家人事部"中国政府绩效评估研究"课题组经过调查和专家论证等程序，提出一套包括职能指标、影响指标和潜力指标3个一级指标，11个二级指标以及33个三级指标的综合评价指标体系。该指标体系特别适用于地方各级政府，尤其是县级政府的绩效和业绩状况。

以上只是在文献梳理的过程中，对现有政府绩效评估具体指标的大致分类，实际上在建构具体指标体系的过程中，即考虑政府内部管理和外部效应，又会在外部效应的指标下根据政府职能来进行具体指标的建构。同时也表明，政府绩效考核是一个复杂的工程，很难准确地用一种标准或指标体系来衡量。

已有政府绩效评估指标体系的建构呈现出以下发展趋势。一方面，以政府职能、投入—产出等为基础设计的地方政府绩效评估指标体系从只关注GDP等经济刚性指标，逐渐把公民满意度、公民参与、公共责任的实现等评价要求纳入政府绩效考核的指标体系中，体现着政府对效率、经济、效益、公平等多元价值标准的思考与实践（林蓉蓉，2011），"公众满意已经成为地方政府绩效管理评价的主旋律"[1]。另一方面，关于政府绩效评估指标体系的研究整体已从理论阐述逐渐向实践层面转变（徐阳，2017），并实现"自上而下"的内部评价向"自下而上"和第三方主导的评估模式发展（魏建森，2013）。进一步表明在政府绩效评估中评估主体多元化的发展趋势，在一定程度上与政府向社会力量购买公共服务绩效评估指标体系建构中需要考虑购买者、承接者、使用者等不同主体的影响不谋而合。

（2）公共服务事项评估指标体系研究

公共服务绩效评估文献总体趋势。在中国知网核心和CSSCI（包括扩展版）期刊全文数据库中，以"公共服务绩效评估"和"服务绩效评估指标体系"为关键词组进行检索，虽能分别检索出29篇和

---

[1] 孙洪敏：《地方政府绩效管理评价体系趋向性研究》，《学术界》2017年第8期。

42篇，但是很多特定的服务事项的绩效评估文章没有办法被检索到，因此进一步以"服务绩效评估"进行检索，共找到200篇。从图1-8发文的总体趋势来看，相对于政府绩效评估指标体系从2009年递减的趋势而言，有关服务绩效评估的研究在2010年至2013年持续增长。

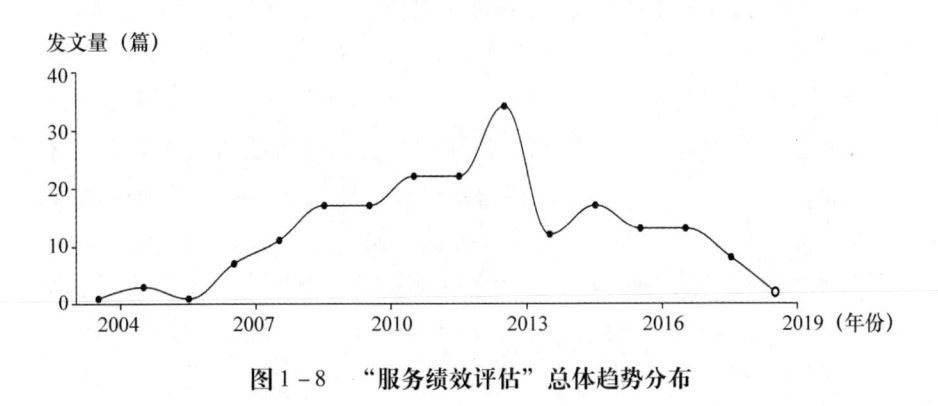

图1-8 "服务绩效评估"总体趋势分布

公共服务绩效评估指标体系建构现状。目前，学界对公共服务绩效评估指标体系的建构主要围绕某项具体服务事项来进行。至于基本公共服务或公共服务大类绩效评估指标体系的建构，其区别主要体现在不同地区或不同领域。有学者通过理论设计和实证筛选，确定基础教育、医疗卫生、公共科技、社会保障、公共文化、公共设施、生态环境、公共安全和公共行政9大领域的县级政府基本公共服务绩效评估指标体系（江易华，2011）。还有学者以河北省为例，确立公共服务绩效评估包括医疗卫生类、公共设施类、社会保障类、公共就业类、科教文体类5个一级指标和17个二级指标（王晓东等，2011）。

在某项具体公共服务事项评价指标体系建构的过程中，学者们的评价标准不一，形成各具特色的指标体系，初步概括以下几种：一是多维价值判断标准，即按照不同的绩效评估价值取向设计具体指标。如按照经济、效率、效益、服务质量、满意度和公平等多维价值，判定广播电视公共服务绩效（方雪琴，2011）。二是按照投入—产出—

效果服务过程的评价体系建构,如在地方政府体育公共服务绩效评估指标体系研究中,对社会体育、学校体育、竞技体育、体育科技四个子系统进行投入类、产出类和效果类的分类评价(王景波等,2011)。三是根据影响因素的服务评估体系建构,有学者在对影响城市公交因素分析的基础上,建立三个评价模块,这三个模块内部的子模块根据实际需要进行组合后可以得到不同层次的绩效评价体系(王海燕等,2011)。还有学者通过文献回顾总结出政府购买居家养老服务绩效的影响因素有行政环境、提供商承接能力、政府管理能力、行政文化、评价体系五个方面,在此基础上构建评价体系(储亚萍,2018)。四是功能标准,一些学者根据具体服务能否发挥其所具有的功能来建构评价体系,如依据报纸媒体所应发挥的作用,建构报纸媒体服务绩效评估体系政治绩效、经济绩效和公共绩效三大类指标体系(姜智彬,2012)。五是目标导向标准,有学者根据《国家基本公共服务"十二五"规划》提出的"供给有效扩大,发展较为均衡,服务方便可及,群众比较满意"四个发展目标,建立投入、均衡、便捷、满意度为一级指标的指标体系框架(孙怡帆等,2016)。六是其他类,很多学者根据不同服务事项的特点,建构具有特色的指标体系,具有代表性的是依照当前的文化行政能力和体制条件,在设计公共文化服务体系纵横网格结构模型的基础上,确立相对应的纵横结构的公共文化服务绩效评估体系模型(张楠,2012)。有些学者虽没有建构具体的指标体系,但提出具有中国特色的以"人民为中心的发展思想"的民生公共服务绩效评价建构思路(耿永志,2016)。基于不同服务事项建构的绩效评估指标体系及建构标准可详见表1-2。

表1-2　　　　不同服务事项绩效评估指标体系及建构标准

服务事项	指标体系	标准
广播电视公共服务(2010)	公共财政投入评估、内容评估、效果评估、服务质量评估、公平评估和满意度评估7个维度作为一级指标,25个二级指标,并明确衡量方法	多维价值判定标准

续表

服务事项	指标体系	标准
公共卫生服务（2010）[①]	投入、产出、结果3个一级指标，12个二级指标和25个三级指标	"投入—产出—结果"标准
体育公共服务（2011）	社会体育、学校体育、竞技体育、体育科技4个子系统、37个具体指标，并进行赋重	"投入—产出—结果"标准
城市公交服务（2011）	公交行业环境和资源评价模块、公交企业运营服务评价模块、公交行业相关主体满意度评价模块3大模块，8个子模块的指标体系	影响因素标准
媒体服务（2012）	政治绩效、经济绩效和公共绩效三大类指标系统	功能标准
基本公共教育服务（2016）	"投入、均衡、便捷、满意度"为4个一级指标，8个二级指标，31个三级指标，并对我国30个省级行政区域2006—2014年的基本公共教育水平进行了综合评价	目标导向标准
公共文化服务（2012）	根据公共文化服务体系模型，建立4个横向子系统和4个纵向指标构成的纵横结构评估模型	其他类
民生公共服务（2016）	第三方评价主体，多元化动态的评价维度，以民众诉求和意愿为导向，从规模、效率、均等化、满意度等多个维度来构建（无建构具体指标）	其他类

总的来看，不管是基本公共服务、公共服务抑或某项具体服务事项的绩效评估指标体系并没有统一，这与不同层级政府、不同服务事项客观存在的差异有关，很难用一种统一的指标体系来衡量服务效果。但不同的标准也反映公共服务绩效评估工具理性与价值理性的融合、效率驱动向公平政府、公民价值转变、政府主导向第三方主导评价等发展趋势。也有学者提出要基于价值理性的维度，构建由科学发展的绩效目标体系、公平正义的内容体系、民主治理的绩效实施体系、公民满意的绩效控制体系和责任反馈体系等系统构成的绩效评估体系（姜晓萍等，2003）。这些成果都将为政府向社会力量购买公共

[①] 苏海军、姚岚：《公共卫生服务体系绩效评价指标框架研究》，《中国卫生经济》2010年第11期。

服务绩效评估指标体系的建构与应用提供思路。

（3）政府购买公共服务评估指标体系研究

目前，关于政府购买公共服务评价或评估的文献有限。在中国知网中，以"政府购买公共服务评价""政府向社会力量购买公共服务评价""政府向社会组织购买公共服务评价"等关键词组按照"或"逻辑进行检索，共找到60篇期刊，29篇博士学位论文。但从图1-9的期刊发文总体趋势图来看，研究成果大体呈现递增趋势，说明学者对政府向社会力量购买公共服务绩效评估指标体系建构的重视。同时，这也与2013年国务院出台《关于政府向社会力量购买服务的指导意见》有密切的关系。在政府积极探索向社会组织购买服务的热潮中，如何建立科学有效的评价体系来衡量购买质量，成为社会、政府、公民、学者等关心的大事。

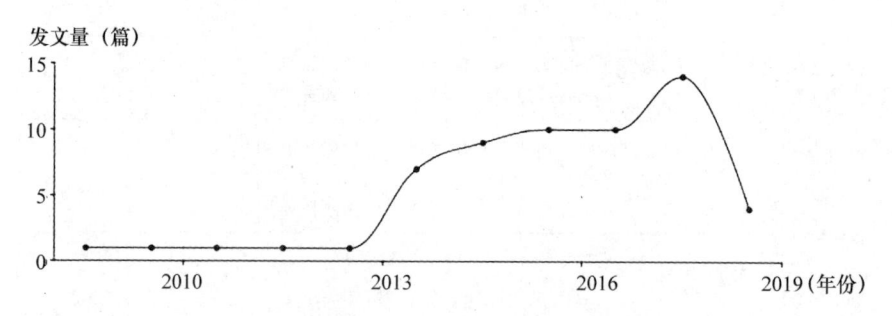

图1-9 政府购买公共服务评价文献总体趋势分析

在具体评估指标体系建构方面，学者着眼于服务领域或评价标准，对政府购买公共服务评估指标体系进行研究。有学者在比较宁波、富阳、南京和上海政府购买居家养老服务绩效评价现状的基础上，建立由政府投入、产出一级指标构成的效率评价指标和服务对象满意度为目标层的满意度评价两大评价模块（吉鹏、李放，2013）。有学者基于对深圳市与南京市的问卷调查，设置由政府成本、效率、社会公正度和公众满意度四个指标构成的评价模型，并进行了实证检验（王春婷等，2013）。在合法性理论分析下，通过"合法性—有效性"分析框架，建立由公共性、制度化、社会化、经济、效率和效果

6个评估维度和16个评估指标构成的评价体系（徐家良、许源，2015）。有学者结合定性和定量研究方法，构建了包括投入、过程、产出和结果4个一级指标、12个二级指标、38个三级指标体系，用来评估政府购买公共体育服务绩效（张学研、楚继军，2015）。还有学者依据政府绩效评价的4E（经济、效率、效益和公平）标准，设计了政府投入、服务效率、社会公正度与服务满意度4个一级指标，9个二级指标和23个三级指标的政府购买会计审计服务绩效评价体系（王生交，2015）。

有研究从绩效考核内容、考核主体、考核指标三个方面着手，分别建立了由公共服务和公众满意度构成的一级指标，由执行化、标准化、可持续发展、合作性和公众满意度构成的二级指标，并细化为19个三级指标的政府购买社会组织服务绩效考核系统（崔英楠、王柏荣，2017）。还有学者从三元主体关系出发，构建了包括环境、政府和公众3个一级影响因素和17个二级影响在内的公众参与政府购买公共服务绩效评估影响因素的指标体系（宁靓、赵立波，2017）。针对一些特定的服务领域，有学者构建了政府购买支出、承接社会组织投入、承接营利组织投入3个一级指标，8个二级指标来评估购买公共体育服务的绩效（罗瑜亭，2017），基于政府购买公共图书馆服务，构建了三类政府购买公共服务成效的评估模型，分别是物有所值评估、基于第三方的KPI评估及满意度指标评估，并根据三个模型构建了不同的指标体系（张妍妍等，2018）。

以上是自2013年以来政府购买各项服务绩效评估指标体系的主要情况，这些成果也呈现一定的规律或趋势。首先，建构标准多样化，前期主要以经济效率为主，注重政府的投入和产出，后期更加注重公平和公民意见。其次，评价对象多元化，前期主要以政府单一的绩效考核为主，后期开始重视社会力量的发挥和公众责任的履行。最后，评价指标更加量化，前期在设计具体指标中，以描述性评价为主，后期注重数理统计方法的运用，重视指标的量化。但总的来看，目前关于政府向社会力量购买公共服务绩效评估指标体系的建构与实践的成果严重不足，缺乏规范化、科学性，可操作性不强，导致可借鉴的成果有限，亟须加强对此方面研究成果的补充。

5. 有关评估技术方法的研究

从绩效评估技术的发展来看，国际上主要采用客观方法和标准，通过引进统计学、心理学、社会学的测量技术，来减少主观评价的误差。对此，国内学者也越来越重视数理统计的客观方法在绩效评估中运用。目前，常用的绩效评估技术方法有数据包络方法（DEA）、平衡计分卡（BSC）、关键绩效指标法（KPI）、层次分析法（AHP）、主成分分析法、模糊评价法等。

从2004年开始，国内学者开始尝试使用这些方法。最早采用BSC（彭国甫等，2004a）和DEA（彭国甫等，2004b）技术来评估政府绩效，有学者结合DEA和粗糙集建立反映政府效率投入—产出的评估模型（廖芹等，2005），基于KPI对指标进行设计（卓越，2007）。有研究结合BSC和KPI技术，提出进一步完善政府绩效评估指标体系建构的思路（李金龙、虞莹，2007）。依据模糊数学理论，对BSC方法进行优化，提出了模糊平衡记分卡的概念（陈通、王伟，2007），并通过实证研究表明多级模糊综合评判法是一种有效的评估工具（赵红梅，2008）。AHP方法也被运用于构建公共服务绩效评估指标体系（闫培宁，2012）。有些学者根据不同的评价标准，而采用不同的评估技术，如在以政府绩效信息透明度评价标准的前提下，通过体验式评价的方法，系统地观察地方政府历年绩效信息透明度状况（卓越、张红春，2016）。另有一些研究采用模糊DEA、数据挖掘等技术方法，这里不一一阐述，具体可以参见表1-3。

表1-3　　　　　　　不同评估技术方法的运用

年份	技术方法	代表文献名
2004	数据包络方法（DEA）	基于DEA模型的政府绩效相对有效性评估
2004	平衡计分卡（BSC）	基于平衡计分卡的地方政府绩效评估
2005	DEA方法和粗糙集	基于DEA方法和粗糙集的政府效率评估模型
2007	关键绩效指标（KPI）	政府绩效评估指标设计的类型和方法

续表

年份	技术方法	代表文献名
2007	平衡计分卡（BSC）和关键绩效指标法（KPI）	论我国政府绩效评估指标体系的优化
2007	模糊平衡计分卡	基于模糊平衡记分卡的绩效评估体系研究
2008	多级模糊综合评判法	基于多级模糊综合评判法地方政府绩效评估研究
2011	模糊DEA	基于模糊DEA的服务型政府绩效评价方法研究
2011	数据挖掘法	基于数据挖掘的我国地方政府绩效评估指标设计——面向江苏四市的探索性研究
2012	层次分析法（AHP）	基于AHP与过程结果模型的电子政务公共服务绩效实证研究
2012	模糊综合评价法	中国地方政府绩效评估研究——基于广义模糊综合评价模型的分析
2014	模糊层次分析法	公众参与视角下基于模糊层次分析法的政府信息公开绩效评估研究
2014	主成分分析法	广西北部湾经济效应及其演进动力研究——一种考察地方政府绩效的方法
2015	三阶段DEA法	我国省际基础公共服务供给绩效分析——基于以产出为导向的三阶段DEA模型
2015	德尔菲法和层次分析法	政府购买社会服务的绩效评估指标体系研究——基于德尔菲法和层次分析法的应用
2016	体验式评价方法	政府绩效信息透明度的标准构建与体验式评价
2018	关键绩效指标（KPI）	政府购买公共服务之成效评估研究

  在绩效评估的实践中，常用的评估技术方法有很多，它们各具特色，但也有不足之处。因此，很多研究经常以一种方法为主，根据实际需要再结合其他的方法，如范柏乃等人在政府绩效评估指标体系建构中，综合使用了主成分分析法、层次分析法和数据包络分析法。[①]

  虽然在技术方法选择方向上，学者们偏重于定量的研究途径，但并没有否定定性研究方法在绩效评估中的使用和实践，尤其是在研究前期和总结阶段，德尔菲法、公众参与等方法的科学运用，使得定量

---

① 范柏乃、段忠贤：《政府绩效评估》，中国人民大学出版社2012年版。

分析更加可靠。如在政府购买社会服务的绩效评估指标体系建构过程中，有学者通过德尔菲法建立判断矩阵，再使用层次分析法，对专家定性评价进行定量的转化（叶托、胡税根，2015）。同时，这些技术方法在使用的过程中也得到不断的优化，比如 DEA 就经历了从传统 DEA 法到三阶段 DEA 法的发展；层次分析法、平衡记分卡向模糊层次分析法、模糊平衡记分卡的进化。这些变化不仅反映了评估事项的客观差异，而且是一种思维方式的转变。在绩效评估主体、评估对象、评估过程等越来越复杂的发展趋势下，技术方法的灵活使用、定量和定性研究的结合以及不同学科方法的借鉴，都有助于政府向社会力量购买公共服务绩效评估指标体系的建构与实践。

6. 有关评估过程和机制的研究

评估过程或机制是否规范和科学直接影响绩效评估指标体系建构的质量。不管是在政府绩效、公共服务绩效，还是在政府购买服务绩效评估指标体系的建构中，很多学者的研究成果就是评估机制和过程的呈现，但专门阐述绩效评估过程或机制的研究成果不多。早期主要集中对政府绩效评估过程或机制的研究，后期随着政府和社会合作的加强，服务提供方式的多样化，政府购买公共服务绩效的研究增加，对其评估过程或机制的研究需求也在增加。但过程不等于机制，两者之间的差别比较明显。过程强调整个评估指标体系建构的连续状态，比如从资料搜集到指标确定再到实际运用；机制侧重于各个系统（模块）之间的完整性，比如评估目标到评估方法再到评估反馈等。表1-4 中罗列了一些学者对评估过程或机制的不同观点，明显能够看出机制和过程之间的差异。

从评估机制的研究观点来看，学者们的研究视角不同。有的从评估进程出发，建立早期的目标确认到中期测定再到后期反馈，比如表1-4 中的臧乃康的观点强调整个评估过程的连续性和完整性。有的着眼于评估的组成部分，建议由评估构成部分建立评估机制（郑吉萍，2007）。有的从评估功能出发，强调评估机制各个模块功能的发挥（李宁，2009；唐斌等，2017）。有的从评估相关主体维度出发，如在政府购买服务绩效评估中，相关主体包括购买者、承接者、使用者、建立由理论、主体和具体指标构成的三维评估机制（金碧华，2015）。还有的在总结了地方政府绩效评估机制与行为的悖论，分析其产生的原因，并指出打破悖论需要从公共价值理念、多元主体协同参与、评估内容导向、评估过程调控与结果应用这四个维度来建构完善的地方政府绩效评估系统（徐顽强、李敏，2018）。由此可见，学者们关于评估机制的观点并不统一，这与绩效评估对象以及不同视角有关。

从评估过程的研究观点来看，学者们的研究观点比较统一，大多数学者都持三阶段说，即前期准备、中期实施和后期运用（蔡立辉，2002；彭国甫，2004；寿志勤，2010），虽然蔡立辉认为政府绩效评估过程包括五个阶段，但中间三个阶段可以概括为中期实施阶段。也有一些学者持不同的观点，认为评估结果存在客观偏差，因此需要通过二次评估来修正政府绩效评估的结果（何文盛，2013）。叶托等人更关注指标的筛选和权重，因此通过德尔菲法和层次分析法，最终确立政府购买社会服务绩效评估的指标体系。这些不同的观点极大地丰富了绩效评估过程的研究成果，成果之间相互补充，比如叶托指标体系建构的过程可以为中期实施阶段提供很好的思路。

表1-4　　　　评估过程或机制的不同研究观点

	研究者	评估对象	观点
机制	臧乃康（2002）	政府绩效	绩效目标系统、绩效比较系统、绩效测定系统、绩效反馈系统
	中国行政管理学会课题组（2006）	政府部门	评估指标体系、评估方式体系、评估程序体系、评估组织体系、评估制度体系、评估信息系统等
	郑吉萍（2007）	地方政府	评估目的指标体系、评估主体评估方法、评估结果
	颜如春（2007）	地方政府	信息保真机制、主体评估机制、评估约束机制建设
	李宁（2009）	农村公共文化服务	激励机制、竞争机制、监督机制、责任机制
	金碧华（2015）	政府购买公共服务	评估分析框架、评估主体、评估具体指标

续表

	研究者	评估对象	观点
机制	唐斌等（2017）	生态文明建设	协同参与机制、信息管理机制、激励机制、约束机制
	徐顽强等（2018）	地方政府	公共价值理念多元主体协同参与评估内容导向、评估过程调控与结果应用
过程	蔡立辉（2002）	政府绩效	收集资料—确定评估目标—划分评估项目—绩效测定—评估结果使用
	彭国甫（2004）	地方政府绩效	前期准备阶段—评估实施阶段—结果运用阶段
	寿志勤（2010）	政府网站	前期评估准备—中期评估分析与评估结果形成—后期评估结果运用
	何文盛（2013）	政府绩效	评估—偏差—再评估
	叶托等（2015）	政府购买社会服务	概念化模型建立—指标筛选—权重赋值

二 国外研究的知识图谱

（一）政府购买公共服务

政府购买公共服务的理论与实践都兴起于欧美国家，在欧美语境下多为购买服务合同或者合同外包，即 purchase of service contracting（POSC），与之相关联的概念还有公共服务外包（public service outsourcing）、公共部门外包（outsourcing in public sector）、政府采购（government procurement）、公共采购（public procurement）、公私合营（PPP①）、民营化（privatization）等。采购一词通常由政府机构使用，许多私营公司使用购买和外包这两个术语。Dobler 和 Burt 提到"购买"和"采购"经常互换使用，购买的定义是不同的，有时也使用"供应管理"或"物流管理"这些术语。② 公共服务合同外包主体涵盖三个部门，政府为购买主体，承接主体既包括以企业为代表的私营

---

① 在文献搜集过程中发现，公私伙伴关系有很多种表述方式，例如 PPP、P3、P、PFI（private finance initiative），其中 PFI 是英国政府采用的第一个术语，但目前全世界最常用的说法还是 PPP。

② Dobler, D. and Burt, D., *Purchasing and Supply Management*, McGraw-Hill, New York：The McGraw-Hill Companies, Inc., 1996, pp. 1 – 8.

部门，也包括非营利的第三部门①，此外还包括第三方评估主体。总体而言，政府购买服务研究呈现出从理论基础偏好向案例、实证分析倾斜的发展趋势，并主要集中在背景缘起、边界范围、模式与方式、主体关系、困境与路径等方面。

1. 政府购买服务何以产生

从理论层面来看，公共选择理论、新公共管理理论、治理—善治理论、交易费用理论、法治理论都是政府公共服务外包的理论源流（邓崟，2016），涉及经济学、政治学和公共行政学等多个学科视角。其中，又以公共选择理论最具代表性。该理论认为，如果公共官员垄断服务提供，那么结果就是供过于求和效率低下（Jackson，1982；Mueller，1989；Blais，Dion，1992；McMaster，Sawkins，1996）。政府中心主义的公共服务供给模式受到政府失灵（Buchanan，1972）理论的强烈批判，随着市场失灵和合约失灵（Hansmann，1987）理论的相继提出，公共服务市场化、社会化在20世纪80年代成为理论共识的同时也成为发达国家的实践偏好，新公共管理运动将市场机制引入公共服务供给当中，全球范围内的结社革命让社会组织成长为一支坚实的社会力量，公共服务的多中心供给成为常态。

2. 政府如何购买服务

第一，政府购买服务的边界范围。学术界对此依然存在争议，与主张政府提供的全部服务都可以外包的激进派（Oliver Hart，1997）相比，保守派对政府外包公共服务范围的态度则显得审慎。公共服务的供给要求难度、竞争性强弱、易评估性、可监督性等成为评判公共服务是否可以外包的指标（Donahue，1989；Kevin Lavery，1999），诸如政策制定、国防外交等传统职能则应该保留。在实证研究中，国外学者尤其关注医疗健康服务、垃圾收集处理等领域的服务外包（Sameen Siddiqi etc，2006）。西方发达国家政府在购买社会公共服务实践上存在着分化，以英、美等国为代表的政府在购买服务的范围上

---

① ［美］E.S. 萨瓦斯：《民营化与公私部门的伙伴关系》，周志忍等译，中国人民大学出版社2002年版，第2—5页。

比较宽泛，对社会组织采取混合管理的方式；以法国、日本为代表的国家则主张公共服务的细化分类，购买的范围和程度要有所区别（张汝立、陈书洁，2010；俞祖成，2016）。第二，政府购买服务的模式与方式。服务外包和公私合营（PPP）是外国政府购买服务的主要模式。公共服务外包按照生产方和消费方两类补助对象划分，又可以采用合同、拨款资助、服务消费券、税收优惠、贷款和保证等工具方式。① PPP与公共服务外包在产权归属上形成了鲜明对比，服务外包政府保留产权，公私合营产权共享。有学者以英国私人融资计划（PFI）为例，指出服务外包中政府规定了输入并保留了对服务交付方式的控制权，PPP模式政府规定了输出，即它规定了基本服务标准，公司对如何提供服务具有控制权（John Bennett, Elisabetta Iossa, 2010）。第三，政府购买服务关系处理。政府与承接主体的有效互动是影响公共服务供给的关键变量。在政府购买服务的过程中，购买主体政府与作为承接主体的私营组织、非营利组织是何种关系？总体上，关于购买主体与承接主体的关系有三种不同的看法：一是两者是竞争对抗的关系（Clark M., 1991；Salamon L. M., Helmut K. A., 1998），二是合作与互补的关系（Wolch J. R., 1990；Salamon L. M., 1995；Saidel J., 1999），三是两者关系是权变的（Kuhnle S., Selle P., 1992；A. Najam, 2000；Yong D. R., 2000）。

3. 购买何种服务

国外政府购买公共服务的种类丰富，涉及领域广泛。比如欧盟国家政府购买生态服务（邱水林，2018）；美国在行政（收费、传递、传票等）、建筑物维护、资料处理、医院保健与紧急救助、废弃物清理与处理等200多种服务上采取政府购买方式；德国非营利社会组织在医疗卫生等方面处于主导地位（许燕，2015），此外还包含卫生服务（王芳等，2010）、图书馆等文化服务外包（徐文等，2013）。

---

① 王浦劬、[美]萨拉蒙：《政府向社会组织购买公共服务研究：中国与全球经验分析》，北京大学出版社2010年版，第210—215页。

4. 购买服务的困境

国外政府购买公共服务首先源于对效率的追求，但国外学者在分析了服务外包的优劣势后，对政府购买公共服务能否提高效率存在争议。从营利部门来看，有些学者支持 PPP 模式的广泛应用（Bennett and Iossa, 2006；Meda, 2007；Cruz and Marques, 2014），认为 PPP 模式可以在公共资金短缺的背景下，为政府制定基础设施发展计划提供一种高效率的选择，从而提高项目的经济效益。另外，也有学者持强烈的反对和质疑态度，认为这些优势背后也隐藏着很多成本与陷阱，比如说长期合同缺乏灵活性，在不确定的项目进程中经常出现重新谈判的情况，也会遇上公众支付的公共服务价格上涨，服务质量水平却下降的窘境（Hart and Moore, 1988；Owen and Merna, 1997；Ruane, 2000；Guasch, 2004；Cruz and Marques, 2013），还会出现重塑组织后中断进程连续性和组织精简后行政人员不堪重负的问题（Proscovia Svärd, 2019）。从英国大范围内的函调（Bing Li and A. Akintoye, 2005）发现，典型的 PPP 项目参与部门（公共部门和私人部门）使 PFI 项目采购制度具有吸引力的前三名的原因首先是可以把风险转嫁到私人部门；其次能解决公共部门的预算约束；再有可实现无追索权或有限的追索权融资，而影响 PFI 项目采购制度也不是公共服务提供的万能选择，潜在参与者最有可能因为合同交易中花费大量的时间成本、谈判延误以及高昂的参与成本而放弃竞标。而且，也有学者认为竞争性招标的适用性存在一些不确定性。有研究表明，不考虑更广泛的制度环境（文化、规范、政策偏好、产权等），特别是在弱势制度环境中的发展机构，无所不包的合同解决方案可能无法按预期发挥作用，需要更多的混合解决方案。[①]

作为公民社会的重要组成部分，西方国家的非营利部门有丰富的公共服务承接经验。它不仅是公共服务的提供者还是欧洲福利国家重新民主化的推动者。随着第三部门的加入，既提升公共服务的供应能

---

① Canıtez, Fatih and Çelebi, Dilay, "Transaction Cost Economics of Procurement Models in Public Transport: An Institutional Perspective Research in Transportation Economics", *Research in Transportation Economics*, Vol. 69, No. 11, 2018, pp. 116 – 125.

力,也促进公民积极参与公共事务(Victor Pestoff,2012)。同时,国外学者的研究表明,从政府与非营利部门之间关系的角度考虑,由非营利组织提供公共服务仍然面临着挑战。有学者认为政府与受资助的非营利部门合作提供公共服务会影响机构管理的独立性,并趋于官僚化(Lester M. Salamon,1987);随着两者合作的深入开展,政府将愈加侵入私人领域,模糊公私之间的界限(Wolch J. R.,1990)。也有学者指出政府公共服务外包和社会组织二者之间存在权力的不平衡性,任何获得的收益都不会公平分配(Kakabadse A.,Kakabadse N.,2001)。根据调查研究表明,政府信任对非营利组织来说比私人企业更为重要,两者的不信任限制了非政府组织供给服务的自由,直接影响合作的效果;并且在非竞争性条件下进行非营利性的外包是有风险的,因此保证外包程序的竞争水平才有助于确保稳定的服务供给(Amanda M. Girth etc,2012)。从政府监管上来说,一个软的"监管框架"几乎不支持志愿组织和地方当局之间的伙伴关系。相反,监管环境破坏了志愿组织的财务安全,降低了其中的就业条件,并引起对其服务质量的担忧(Cunningham Ian,James Philip,2017)。

除此之外,非营利部门之间关系及其内部的管理者、组织方式、组成人员可能也会影响公共服务功能的实现。通过对四个社区九名非营利组织内部相关者每年的协作调查和半结构式访谈表明,危害机构间合作的因素包括:对目标的误解;被视为浪费时间的会议;不共享资源;缺乏组织资源等。[①] 与此同时,对志愿部门来说,公共资金基础多样化是保证其稳定和自由地提供社会和社区服务的重要条件,根据对521个澳大利亚非营利组织的多变量调查数据的分析,组织从客户费用、商业活动、社区筹款、慈善资金会获得的私人资金来源的不平等分配以及公众支持的持续性会影响志愿部门的服务效率。[②] 国外

---

① Tong, Catherine E., "Fostering Inter-Agency Collaboration for the Delivery of Community-Based Services for Older Adults", *British Journal of Social Work*, Vol. 48, No. 2, 2018, pp. 390 – 411.

② Cortis, Natasha, "Access to Philanthropic and Commercial Income Among Nonprofit Community Service Organizations", *VOLUNTAS*: *International Journal of Voluntary & Nonprofit Organizations*, Vol. 28, No. 2, 2017, pp. 798 – 821.

学者有诸多研究重点关注非营利组织人力资源管理方面的内容，通过医疗健康领域的研究发现，管理层的决策、正式领导力的赋予以及有效的个人绩效评估与奖励是提高组织绩效的关键因素（Trebble Timothy M., Heyworth Nicola. etc, 2014）。从志愿精神的角度来说，出于非营利组织工作人员的使命与动机，理论预测有动力的员工会接受相对较低的工资水平，而实践研究也证明了这一点，并且非营利部门之间的差异并不大，但从性别和私企角度来衡量却有不同。在一项有关为何有些社区提供志愿服务劳动的比例较高的研究表明，政府和社会机构的合法化渠道以及它们资助和组织志愿者的做法决定了志愿者参与社区的比例（Haddad, M. A., 2004）。

最后，面对非政府组织提供公共服务存在的问题，国外学者主要从维护组织间关系、加强组织内建设等方面提供出路。促成非政府组织之间的合作应该包括建立关系、共享资源、建立共同愿景，创造可访问和及时的评估机制。另外，志愿部门组织发展更加严格和复杂的问责观念，以保持在民主创新的最前沿。[1] Bridgespan[2] 公司调查显示，非营利组织在有远见的领导力方面表现最佳，但往往管理不善。有学者通过总结五个领先的非营利组织的管理经验，发现以下是成功的关键点：了解领导与管理之间的紧张关系，并积极管理变革过程；获得战略清晰度，并通过确定优先级来建立绩效评估和权衡，这样更容易看到如何实现预期的影响。同时，在一些关键指标中确定战略清晰度，以保持对每个人的关注，建立起协调一致的团队。[3]

值得关注的是，目前国外研究热点在绿色公共采购（Green Public Procurement）和电子政府（Electronic Procurement）采购上，将生态环境的可持续发展的概念渗透到采购的全过程。在正式采购过程中引入绿色公共采购理念旨在通过采购的商品和服务的生命周

---

[1] Taylor, M., "Between Public and Private: Accountability in Voluntary Organizations", *Policy and Politics*, Vol. 24, No. 1, 1996, pp. 57 - 72.
[2] Bridgespan 是美国专为非营利组织和慈善机构提供咨询服务的公司。
[3] Daniel Stid and Jeffrey Bradach, "How Visionary Nonprofits Leaders Are Learning to Enhance Management Capabilities", *Strategy & Leadership*, Vol. 37, No. 1, 2009, pp. 35 - 40.

期减少对环境的影响。在项目运行的实践中,政策驱动和实际治理工作总是脱节,环境要求的基本标准和规范性绿色公共采购并未得到体现。现今诸多学者将重点放在公共采购项目实施中通过目标定义、过程优化等措施来推动绿色公共采购的发展。[1] 学术界已经认同电子采购的积极影响,尤其是在效率、效果、非物质化、竞争力和透明度等方面。但在公共部门采用电子采购远不止是一个技术挑战,它需要使用测量框架来量化绩效,也需要大规模的变革管理运动来创造更有效的采购文化促使官僚制转向,建立如"虚拟官僚"等更有效的组织模式。[2]

(二) 政府购买服务评估

绩效评估一直是作为服务改进的工具存在的。除此之外,Chelimsky 认为评估起到监督政府行为的责任,也能反省不足为后续的服务供给积累经验,还能为科学决策提供支持。[3] 有学者对英国的六个案例进行调查,结果表明绩效评估主要用于证明合规性,挑战了志愿部门绩效评估的过程有可能提高公共服务质量的观念。[4] 而今,随着政府越来越多地探索改善服务的方法,建立有意义的绩效指标并运用是学术界研究的热点。考察国外政府购买服务中有关绩效评估的评估主体、评估内容、价值导向和评估方法、方式的研究,为政府管理者提供一个良好的起点。

1. 有关评估主体的研究

购买服务绩效评估主体可分为政府自评、供应商自评、第三方评估。西方政府自评已建立起完善的评估制度与法律法规,既有针对具

---

[1] Magnus Sparrevik and et al., "Green Public Procurement-A Case Study of an Innovative Building Project in Norway", *Journal of Cleaner Production*, Vol. 188, No. 6, 2018, pp. 879 – 887.

[2] Francesco Gardenal, "A Model to Measure E-Procurement Impacts on Organizational Performance", *Journal of Public Procurement*, Vol. 13, No. 2, 2013, pp. 215 – 242.

[3] E. Chelimsky and W. R. Shadish, *The coming transformation of Evaluation*, Evaluation for 21 century. A handbook. Thousand Oasks. CA, 1997, pp. 1 – 21.

[4] Moxham, Claire, "Measuring up: examining the potential for voluntary sector performance measurement to improve public service delivery", *Public Money & Management*, Vol. 33, No. 3, 2013, pp. 193 – 200.

体项目的评估体系,也有整体性的评估系统。为了保证评估结果的公正性与客观性,规避政府公共服务合同外包中的寻租风险,独立的第三方评估机构也承担绩效评估的职责。不少研究是从组织管理视角评估承接商或供应商的成果,以期提高招投标中的竞争力。

2. 有关评估环境的研究

国外学者对评估环境的研究可以追溯至 20 世纪前期(Lasswell, 1930;Simon, 1947),Simon 认为组织认同是促使员工为组织努力、提高组织绩效的重要动机。Qing Miao 等学者认为,组织认同是解释公共服务动机(PSM)促成公共服务绩效优化的关键机制,公共机构应该创造一个有助于员工认同组织的环境,[①] 应详细探讨 PSM 与组织认同之间的理论联系(Campbell, 2015)。研究显示,PSM 与绩效呈正相关,当员工对组织有强烈认同感时,会更努力工作,提高组织绩效(Riketta, 2005)。

3. 有关评估内容的研究

从绩效衡量的定义可以看出,为了使组织实现其目标以满足客户,绩效的两个最基本的维度是效率和有效性。效率衡量的是投入转化为产出的成功程度,有效性衡量系统如何成功实现其所需的输出。产出是政府购买服务适当的绩效衡量标准,虽然私营部门已经开发并一直在使用产出绩效指标来评估其购买活动,但政府采购还没有制定一套统一的绩效产出措施。因此,还需要做很多工作来制定和完善适用于政府购买活动的产出绩效指标。

绩效评估系统公共服务供应链由三个主要参与者组成,包括供应商、购买服务部门、用户。有学者认为测量购买服务不是将内部客户的需求传达给供应商,然后将项目交付给内部客户的简单过程,而是需要考虑服务供给过程中的持续时间、质量、强度、工作性能、效率、有效性和购买部门的环境和结构等因素(Knudsen, 1999)。美国 NICP(the National Institute of Governmental Purchasing)组织认为采购

[①] Qing Miao et al., "Public Service Motivation and Performance: The Role of Organizational Identification", *Public Money & Management*, Vol. 39, No. 2, 2019, pp. 77 – 85.

部门在制定绩效管理系统时应全面考虑组织、个人和供应商三个层面，并形成计划、实施、监测进程和识别提升绩效的机会，从而形成一个闭合的有助于采购组织实现内外部战略目标，并改善为公众和利益相关者服务水平的完整系统。而从组织管理角度来看，具有高绩效采购职能的组织首先是在一些财务指标上始终优于其他竞争对手，其次将高级人才管理战略纳入采购组织的核心，而核心维度是能力和文化，类别管理和执行，结构和系统以及集成和一致性。[1]

4. 有关价值导向的研究

在国外，政府绩效评估作为西方国家政府再造运动的核心，体现了以效率优先、顾客至上、公共责任、公民满意、多元评估、第三方参与等理念为主的发展趋势。

从价值取向来看，在批判"3E"理论的基础上，强调产出的数量与质量、效率、公平、结果、价值、顾客满意度等在内的多元指标。萨瓦斯基于衡量合同外包的有效性，提出"3E"效率（Efficiency）、效果（Effectiveness）和公平（Equity）指标是对政府绩效的评价标准进行了扩展与延伸。2011年，英国卡梅伦政府在旨在拓宽供给渠道的《开放公共服务白皮书》中具体阐述了质量、效率和有效性绩效指标和方法。[2] 随着西方政府绩效评估体系的不断完善，经济与效率的评价标准适用性问题受到质疑，学界一致认为由于公共服务的特殊性，评估政府向第三方购买绩效要兼顾效率和公平的价值取向，在此基础上形成了政府购买公共服务绩效评价的经济性、效率性、效果性和公平性的"4E"评价模型。由此可以看出，随着历史的发展，国外关于绩效评估价值取向的研究从最初追求"效率"和"经济"单一的绩效观，到"公平""效益""服务""合作"等观念转变，并逐步引入政府绩效评估的价值取向中。

---

[1] Peter Spiller et al., *Procurement 20/20: Supply Entrepreneurship in a Changing World*, Hoboken, New Jersey: John Wiley & Co., Inc., 2014, pp. 3–13.

[2] Martin I. Kestenbaum and Ronald L. Straight, "Procurement Performance: Measuring Quality, Effectiveness, and Efficiency", *Public Productivity & Management Review*, Vol. 19, No. 2, 1995, pp. 200–215.

具体而言，比较英国的公共服务协议（PSA）和韩国的政府绩效评估（GPE）、财务绩效管理系统（FPMS）和绩效协议发现，虽然这两个国家在绩效管理的基本方法上存在差异，但在系统运作的详细实践和轨迹方面存在相似之处。造成这些相似之处的原因可能是两国最高政治家的强有力领导。分别对英国卫生部和韩国政府行政和内政部进行个案研究，PSA系统存在过度集中控制和专业人员及一线员工缺乏参与等问题。而在韩国，虽然三个绩效管理系统都基于评估，但各部门将评价作为行使控制权的工具，导致重复评价和过度官僚主义，专注于以流程为导向的评估削弱了改善公共服务体系的价值。

5. 有关评估方法和方式的研究

在国外服务外包的研究中，主要通过平衡计分卡、数据包络分析法、关键绩效指标、服务质量评价法等方法来测量外包公司提供的服务质量。

有学者利用平衡记分卡方法，通过相关的结构、程序和通用措施三个维度如何相互影响，建立时间、有效性、效率和IT系统可靠性等六方面的健康医疗服务外包的绩效模型，还设计了一份访谈调查问卷，以便于收集数据。另外，还通过服务合作伙伴计划中的个人绩效评估工具进行每三个月的内部审核和每六个月的外部审核。[①]

Farrell早在1957年提出DEA（Data Envelopment Analysis），经Charnes等人（1978）和Banker等人（1984）的发展（即CCR模型和BCC模型），成为一种应用广泛的衡量效率的非参数方法。1978年，美国运筹学家A. Charnes，W. W. Cooper和E. Rhodes首先将DEA引入政府向社会力量购买公共服务的领域，对居家养老服务在机构数量、人力资源和服务对象方面的产出绩效情况进行分析，以此评价公共部的相对有效性。基本数据包络分析法并不能区分有效决策单位，只能统一赋值为1，但是高效的数据包络分析法（SE – DEA）模型却能解决这个问题，并能对多个有效的决策单位（Decision-Making Units）进行比较和排序。在公共交通外包服务领域，有学者提出将高

---

① Arun Kumar et al. , "Procurement Performance Measurement System in the Health care Industry", *International Journal of Health Care Quality Assurance*, Vol. 18, No. 2, 2005, pp. 152 – 166.

效的数据包络分析法和信息熵理论相结合，整合公共交通行业监管、过境运营和通行要求，将每个利益相关者纳入其中，构建基于满意度和效率的评价指标体系，为公共交通服务业绩以及运营和管理研究提供更合适的决策依据。[1]

在全球私有化重组努力中，通过执行关键绩效指标（KPI）对私营特许公司的绩效进行标准评估是政府衡量私营特许公司绩效的常用方法。[2] 关键绩效指标已成为评估 PFI 项目绩效的有用工具。英国模式将关键绩效指标分为社会、经济、环境和技术四个，它们涵盖了大部分的 PFI 项目的环境要素和关键可持续性的问题。但在运行中也发现了一些限制和障碍，例如缺乏可持续发展的顾问经验，个别项目缺乏深度分析。澳大利亚进行绩效评估主要运用绩效棱柱模型，这与 KPI 类似，但在期限上有所不同。绩效棱柱模式针对多个利益相关者（股东、客户、供应商、PPP/PFI 评估中的合作伙伴甚至中间人）设计五个相互关联的部分来衡量长期项目，包括满意度、策略、流程、能力和利益相关者的意见。但不足之处在于这个模型中提出的具体举措只停留在理论层面并没有经过实证的检验。总体而言，当前文献在执行关键绩效指标时的主要问题是如何捕获和集成每个体现特定方面的 KPI 指标。

20 世纪 80 年代，西方国家行政改革从经济、效率向质量和公众满意转移，各国普遍采取了以公共责任和顾客至上为核心理念的政府绩效评价措施，公众满意度的相关测评模型和方法被广泛运用于评价公共部门的相对有效。Parasuraman 等人自 1985 年提出并逐步发展了服务质量评价方法，初步确定并完善了"顾客感知"为服务导向的评价标准，并得到广泛应用。此量表共有 22 个具体因素，每个因素都测量了期望值和感知度，涵盖了 5 大维度，分别是有形性、可靠性、响应速度、信任和移情作用，又被称为"期望—感知模型"。该评价

---

[1] Chunqin Zhang et al., "Performance Evaluation of Public Transit Systems Using a Combined Evaluation Method", *Transport Policy*, Vol. 45, No. 1, 2015, pp. 156 – 167.

[2] Nor Suzila Lop et al., "Performance Assessment Framework for Private Finance Initiative Projects in Malaysia", *MATEC Web of Conferences*, Vol. 66, No. 00049, 2016, pp. 1 – 8.

标准的提出对后续研究产生了重要影响，学界也对该模型进行了拓展，其中最典型的是美国顾客满意度模型 ACSI（American Custom Satisfaction Index），即以顾客满意度为核心，建立由感知质量、顾客预期、感知价值、顾客忠诚、顾客抱怨组成的基本满意度评价体系。瑞典的 SCSB 模型方法的顾客满意弹性（Customer Satisfaction elasticity）、德国的 DK 模型方法、韩国的 KCSI 模型方法、马来西亚的 MCSI 模型方法等，均立足于顾客满意度构建的基于本国国情的模型、方法与指标体系。[①]

许多地方政府越来越多地运用此方法调查服务满意度，但也引起学术界相当大的争论。首先此模型的理论假设是服务质量可以定义为客户对服务的期望与感知服务之间的差异。如果期望大于绩效，则感知质量不尽如人意，因此客户不满意。学者们认为它的局限性之一在于它倾向于关注对现有服务的满意度，而不是确定客户的需求，若不满足则无措施可以提升满意度；其二，公民的满意度是在不断提升的，测量却是在一代人之前可以容忍的服务水平上来测量，这是不可接受的；其三，若没有关于预期服务质量和所收到服务的看法的充分信息，那么从政策和运营角度来看，客户调查的反馈可能会产生很大的误导。

其次，在评估设计上，国外学者研究服务合同影响或绩效的评估十分常见，主要通过多变量横断面统计分析、双变量纵向分析以及双变量横断面分析这三种方式来进行。[②] 但许多研究都含有特定的方法缺陷，这些缺陷会对服务合同结果的有效性产生怀疑，比如说控制变量的难操作性以及实际的虚假相关，并且在一些研究中，作者得出的结论没有被证据证实。具体来说，在地方服务合同评估时，如果研究过程中未能控制产出规模和地方偏好的变化，那收集的数据并不具有可信度，也不能反映实际问题。

---

① George A. Boyne, "Bureaucratic Theory Meets Reality: Public Choice and Service Contracting in U. S. Local Government", *Public Administration Review*, Vol. 58, No. 6, 1998, pp. 474 – 484.

② Ibid. .

这三种方法中应用最普遍的就是对地方政府的横断面进行多元统计分析。该方法比较承包和非承包城市的支出，同时控制其他解释变量（通常包括当地的社会经济特征）。如果统计模型包括服务质量的度量，那么也可以得出服务契约对效率的影响，当质量保持不变时，支出的下降也意味着效率的提高。第二种方法是在不同的统计模型中估计承包对支出和质量的影响。在这种情况下，如果支出下降，那么无论是质量提高、质量不变或质量下降比小于非承包城市的数据，都说明承包导致更高的效率。在这类研究中，并没有试图控制影响服务成本和效率的其他变量，这些研究结果需要谨慎对待。第三种就是在同一城市内，将部分服务合约承包给外部供应商，同时比较市政机构和生产商的表现。这种情况可以保证城市的总规模和税基等某些情况保持不变，但是除非每个城市的市政供应商和外部组织都随机分配客户，否则在评估合同的影响时，确保考虑所有相关的解释变量仍然很重要。

总体而言，在理论研究与实证验证交互作用的过程中，国内外研究以政府绩效评估理论为基础，为政府购买公共服务绩效评估指标深化研究奠定了粗略的框架，但并未形成系统的评估体系。首先，对政府向社会力量购买公共服务绩效评估的概念提供了研究指向，但并未明确界定其科学内涵和理论体系。其次，对多元主体参与评估达成了共识，但对公民参与途径、第三方评估机制以及政府的双重角色冲突与衔接等问题还待进一步研究。最后，对评估指标的内容、影响因素、方法等进行了分析，但未系统地梳理出通用的指标体系，特别是对不同地区、不同类型的政府购买公共绩效评估指标适用性是本课题进一步探讨的问题，以上成果为进一步深化研究提供了基础和空间。

第三节　研究思路与研究方法

一　研究思路与基本框架

政府向社会力量购买公共服务是一项重要改革举措，在深入推行过程中不可避免产生对效果的评价。本研究紧紧围绕这一环节，首先系统梳理国内外政府向社会力量购买公共服务的现状，如背景、边界、模式、主体关系、挑战、路径等，以及评估指标建构的现状，如评估主体构成、评估服务事项、评估价值取向、评估指标体系、评估机制或过程等。然后在理论上对政府向社会力量购买公共服务的基本问题，尤其是三元主体角色定位及相互关系进行解析，以获得学理的认识。接着通过文献资料和实地调研，了解中国长三角地区政府购买服务以及评估实践工作，并从政府成本、购买效率和社会公正与满意度三个层面揭示评估的现实困境。在此基础上，运用德尔菲法（Delphi Method）、层次分析法（AHP）等，确定政府向社会力量购买公共服务的 7 个评估维度，33 个正式评估指标的共性指标体系。在实践篇，主要是通过政府向社会力量购买养老服务领域，展示从共性指标到个性指标的生成过程及具体实测。

全书研究思路主要基于以下研究框架（见图 1-10）：

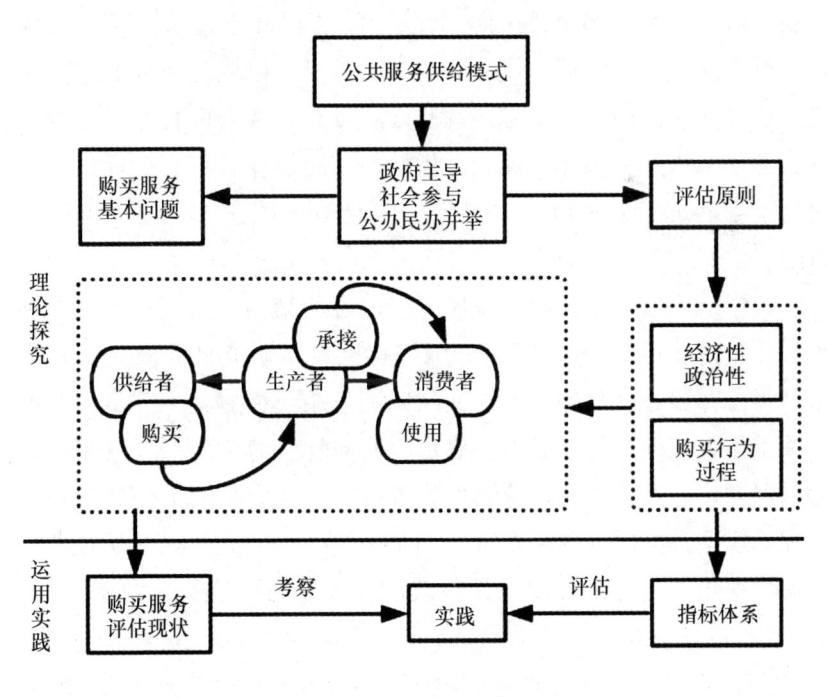

图 1-10　研究思路框架

二 研究方法

本研究主要采用定性研究和定量研究相结合的方法,选择定性是因为对访谈资料的分析需要质性研究方法的技术,以及指标建构离不开理论基础和建构原则的选择,尤其是在分析影响政府向社会力量购买公共服务绩效的潜在因素时,需要理论溯源或因果推断的过程,而定性研究能体现出因果分析方式。[①] 选择定量研究是因为本研究基于专家的评价和判断实现数据的量化,进行指标的筛选和权重的确定。因此,本研究通过文献分析法、访谈法、专家咨询法、案例研究法等多种方法收集资料和数据,确定理论基础和指标框架;通过德尔菲法、层次分析法等其他统计方法,确定指标和权重。

(一) 研究方法的选择

文献研究法。亦称文献分析法或资料分析法,在任何研究中,都需要针对与研究主题相关的文献进行归纳与分析,通过对文献的分析,可快速获得总结性的成果和研究的不足,以确定研究的方向和意义。例如在对国内外文献综述的基础上发现,政府向社会力量购买公共服务评估指标体系文献偏少,指标的实际操作性不强,评估领域相对狭窄等问题,为本研究提供宝贵的经验,并进一步证成本研究的价值。

模型构建法。通过模型呈现研究内容的结构、功能、关系、过程等特征是现在科学研究的一个重要趋势。[②] 本研究针对政府向社会力量购买公共服务评价问题,在文献归纳总结、指标文本分析、专家和相关工作人员座谈等基础上,确定政府向社会力量购买公共服务评估影响因素,并据此进行推论。作为政府向社会力量购买公共服务评估的理论模型,本研究遵循多重"归纳—演绎"方式,最终从经济性—政治性视角,用七个维度来评估政府向社会力量购买公共服务绩效,

---

[①] [美]加里·格尔茨、詹姆斯·马奥尼:《两种传承——社会科学中的定性与定量研究》,刘军译,格致出版社、上海人民出版社2016年版,第11页。

[②] 孔小礼:《科学方法中的十大关系》,学林出版社2004年版,第198页。

并经过一系列的分解、筛选、重组等,用33个主观和客观的指标来评估购买绩效。

调查法。本研究对调查法的运用主要通过问卷调查法和实地调研法来展开。"问卷是调查研究中用来收集资料的主要工具,它在形式上是一份精心设计的问题表格,其用途则是用来测量人们的行为、态度和社会特征。"[①] 本研究多次使用问卷调查法获得研究政府购买公共服务相关问题的学者、政府工作人员以及社会力量工作人员的看法和意见。如:指标筛选阶段,通过向三个群体发放专家咨询表,来最终确定指标;确定指标权重阶段,再次向这些专家发放指标之间的判断矩阵表等,再用SPSS等统计软件进行相关变量的分析。实地调研是结合访谈提纲对研究主题有关人员和单位进行调查。在本研究开始阶段,尤其是指标建构阶段,在南京市民政局、鼓楼区民政局、省政府研究室社会处、江苏省机构编办委员会(办公室)、绩效管理处、江苏省财政厅采购处、江苏省财政处绩效处等部门或单位进行面对面的座谈讨论,充分了解并听取有关不同部门或单位对政府向社会力量购买公共服务评估的看法和建议。

焦点小组法。焦点小组法起源于社会学,经传播学、心理学、管理学等学科的发展,已经成为用来进行各种动态关系的调查分析的重要手段。[②] 焦点小组法能在很短的时间内针对研究主题,产生大量的资料,有助于厘清某种观点,也可以针对量化的资料进行深入的探究或解释。在本研究中,对第一轮指标筛选进行分析之后,本课题组邀请相关专家和课题组成员进行了一次焦点小组会议,对指标进行了详细的交流和讨论,对最终指标的确定影响巨大。

专家评估法。专家评估法亦称德尔菲法,是建构指标体系最常用的一种方法。德尔菲法是对所要预测的问题征得专家的意见之后,进行整理、归纳、统计,再匿名反馈给专家,再次征求意见,再集中,再反馈,直至达成一致。本研究主要通过修正德尔菲法,专家通过问

[①] 风笑天:《社会研究方法》,中国人民大学出版社2013年版,第145页。
[②] 范明林、吴俊:《质性研究》,格致出版社、上海人民出版社2009年版,第149页。

卷形式对具体指标的重要程度进行打分，再进行统计分析，作为筛选指标的依据。

层次分析法。层次分析法（Analytic Hierarchy Process，AHP）是将与决策有关的元素分解成目标、准则、方案等层次，再通过定性和定量分析的决策方法。目前，通过层次分析法已经成为确定指标权重的一种主要方式。它首先通过建立层次结构模型，再构造两两比较的判断矩阵，由判断矩阵计算被比较指标对于所属维度的相对权重，并进行判断矩阵的一致性检验，计算各层次指标的具体权重，对于系统的总排序权重。现有yaahp软件可实现上述过程，最终生成每个指标的具体权重，为确定权重工作带来极大的方便。

（二）分析单位和抽样方案

1. 分析单位

本研究分析单位主要是个体和机构，因此数据也主要来源于此。一是采集客观数据，二是对相关个体的主观数据。前者主要是针对政府相关部门和社会力量等组织层面的实际数据，这种数据主要是数值型的；后者是针对工作人员、受益者和其他公众的调查数据；这种数值主要来源于评价、态度等，是定序型的。考虑数据种类的不同，要实现数据的合并或同一层次的分析，需要对数据进行标准化处理，这也有利于最终绩效的比较和分析。

2. 抽样方案

（1）抽样单位

本研究的抽样涉及领域层面的抽样和个体层面的抽样。领域层面的抽样主要考虑目前政府在购买公共服务领域做得比较好的案例，如养老服务；个体层面的抽样一方面是基于购买领域，即购买涉及相关工作人员和受益者或受益者亲属是个体抽样的范围；另一方面是基于社会上年满18周岁的居民，主要是常住居民。

（2）抽样方法

本研究主要采用非概率抽样方法，也就是调查者根据自己的方便或主观判断进行抽样。因没有遵循严格随机抽样的原则来抽取样本，故无法确定抽样误差。但本研究主要是对指标的运用，本身就存在特定的人群，只需在确定特定人群的基础上，尽量随机化。具体抽样方式为：以指定人群配额抽样为主，辅之偶遇抽样。即在领域层面上，尽量抽取所有从事购买方面的政府和社会力量工作人员，在对受益方或社会公众进行抽样时，需考虑人员的性别、年龄、文化程度、职业等因素，以尽量平衡不同人群的比例。

（三）资料收集方法

根据研究主题和研究安排，本书主要运用以下方法对资料进行收集。

文献收集。主要通过线上电子文献和线下纸质资料进行收集，线上以中国知网、百度学术、Web of Science 为主，并通过政府网站、中国社会组织公共服务平台①等。线下以图书、报刊、评估报告、政府文件等书面印刷品为主。这在国内外研究现状方面运用得比较明显。

调研资料。实地调研可为研究获得第一手资料和数据。本研究实地调研江苏省委研究室、江苏省编办、江苏省财政厅、江苏省财政厅政府采购处、南京市民政局、南京市财政局绩效处、南京市财政局采购处、鼓楼区民政局等多个相关部门或机构，并对录音进行整理，形成文本资料。同时，在实地调研过程中，有些部门或机构也会提供一些资料，如《南京市民政局购买服务项目绩效评估报告》《南京市民政局购买服务绩效评估办法》等，这些资料都有助于获得对政府向社会力量购买公共服务评估现状、存在问题、从业者意见的第一手资料，这为揭示问题以及指标建构提供了丰富可靠的文献。

咨询问卷。问卷调查的最大特色在匿名，有利于得到被调查者的真实回答。本研究主要通过问卷咨询专家对政府向社会力量购买公共服务评估维度的选择以及对指标进行排序，再运用数学统计的方法确定最终的评估指标和指标的权重。本研究主要形成《政府向社会力量购买公共服务评估指标专家判断问卷》和《"政府向社会力量购买公共服务指标体系"专家判断矩阵表》。

---

① http://www.chinanpo.gov.cn/index.html.

政府向社会力量购买公共服务：评估指标构建及应用研究

（四）数据分析方法

本研究中对数据的处理，不仅仅是数字还包括文本材料。首先，对文献中涉及的三级（终极）指标作为训练集，在 Python 中进行文本聚类分析。其次，通过收集专家对每一个具体评估指标的态度，运用德尔菲法对指标进行筛选，在此过程中还运用 SPSS 软件对问卷的信效度进行检验。最后，通过层次分析法（AHP），运用 yaahp 软件对指标进行建模，生成判断矩阵，导入专家数据进行计算。在此过程中，还要对每一个判断矩阵的一致性以及权重进行手动计算，以作示范。

（五）案例选择

本研究主要选择政府向社会力量购买养老服务作为指标应用的案例。选择养老领域的理由主要基于我国日益严重的人口老龄化趋势。截至目前，我国是世界上唯一一个老年人口过两亿的国家（见图1-11）。数据显示，截至2018年底，中国60岁及以上老年人口超过2.49亿人，占总人口的17.9%；65岁及以上老年人口超过1.67亿

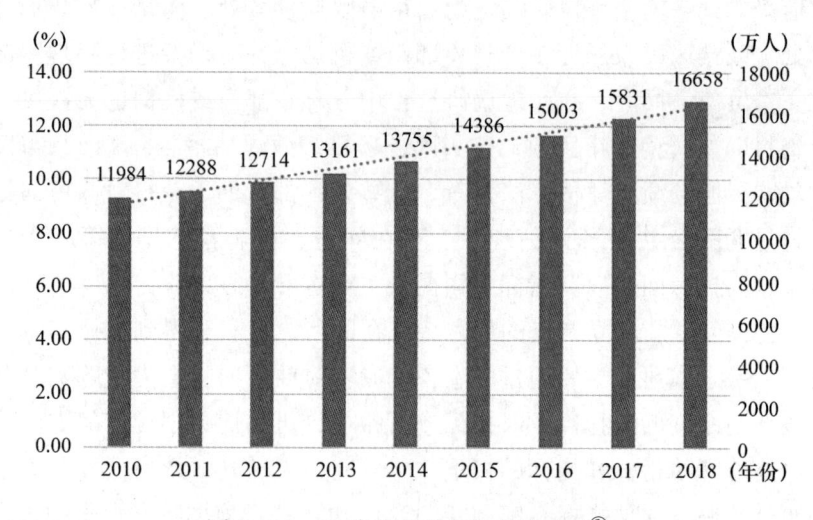

图1-11　65岁及以上人口变动情况[①]

① 数据来源于国家统计局，图作者自制。

人，占总人口的11.9%。预计到2050年，中国老年人口将达到4.8亿人，约占届时亚洲老年人口的2/5、全球老年人口的1/4，比现在美、英、德三个国家人口总和还要多。老龄化社会的到来，使养老服务问题日益凸显，庞大的老龄人口对养老服务提出了多样化、多层次的需求，政府直接提供公共服务的单一服务供给方式远不能满足老年人的需要，政府迫切需要把部分养老服务工作转移给企业或其他社会组织，实现公共服务供给的多元化，政府养老服务转移的方式之一就是购买居家养老服务。同时，从前期预调研的情况来看，政府通过购买方式提供养老服务已有一定的社会效应，受到相关政府和学术界的双重关注，人们满意度也高，通过应用也在一定程度上扩大了社会的影响力。

第 二 章

政府向社会力量购买公共服务评估的基本问题

政府向社会力量购买公共服务在满足公众需求的同时也有助于社会治理途径的创新。21世纪初,我国已初现向社会力量购买公共服务的活动,尽管和其他发达国家比起来,我国政府向社会力量购买公共服务的起步时间较晚,但近年来发展却十分迅速,其中政策的指引必不可少。2012年7月,《国家基本公共服务体系"十二五"规划》提出在基本公共服务供给方面要建立多元供给机制,积极推行政府购买、特许经营、合同委托、服务外包等提供基本公共服务的方式。[①] 2013年7月,李克强总理在一次国务院常务会议上就政府向社会力量购买公共服务的举措提出了多项具体规范,涉及购买方式、购买内容、绩效评价、财政监督等方面。同年11月,中共中央出台了《关于全面深化改革若干重大问题的决定》,其中明确指出:"要大力推行政府购买服务,原则上事务性的管理服务,都要建立竞争机制,通过合同、委托等形式向社会力量购买。"[②] 2016年,"十三五纲要"审议通过,其中重点提出:"改进公共服务供给方式,推进提供方式多元化,建立竞争机制,凡可以通过政府购买服务提供的,政府不再直接

[①] 国务院:《关于印发国家基本公共服务体系"十二五"规划的通知》,http://www.gov.cn/zwgk/2012-07/20/content_ 2187242. htm, 2012年7月11日。

[②] 新华社:《中共中央关于全面深化改革若干重大问题的决定》,http://www.gov.cn/jrzg/2013-11/15/content_ 2528179. htm, 2013年11月15日。

承办。"① 种种举措都彰显了政府改革的决心，这一系列的政策扶持，极大地推进了我国政府向社会力量购买公共服务的市场化进程。

可见，全国各地在通过购买方式提供公共服务的实践已取得显著成效。各地政府不仅积极引入大量国外先进的市场化方式，同时也有不少地方政府结合自身实际情况探索出独具特色的新模式。目前，我国政府在多个领域推进政府购买公共服务的政策落地，不可忽视的是，"社会购买"的空间与民众需求仍然存在较大差距，它既是未完善的市场经济体制与政府购买公共服务非同步的反映，还存在着购买服务实施领域面窄、数量少，总体进程明显滞后等诸多问题。立足于各个地区的实践情况而言，由政府与社会公共服务承接主体间产生的委托代理关系并不完全能够理想化地促进公共服务供给水平和供给效率的提升，且产生了一些新的风险和挑战。问题较为突出的就是政府购买公共服务推进过程中，多重契约关系复杂纠葛难以理顺，导致政府购买公共服务评估制度难以真正落实推进。在购买公共服务评估制度方面，缺乏统一的制度标准，在评估服务内容上缺乏全面性，在评估具体政策方面，缺乏有力的约束与指引。为此，全面分析政府向社会力量购买公共服务评估的基本问题，同时结合评估实践给出针对性建议，能够促进评估模式的进一步完善。因此，解析评估中的动力与协商机制对于提升政府向社会力量购买公共服务的能力水平，真正实现政府购买的价值诉求，无疑具有重大的理论和现实意义。

第一节 政府向社会力量购买公共服务评估的动因

在我国，政府向社会力量购买公共服务的活动最早践行于上海。上海市浦东新区于1995年将罗山街道公建配套措施改建为"罗山会馆"，该会馆是当地居民的社区活动中心，同时由当地政府委托上海

---

① 新华社：《中华人民共和国国民经济和社会发展第十三个五年规划纲要》，http://www.xinhuanet.com/politics/2016lh/2016-03/17/c_1118366322.htm，2016年3月17日。

基督教青年会负责这一会馆的日常管理与运营。随后，北京、广东、江苏、四川、浙江、湖北等地区也开始积极引入购买公共服务模式，并且购买范围也从最初的社区领域扩大至公共教育、养老保险、医疗卫生等多个领域。

随着政府向社会力量购买公共服务模式的普及，我国各地方政府公共服务水平得到大幅度提升，同时财政资金的使用效益也得到提高，推动了地方政府的职能转变，也为社会力量的长远发展提供了重要依托。但因我国政府向社会力量购买公共服务起步较晚，评估环节尚显薄弱，亟须构建一套标准化、可量化的评估体系。针对政府向社会力量购买公共服务评估意识从无到有，并逐渐重视的发展过程，本研究主要从缘起、动力和协商三个层面进行阐述。

一 政府向社会力量购买公共服务评估的缘起

（一）政府向社会力量购买公共服务的风险控制之需

首先，风险控制之需体现在法律和法规的不完善。政府购买公共服务还处于不断发展的过程中，目前仍缺乏全国性的法律和法规。相关的法规只有《招标投标法》以及《政府采购法》，且《政府采购法》仅仅只是明确界定了有关后勤方面的购买服务内容，至于公共服务领域的相关内容则尚未涉及，整个购买公共服务也未能形成配套法律制度体系。

随着我国各地方政府向社会力量购买公共服务实践工作的不断深化，尽管已经有不少地方政府为了积极应对很多实践问题而制定了相应的制度规定，但这些制度规定大多为地方性法规或条例，不仅不具备普适性，而且也未能针对政府购买公共服务绩效评估给出明确规定。诚然，我国民政部已于2011年3月1日正式实施了《社会组织评估管理办法》（中华人民共和国民政部令第39号），但这一办法主要涉及社会组织的评估工作，仅仅只是划分了社会组织的评估等级，并未涉及政府购买公共服务整体的绩效评估工作。

其次，风险控制之需体现在购买程序的不规范。一套规范且完善的购买程序是保障政府向社会力量购买公共服务行之有效的基本前提,但是现阶段我国政府在购买社会公共服务的实践中缺乏公开性和竞争性,尚未确立统一的择取标准,尽管我国政府已经将用于购买社会公共服务的费用纳入专项资金范畴,但未能全面公开费用明细,这容易产生政府与社会力量间的信息不对称,影响购买实践的推进。除此之外,我国政府在选择社会力量时也未能完全按照公开招标的方式,这大大降低了社会力量的参与热情,并在一定程度上增加了政府向社会力量购买公共服务的风险。

最后,风险控制之需还体现在以政府主导的、单一的绩效评估模式。由于政府是购买方,在此过程中政府主导了购买公共服务项目的评估工作。但考虑到政府角色的特殊性,在评估所需购买公共服务项目的绩效时难免存在主观性,这会导致最终的评估结果在公正性和客观性上有所欠缺。现如今,各地方政府已经就政府向社会力量购买公共服务制定了大量有针对性的评估政策,这对改进我国政府购买公共服务绩效评估水平有积极意义。但仍有不少地方政府在购买公共服务的评估实践中存在效率低、随意性大等问题。因此,基于政府为主导的、单一的绩效评估模式容易受到政府政绩观的影响,难免带有一定的官僚主义色彩。

以政府为主导的购买公共服务绩效评估模式,评估标准极易流于形式,评估过程的公正性、公开性相对缺乏,这一系列问题都将导致最终的评估结果失真,无法根据评估结果正确审视政府购买公共服务项目的实际绩效,从而难以为后续政府制定财政预算、评定社会力量资质、划定公共服务项目提供有力依据,产生一定的社会资源浪费,给整个社会公共服务效益带来不利影响。因此以政府为主导的、单一的政府购买公共服务绩效评估模式存在较多的风险因素,政府拥有社会力量选择、价格确定、费用支付等多方面的绝对主导权,但是政府既是监督者亦是购买者,这势必会影响其监督力度与评价的客观性。

(二)政府向社会力量购买公共服务的现行评估模式亟待优化之需

首先,合同文本追究的评估方法有待优化。目前我国大部分地方政府采用的购买社会公共服务评估手段为行政管理,这种模式下政府

政府向社会力量购买公共服务：评估指标构建及应用研究

作为主要实施者，更注重以双方签订的合同文本为核心评估依据，若仅由政府进行绩效评估，则势必会出现"一边倒"的情况。尽管政府是公共服务的购买者，其有权评估所需购买的公共服务项目，但因政府自身角色的复杂性和特殊性，由政府得出的评估结果缺乏一定的公立性和客观性。政府向社会力量购买公共服务的实施涉及相关利益主体较广，政府、社会民众、社会力量，实际上评估主体过于单一化极易让最终的评估结果出现带有评估主体色彩的价值取向，政府在评估购买公共服务时必须充分考虑各环节内容，而不同的公共服务项目所对应的评估方式也有一定程度的差异性，由政府主导的绩效评估因缺乏公民参与，导致评估结果仅是基于政府视角得出，且评估方式的不同直接影响着整体公共服务项目的评估结果。在这种背景下开展的评估活动势必难以得出具有高可信度与真实性的结果。进言之，我国的社会力量发展起步较晚，整体上缺乏较强实力，很多社会力量还处于成长阶段，仍需依附政府扶持，所以在共同利益驱使下，政府购买社会力量提供的公共服务项目绩效评估极易出现"走过场"的情况。

其次，评估内容片面的模式有待优化。在政府向社会力量购买公共服务过程中，负责提供公共服务的是社会力量，因此评估社会力量的提供效率与效益成为当前主流评估模式的核心内容。政府在购买公共服务时需要评估合同履行、资金使用以及社会效益等内容，尤其是评估公共服务项目的效益与效率，但实践中很多地方政府仅评估项目的完成度及公众的满意度。

例如NB市的服务体系建设评估主要包括"政府主导、基础设施、服务队伍、管理制度等几个方面"[①]，NB的措施就是"专门将公众满意作为一个评估基准"[②]。2003年，NB市实行了系列举措"率先在全国探索'居家养老'新模式，政府在社区居家养老服务中扮演着主导的角色。其中，NBHS区形成了'走进去、走出来'的'HS模式'，'走进去'就是由专业服务人员上门为老人提供居家养老服务，'走

---

① NB市民政局：《关于开展城市社区居家养老服务工作绩效评估的通知》2008年。
② 同上。

第二章 政府向社会力量购买公共服务评估的基本问题

进去'服务模式在2004年初开始试点,服务对象主要是高龄、自理能力较差的困难老人。'走出来'则是由政府出资,在部分社区组建居家养老服务中心,让老年人走出家门享受居家养老服务中心提供的服务。2008年,NB市政府出台《HS区关于在社会工作领域开展政府购买公共服务的实施意见(试行)通知》,对项目绩效考评等五个方面的内容提出了具体规定。截至2008年底,全市开展居家养老服务工作的城市社区达到381个,具有全方位服务功能的居家养老服务中心136个。全市专职为老服务人员超过900人,为老服务志愿者(义工)约2万名,有2000多名居家老人享受政府购买服务或补助服务,有1万多名居家老人享受志愿者结对帮扶服务。"① 经过几年的探索,NB市居家养老服务得到公众的普遍认可。

在评估政府购买公共服务项目绩效的过程中,重视结果评估的同时,也不能忽略过程评估。评估社会力量能够直接反映出政府购买服务行为的科学与否,同时也能判断政府选择社会力量的能力水平,反映出政府的履职情况。比如GZ市制定了《GZ市购买社会服务考核评估实施办法(试行)》,其中明确提出服务项目的过程指标,如服务成果标准、服务质量标准等。② "NJ市GL区在2003年开始推行'居家养老服务网'工程,在评估方面,该区与JS省天人家庭研究中心合作,组建专业评估队伍,对'居家养老服务网'进行专业评估,为居家养老服务把关,以发挥福利资源的最大效益,确保政府社区居家服务的质量以及'居家养老服务网'的信誉。"③《NJ市养老服务对象评估表》报区民政局审定,并实行养老服务中心等级评定制,不同等级由不同层次的民政局评定。

当前我国大部分地方政府采用的评估模式普遍注重评估社会力量

---

① 胡光景:《地方政府购买社区居家养老服务管理监督与质量评估研究》,硕士学位论文,南京大学,2013年。
② 胡光景:《政府购买社区居家养老服务质量评估体系研究》,《山东工商学院学报》2012年第5期。
③ 王浦劬、[美]莱斯特·M.萨拉蒙等:《政府向社会组织购买公共服务研究:中国与全球经验》,北京大学出版社2010年版,第92页。

政府向社会力量购买公共服务：评估指标构建及应用研究

所提供的公共服务效率及效益，对政府这一服务购买主体的评估寥寥无几，尤其是忽略了对政府选择社会力量正当性及合规性的评估。比如：NB 市政府强调"服务机构，即社会组织的自我评估之外，还包括政府主管部门"①。NB 市则在《城市社区居家养老服务工作绩效评估办法》中规定："服务机构的软、硬件，服务人员素质，管理是其评估与监督的一级指标。"② 在政府购买公共服务的绩效评估中，必须坚持结果和过程的高度统一，不仅要评估服务项目的整体结果，同时还要评估政府的购买过程，而且在评估政府的公共服务购买过程时，应立足于更长远的宏观视角，以此来确保政府得以正确履行其职责和义务。

最后，评估结果运用的模式有待优化。评估政府向社会力量购买公共服务的核心目的是确保公共服务的质量，并促进政府职能转变和社会力量的发展。可以说，科学运用评估结果不仅是为了客观评估政府的购买行为，同时也是提升社会力量服务质量的必然要求。如果说为了得出结论，只注重形式上的评估而急功近利，显然背离了评估的真正目的，对政府购买公共服务的长远发展是不利的。现阶段，我国地方政府在评估结果运用上还存在不同程度的问题，很少有地方政府能够真正科学运用评估结果，来为后续购买提供依据和指导，即使意识到评估结果运用的重要性，但也容易产生对评估结果过于强调物质激励的现象。

二　政府向社会力量购买公共服务评估的动力

（一）内部动力：提供与生产公共服务的职能清晰化

首先，评估内部动力来源于政府作为公共服务提供者与购买者的职能越来越清晰化。对政府向社会力量购买公共服务而言，尽管政府在这一过程中充当购买者角色，社会力量充当服务提供者的角色，但

---

① 王浦劬、[美] 莱斯特·M. 萨拉蒙等：《政府向社会组织购买公共服务研究：中国与全球经验》，北京大学出版社 2010 年版，第 92 页。
② NB 市民政局：《关于开展城市社区居家养老服务工作绩效评估的通知》2008 年。

结合委托代理理论可知，政府不可能卸掉公共服务职能。即使不是直接为服务对象提供公共服务，但购买行为仍体现在其职能上，以政府立场和身份而言，在评估公共服务项目中拥有绝对的话语权，严格把控评估的规范性十分必要。就现状而言，政府仍全权决定评估所涉及的参与主体及对主体评估资格的审视，在这种评估模式下，政府选择社会力量的随意性过大，只有构建专门的评估制度并设立完善的评估主体准入制度，确保所有评估者均为专业人才，这样才能真正确保评估结果的科学性。另外，很多社会公众单纯地认为评估仅是政府一方之职责，与自己无关，造成这种错误理念的主要原因在于官僚主义理念的长期影响，加上计划经济思想仍有残留，很多老百姓缺乏主人翁意识，早已习惯被动接受政府提供的各项公共服务。

因此，明晰职能不仅是规范政府购买行为的必要措施，同时也能充分保障其他参与主体的平等地位，这不但有助于约束政府权力，而且也保证了评估结果的科学性和专业性。利用科学合理的评估制度，一方面能够有效避免政府权力过度膨胀，另一方面能够促使社会力量的职能进一步清晰化，确保有意愿提供公共服务的社会力量均能得到公平竞争，享有同等被评估的权利。对提供同类服务的承接机构不得人为进行差别评估，不得非法剥夺其接受评估的权利，必须公平对待。公平对待所有被评估组织，不但需要充分保障所有社会力量绝对平等的法律地位，而且也要给予它们同等的权利与机会。

其次，评估内部动力来源于社会力量的发展壮大。就目前而言，社会力量虽然是公共服务生产者的角色，但仍然依赖于政府提供的政策与资金，这也导致在评估中社会力量时长期处于被动地位，政府单方面主导评估过程，大大影响了评估结果的公正性。因此，社会力量想要得到长远发展，必须要得到政府提供的资金及政策支持，这造成大部分社会力量在评估实践中往往会迎合政府的评估标准，甚至有些社会力量明知政府的要求不合理仍要继续执行，忽略了对服务的关注以及和服务对象的交流，也不重视加强自身的专业性。在这种情况下，评估结果往往是失真的，这样的评估结果应用显然无法为政府后续的购买活动提供有力依据，也导致政府与社会力量的关系长期处于一种恶性循环的状态。可以说，充分落实政府向社会力量购买公共服务的制度，要在政策实施过程中促进社会力量的发展壮大，使社会力量提供公共服务的职能清晰化、专业化，确保社会力量能够顺利完成与政府约定的项目目标。这一过程既有利于公共服务质量的提高，又能确保公共服务提供的公平性，还有助于提高公共服务生产效率等。此外，评估本身需要大量专业能力与专业技术才能实现，其中涉及项目自身的测评以及公共利益的实现，社会机构与社会组织均是重要的社会力量，所以它们的专业能力将成为政府向社会力量购买公共服务项目评估的重要基础。

最后，评估内部动力来源于第三方评估氛围逐步形成。伴随着经济的快速发展，国家逐步加大对社会及政治领域的改革力度，同时也在着手培育大量具有发展前景的社会力量，活跃市场生态，提升公共服务能力。政府是公共服务的主要委托人，其在评估过程中充当着重要的主体角色，近些年，随着一系列公信力危机事件的爆发，政府向社会力量购买公共服务的评估对第三方评估的需求越来越高，并开始在评估的各个环节中发挥作用。

目前，很多地方政府普遍采用由上级机关评估下级部门的购买服务绩效，以此来开展评估工作，其评估结果极易受到官方意志影响，这也造成评估结果失真的情况。正是在此背景下，顺应时代发展并初具竞争力的第三方评估机构逐渐进入评估领域，给政府职能调整和社会改革带来了新的活力和创新。"第三方"评估机构的显著特征是专业性和非权威性，在具体操作过程中，通过制定行业标准，对公共服务承接者业务水平与能力进行考察。第三方评估机构的人员不是脱胎于政府的原有工作人员，也与承接方的社会力量毫无关系，这就意味着它与评估涉及的主体没有任何利益纠缠，同时也独立自主，即能保证实现"去行政化"。

考虑到政府才是购买服务的一方，行政效益、社会效益、经济效益往往是构建政府购买公共服务评估制度的价值取向。评估服务工作所得到的客观评估结果就是其经济效益的体现，在努力达成此目标的过程中，要不断压缩成本，故而就远期而言，控制成本且成立一支专业的评估队伍可以有效地改善评估的经济效益。现在，我国各地政府基本上都自发地开展评估活动，党政主要领导和政府部门是发起评估活动的主体，所以评估活动的不规范已经成为一种常态，而且很少向社会民众公开第三方评估活动和评估结果，评估活动整体处于无监管的状态，加上体制等复杂因素，政府监督也处于真空状态。政府对第三方评估机构拥有控制权，这就导致第三方机构失去了独立性。尽管我国政府向社会力量购买公共服务的第三方评估有着广阔的发展空间与潜力，但就目前的情况来看，第三方评估模式还不够成熟，需要完善的地方还很多。此外，政府购买公共服务评估制度的行政效率要求参与评估的政府部门各司其职、专人专事，既要使所有的人员都分配到任务，又要保证他们能够保质保量地完成这些工作，这样才能用最少的行政成本达到最佳评估结果。

（二）外部动力：服务对象与公众的应然性呼应

首先，外部动力来源于公众需求的多样化与多元化交织。随着改革开放的深入，公众社会观念发生了翻天覆地的变化，社会公众也开始慢慢意识到，自己才是接受和体验公共服务的一方，公共服务要真正实现从"政府配餐"到"百姓点餐"的转变，社会公众才是服务质量最直接和最有力的发言人，公共服务最终是为公众服务的。因此在评估需求之前，一是要保证公共服务提供者足够了解公众需求。想要充分发挥公民主体作用，应该采用不同的方式加强公民作为评估主体的地位，政府向社会力量购买公共服务的目的是调整供需平衡，需要先评估自身的购买需求和公众服务需求才能开展购买服务活动，因此构建一个需求评估制度来把握这两个方面的情况是相当有必要的。二是作为购买的主体，政府要结合自身的财政能力和工作效率对购买需求进行评估。在此过程中，要客观地评估现存服务供给存在的问题、需求数量、需求内容、需求主体等内容，公众评估政府购买公共服务的能力能够鞭策其不断改进公共服务质量，使公民获得优质的公共服务，达到加速政府职能转变，维持社会活力的效果。所以，构建政府购买公共服务的自我需求评估机制是相当有必要的，而且不能简单地向社会力量外包那些不会对政府行政效率造成影响，且政府有能力提供，不会占用财政额度的公共服务。采用恰当的评估方法，对各个类型社会群体的公共服务需求进行考察，主要是对内容和数量方面的需求予以明确，并以此为依据设置相应的需求目标，对服务所需专业人员的任职条件予以明确，对时间跨度进行界定，并且对提供服务所需的条件、环境进行描述，根据国际、国内标准，设计详细、科学且满足个性化需求的评估情况表。

其次，外部动力来源于"以公众满意度"为导向的评估日趋凸显。在评估政府向社会力量购买公共服务的过程中，要正确行使自身权利，态度端正，评价客观。在政府转型的过程中，各级政府要定期考察和评估公众的满意度，虽然一些地方政府的评估指标内都包含了"服务对象满意度"一项。然而，由于制度缺陷，在评估过程中，无法听取更多社会公众的看法，造成公众参与公共事务的热情不高，实际参与途径也比较局限。

评估主体在调查服务公众满意度的过程中要在言论合法的前提下让服务对象自由地发表对公共服务的看法，评估主体不能因为自己是主宰整个评估的一方或根据自己喜好差别对待公众的意见；评估主体应该按照相关的制度规定规范化处理公民参与评估的方法和作用，明确公众意见在评估中的权重，有利于直观考量购买服务质量，而且也能强化社会力量提供公共服务的能力。在评估中对社会公众关于服务的看法进行搜集，并且通过科学处理设计成为相应的评估结果，以此作为下一年度购买公共服务的一个参考意见，以改善后续公共服务带给公众的服务体验。最后根据评估结果，选择参与下次竞标的社会力量，从中挑选出能够为公众提供优质服务的对象，并剔除不合格的机构和组织，这个过程也可以理解为是分配社会资源的过程。

三 政府向社会力量购买公共服务评估的协商

（一）政府向社会力量购买公共服务评估的协商空间

改革开放以来，政府逐渐放权于企业与社会，精简机构，要求政府尽快完成职能转变，向社会力量外包那些可操作性、微观性的事务，这样就可以拥有充足的时间来强化自己参与公共事务的能力。政

第二章　政府向社会力量购买公共服务评估的基本问题

府向社会力量购买公共服务正是顺应了从"大政府,小社会"转变为"小政府,大社会"的过程,而且作为购买主体的政府会随着改革转型的推进,以及人们需求的变化而更加愿意以购买的方式来满足社会大众对公共服务的需求。但是政府可能会跳过与服务供给方交流的环节直接购买公共服务,政府对项目的确定和发布以政府财政预算、工作重点、服务需求为依据,其间没有与社会公众和社会力量进行沟通和交流,可能会存在一定的信息差。针对这一问题,应当构建一个科学的绩效评估制度,并在实践中由政府对相关规定进行制定和完善,比如下发一些意见用于指导公共服务的购买,对各种公共服务的购买行为进行规范,对购买公共服务的范围予以明确,设计评估指标,并对评估服务时间、内容予以明确。

在政府向社会力量购买公共服务的过程中,还可以从以下方面把握评估的协商空间,首先,购买过程是政府购买公共服务最关注的内容,甚至超过了后期的评估,导致大部分时候政府都不会主动评估购买服务,久而久之就会形成一种忽视评估的现象。其次,还要对评估工作中相关主体的工作内容予以明确,对评估主体的身份进行确定,即评估工作是交由第三方机构开展还是由政府自行完成,诸如此类的问题。购买公共服务的各个环节都有可能发生寻租现象,特别是政府对社会力量项目完成情况进行评估时,因社会力量比较依赖政府资源,若监督制度不够健全,出现滥用权力的可能性就很大,尤其是在建设服务型政府的大环境下,政府向社会力量购买公共服务的机遇很多,政府购买公共服务力度的增加与政府制度供给不足形成了矛盾张力,评估与供给也处于此种紧张状态中。更为严峻的一个事实是,在所有考核办法当中,问责机制的缺失已经成为常态,权力集中在政府手中,不受约束,极易出现权力滥用的现象。

另一方面,由于政府部门职责界限不明,职能重叠,导致评估过程中存在推卸责任、重复领导的现象,政府官方文件中列出了许多评估主体,如监察部门、审计部门、民政部门、预算部门、财政部分,政府购买的服务与公共服务供给、社会力量管理、财政预算等都有所关联,但却没有指定承担责任的部门,一旦任何环节出现纰漏，便会出现相互推卸的现象。同时，政府存在自利的可能性，极有可能会出现借着监督的旗号干预评估工作的现象，政府在分配、控制资源方面占绝对主导地位，而且规则也是由政府制定的，社会力量自主选择权利的空间很小。一些政府官员贪图灰色收入，会利用自己手中的权力对社会力量的评估进行干涉，很容易滋生权钱交易，导致评估工作变质。因为政府评估积极性不强，加上评估本身是一项烦琐且成本高昂的工作，容易出现走过场的现象，甚至会弱化政府的责任意识。

新形势下，政府向社会力量购买公共服务已成为发展趋势，鉴于这种长期性的特点，有必要立足实际情况，构建科学合理的评估制度和评估体系。现阶段，政府还未针对各个评估主体间的权利义务关系构建相应的确定制度，这会在无形中影响评估活动，由于现行法律法规并未阐明评估主体的权利与义务，导致整个评估处于一种"无法可依"的状态，通过构建政府向社会力量购买公共服务评估制度，可实现评估工作的常态化、法制化。不仅如此，离开制度的支撑就无法对评估主体之间的关系进行调整，可能会引发部门间的矛盾，导致彼此合作意愿下降。一个行之有效的评估制度应该是贴合实际情况，且具有实践性和可行性，不然评估就会成为一纸空谈，政府部门甚至会利用手中的职权来干涉评估活动，影响评估结果，这样会挫伤社会力量提供公共服务的热情，导致认知偏差，影响社会参与活力。当然，目前有关这方面的法律法规还不够完善，全国性的立法也处于酝酿阶段，必须结合绩效评估中各个环节的要求，立足实际，以科学方法来构建评估指标体系。

（二）政府向社会力量购买公共服务评估的对象与标准

首先是评估对象的协商。大多数情况下，社会力量在政府的委托下提供公共服务，双方的权利和义务都写入了契约当中，故而一般都是由专门的政府部门或上级部门负责评估购买公共服务的绩效。同时，由于公共服务的表现形式、内容、特点、性质各异，其种类也千差万别，这种差异会导致评估指标、内容、方法的不同，但是目前只有公共交通、养老、医疗等领域构建了可行的购买服务评估制度，覆

第二章 政府向社会力量购买公共服务评估的基本问题

盖范围相对较窄，而且现有领域的评估制度大都存在评估内容不够完善，标准不统一的问题，加上地方实情不同，评估方法和形式也各有不同，使得整体评估显得杂乱无序。

作为评估主体的政府，因为牵扯到利益问题，加上评估经验不如第三方机构丰富，社会总会出现质疑评估结果的声音。面对此种情形，第三方评估主体的价值凸显，第三方评估主体拥有丰富的评估经验，而且自身利益不受评估结果的影响，可以独立、客观地进行评估。就目前的评估情况而言，评估主体不能仅限于政府和第三方主体，还应该调动社会公众，这也是尊重公众监督权和话语权的表现，通过整合评估资源才能达到预期的效益目标，并保证公共服务质量。不仅如此，也不能忽略专家学者的力量，要利用好他们的专业知识和学术眼光，让他们在整个评估活动中发挥应有的作用。

其次是评估标准与范围协商。近年来，我国在经济发展方面取得了重大成果，政府绩效评估价值取向也开始朝着"公平、效益、效率"的方向发展，三者之间密不可分，指标的设计应该围绕这三个方面的内容展开，这就要求政府部门履行好自己的社会职能，凡事以人民的利益为出发点，主动关心公民的需求，不再以政府为主体，这也是构建服务型政府的必然要求。而所谓的效率，就是要用最少的代价购到优质的公共服务。具体而言，就是要协调好投入与产出的关系。效益标准就是要判断所购买的公共服务有无真正起到服务大众的作用，这也是判断政府履职情况的重要指标，购买公共服务的整个过程都要谨遵公平二字，而且要公开购买过程，并且要发挥好服务功能，使得社会公众得到良好的服务体验。

设计评估标准体系时要遵守全面性的原则，科学、客观地评估购买服务，给出可靠的结果，如定期评估经费使用情况、预期目标实现程度、追踪社会评价或效益、购买政策或制度执行情况等。评估指标除了要能够令人清楚购买活动中金钱的去向，购买活动创造的价值之外，还要向社会大众证实本次购买活动足够公平公正。除了这些主要的评估指标和内容之外，还要设计一些能够反映社会力量资质的指标，设计一些恰当的指标来反映整个购买活动的管理情况，以及最基本的成本支出情况。

最后是评估方法的协商。评估指标具有细化公共服务评估的作用，所以其整体特征归纳起来就是可行性、系统性、重要性、层次性和相关性，在评估购买公共服务绩效方面，设计指标是基本工作也是核心环节，关系到购买公共服务评估结果的可靠性，所以应该综合运用综合平衡计分、关键成功因素、标杆、逻辑分析等方法设计整个评估体系。量化购买公共服务目标最关键的一环就是设计配套的评估指标，这样才能使得购买公共服务目标的评估结果是可靠的、真实的，并且以此判断政府有无购买到优质的公共服务，如果指标的设计缺乏科学性，甚至过于想当然，那么就无法得到可供参考的评估结果，整个评估活动会失去其应有的价值。

评估工作过程漫长，需要注意的细节有很多。目前主要通过实地检查、听取意见、查阅档案资料等方式进行，以保证其专业性和科学性，但是这类工作的开展因没有形成体系，所以无法量化服务效果，评估结果无疑会夹杂评估主体的一些主观判断。政府向社会力量购买公共服务的模式在我国落地的时间为 20 世纪 90 年代，当时因为条件限制未能立即构建评估购买公共服务质量的体系，加上地区之间差异明显，导致测量体系也千差万别。这样的现实虽然是一种欠缺，但同时也是一种挑战，为政府购买公共服务的评估环节留下了改进的空间，特别是当前的评估多由政府主导，个别官员与第三方进行权钱交易的情况并不鲜见。虽然第三方机构会自主开展评估工作，但由于关键权力仍集中在政府手中，评估活动很容易受到政府的干涉，无法得出真实的结果。

第二节 政府向社会力量购买公共服务评估的主客体关系及行为逻辑

政府向社会力量购买公共服务作为一项公共政策，有其政策服务的目标、对象、内容，涉及政府、社会力量和社会公众等多个主体。在评估政府向社会力量购买公共服务绩效的过程中，公共服务的质量

第二章 政府向社会力量购买公共服务评估的基本问题

才是主要评估的内容。同时,政府向社会力量购买公共服务面临着诸如合同管理能力较弱、增加政府提供服务的交易成本、容易导致形式主义或寻租行为、道德风险较难控制、服务提供质量和效益难以衡量等一系列问题。另外,在评估过程中,公共服务过程不仅包括承接主体按照合同生产公共服务,还包括政府按照规定程序制订购买计划、编制支出预算、选择承接主体、安排财政支出等一系列内容。因此,需要对评估的主、客体关系进行综合评判。在实际中,政府向社会力量购买公共服务评估的主客体通常具有整体性,而不是针对局部的某个单位,因此还需要对主客体关系及其行为逻辑等进行综合评判和科学衡量。

一 政府购买公共服务评估的主体与客体

评估主体因涉及负责落实评估各项工作,还要对评估的客体有着准确的了解与掌握,是政府购买公共服务评估的重点。因此,应对相关主体有一定的理解与认识。

从宏观角度来看,评估主体主要指在政府购买公共服务评估过程中涉及的个体、组织等,同时由于公共服务类型可能具有的特性以及评估本身的专业性,评估专业人员必须加入评估机构才具有评估的资格。通过对政府购买公共服务评估分析发现,由于侧重点的差异性,大体上可以将评估主体分为内部和外部两方面。外部评估主体主要是指独立于政府之外的专业评估主体,与政府没有直接联系;内部的评估主体可以是购买公共服务的政府部门,大体上分为政府职能部门和社会公共组织两方面。随着时间的推移,评估主体逐渐集中到存在购买行为的政府职能部门中。如针对某地区财政局的评估,其相应的评估主体则为所在地区的市政府。针对我国当前发展现状,人大同样符合作为购买公共服务评估主体的要求。在这种背景下,结合各地区实际发展现状,地方逐渐设置了相应的部门机构来落实评估工作。通常情况下,评估工作主要由上级机关或专业政府部门负责,或指派专业的第三方机构来落实。

(一)政府向社会力量购买公共服务评估的主体——政府部门、公众和第三方机构

就目前而言,通过购买方式提供公共服务,政府传统的生产职能弱化,并"顺理成章"地成为生产的评估者。值得注意的是,多中心治理模式逐渐打破了政府原有的地位,同时在这一过程中引导其他主体参与政府购买公共服务的评估当中是十分必要的。从社会公众的构成来看,大体上包括服务对象、服务组织、媒体和其他。服务对象对服务效果和质量有着准确的判断与认识,同时负责为评估工作的落实提供反馈信息。在确定评估主体的过程中,应根据评价的相关内容筛选出符合各项要求的评价主体。目前,大部分社会公众仍然将评估工作视为政府职责,同自身并不存在直接联系。在此情况下,政府相关部门在运行过程中应重视对公众意见的收集与分析,进而保证所得评估结果的准确性和客观性。

按相关法律规定,政府向社会力量购买公共服务评估主体大体上包括以下几部分:即购买主体、服务对象和第三方机构。同时在各个主体的共同作用下构建综合完善的评审机制,以保证对购买的公共服务进行准确全面的评价与分析。第三方机构同购买主体和服务对象并不存在直接联系,进而在最大限度内保证所得评价结果的客观性和准确性。2018年,财政部发布了《关于推进政府购买服务第三方绩效评价工作的指导意见》,明确提出推进政府向社会力量购买公共服务第三方评价工作,相关评估主体应选择相应的侧重点积极落实各项评估工作,进而保证评价结果的真实有效。

(二)政府向社会力量购买公共服务评估的客体——政府部门、社会力量

公共服务的供给质量和供给效率一直受到人们的关注,通过政府向社会力量购买公共服务的方式,引导市场和社会等相关主体参与公共服务供给过程中,有助于改善公共服务质量。不同主体在政府购买公共服务中承担着不同职能和作用。但值得注意的是,在市场竞争机制的影响下,政府购买服务仍存在一些风险。Dehoog认为这样的风险

第二章　政府向社会力量购买公共服务评估的基本问题

可能是投机取巧、非法行为，或出现购买成本过高的情形。[1] 社会力量作为承接方，公共服务的生产者，应始终接受政府的监管，而政府作为购买方，公共服务的供给者，既要受到其他主体的评估，同时还应自觉接受社会公众的监督。从政府购买公共服务的评估内容来看，主要涉及对社会力量的评估、对政府的评估和对公共服务项目的评估。

在评估政府购买公共服务的过程中，首先涉及的主体为政府，但随着购买行为的出现，其主体逐渐转变为社会力量，需要在这一过程中对实际产生效果进行准确全面的评估。通过对评估流程进行分析，政府购买公共服务评估的方式主要包括以下几方面：需求评估、绩效评估和过程评估。为了保证公共服务供给目标顺利实现，降低出现政府购买风险的可能性，应筛选出科学合理的评估指标对政府购买公共服务进行全面评估，进而对实际效果和效率有着准确认识。在这一过程中，应保证各相关主体能够保持平等的社会地位，彼此间相互联系、相互影响、相互监督，进而达到预期的评估目的。其意义还体现在警醒和鞭策，如果社会力量提供的公共服务未能达到目标，会意识到自身能力的差距，今后会不断改善服务水平，提升服务能力。

二　政府购买公共服务评估的主客体关系

将公共服务委托给社会力量的政府不再承担生产者的角色，而转变为购买者、评估者。从现有相关法律法规来看，部分学者结合评估力量的组成要素，将评估的主客体关系模式分为综合性评估机制、委托评估、选择性评估关系。本研究在此基础上，将评估的主客体关系归纳为政府主导型、社会主导型和混合型等。

（一）政府主导型关系模式

对政府主导型关系模式而言，政府在机构筛选、服务评估程序确定等方面发挥着主体性的作用，同时在不同服务领域分别设置了相应

---

[1] Ruth Hoogland Dehoog, "Competition, Negotiation or Cooperation: Three Models for Service Contracting", *Administration and Society*, Vol. 22, No. 3, 1990, pp. 317-340.

的法律制度，以保证将公共服务提供者的活动控制在合法范围内。就这一模式而言，政府协调各个相关部门对购买服务行使相应的问责权，而相关主体在评估标准构建、评估流程确定等方面占据着主体性地位。例如，在世界发达资本主义国家中，日本对社会组织的要求最严、限制最多，先后出台《公益活动法》《非营利组织法》《关于导入竞争机制改革公共服务的法律》等，由此影响日本社会组织对政府的依赖性。一般而言，当政府购买公共服务的行为完成后，政府应积极落实相应的评估工作。但需要注意的是，在诸多因素的影响下政府在评估过程中的客观性、准确性难以得到有效保证。实质上，评估主体的单一性会影响评估的价值取向。在政府主导下落实的评估工作，公民的参与度相对偏低，因此所得评估结果通常无法反映出公众利益。

（二）社会主导型关系模式

社会主导型主要依靠市场本身进行监督和评估。《社会法》中明确规定了政府与非政府组织的合作关系，尤其是在评估监管中，政府主要负责制定政策，不能直接干预社会组织。并通过将具体矛盾和利益分散到各社会团体的方式，将评估监管责任转移至社会自身。在这一过程中构建的评审小组或评审委员会负责落实相应的评估工作，具体涉及评估方案的确立、项目评价的实施、出具评价报告等。对于西方发达国家来说，社会力量相对完善且这部分组织机构的公益性更加突出，因此在这一过程中涉及的参与者主要以相关领域的专业人才为主，他们对行业的专业知识有着全面的了解与掌握。而通过政府购买的方式使得服务提供者彼此间的竞争程度进一步加强，因此它们彼此间的相互评估相对公正客观。

（三）混合型关系模式

混合型关系模式也叫作委托评估关系模式，即政府和其委托的第三方机构共同对服务进行评估。在这种模式中，政府相关部门负责组织管理，第三方评估机构负责具体实施。随着政府购买服务在全世界的普及和推广，第三方评估得到广泛发展。英国发布《第三部门在社会和经济复兴中的重要作用》及《第三部门在社会和经济复兴中的重要作用》报告，都要求第三部门的参与，并保障其独立地位。同时，英国还明确规定所有服务受益者可以随时查阅服务提供机构的相关信息，其多元化的监督评估机制是建立在社会体系之中，而并非完全是由政府来引导和监督的。

在我国范围内，这一模式也得到应用，北京、济南、青岛和上海静安区等地均采用了此种混合型关系模式。同时，与服务相关的行业协会也会自发对整个过程进行评估监管。作为第三方评估机构应按照相关标准与要求落实一系列评估工作，且在未经相关政府部门批准的情况下禁止其他主体参与考核评估工作。在发达国家，参与式评估模式作为多元主体参与评估的具体表现形式得到广泛推广，其强调将项目中涉及的一系列主体均纳入评估主体的范畴，以保证评估结果的真实有效。另外，大多国家还把公众意见融入评估中，进而保证在评估过程中获取的一系列信息能够得到充分有效的利用。

一言以蔽之，政府主导型关系模式的运用相对便利，但其专业性和针对性存在不足；社会主导型关系模式富有较高的专业性和客观性，这种模式确保社会力量在社会环境支持下，自发对公共服务进行评估，但客观性有待考证；混合型关系模式实际上指的是将政府主导型和社会主导型相统一，政府出资委托社会力量对其所购买的公共服务进行评估。社会主导型与混合型关系模式最根本的区别在于第三方评估机构评估主导权的大小。将政府和社会力量纳入评估过程中，能够充分发挥各自的优势，进而保证整个评估程序的科学合理。但需要注意的是，这种模式易受到外界因素的影响。社会主导型机制保证各方评估力量的协调与统一，而委托评估则确立了第三方机构的主体地位。

三 政府购买公共服务评估的主客体行为逻辑

不同的主客体持有不同价值取向与行为逻辑，其不同会导致政府向社会力量购买公共服务评估结果出现差异。从整体上来讲，政府向社会力量购买公共服务评估的主客体行为逻辑大体涉及以下几部分：一是对政府购买公共服务流程的评估。整个购买过程通常是由政府负责,政府通过与社会力量签订契约的形式,对委托者需要承担的职责与义务加以明确规定与说明。在这一过程中,应重视对相关社会力量的评价与分析,同时保证签订合同的规范性和科学性,准确了解资金拨付情况,重视对各项合同规定的执行情况进行评价与分析。二是要强调社会公众对公共服务的满意度。从政府角度来看,提倡购买的方式在于改善公共服务质量,由于社会力量在某一领域具备相应的专业优势,与社会大众间的联系程度也更加密切,所提供的公共服务往往能够在最大限度内满足社会大众要求。三是应重视对公共服务承接方的评估,确保承接方按照预期协定落实各项工作。另外,政府购买公共服务资金是否用于提供符合合同内容的公共服务是非常重要的评估指标。

(一)政府部门

政府部分作为购买公共服务评估的主体,同时也是客体,其行为逻辑有以下几个方面。

1. 维护公平

为保证预期目标顺利实现,在进行评估过程中应在最大限度内保证评估的公平公正。公平解释为公正、平等之意,还涵盖了正义、公道等内容。由此可见,对政府购买公共服务评估中涉及的公平理念主要体现在程序和实体两方面。

从程序公平的角度来看,政府部门应对投标、招标、验收等程序进行明确的规定,也保证过程的公平公正。受到服务个体的影响,上述涉及的一系列程序均应按照统一的标准与要求,进而在根本上突出公平的原则。在服务完成之后的评估也应该有详细而明确的规定,以保证各方主体能畅所欲言表达诉求或意见。当然,评估结果也应该及时说明与公开,使得公平原则得以在评估的各个阶段有着具体体现。应对需求评估进行明确规定,保证不同服务领域的公平划分。另外,应对评估程序进行公开,从立法层面上应该保证整个评估是公开透明的,可以接受公众监督的,才能确保程序合法性。

从实体公平方面来看,应强调政府购买公共服务评估制度相关主体的权利公平。在评估过程中,评估主体应公平统一对待提供同类服务的被评估主体,尊重其合法权利,以突出公平原则。从评估主体角度来看,除了政府工作人员外,同时还要对其他相关人员保持高度关注,并与评估工作成效相联系;同样对于服务提供者和服务享受者而言,也应该保持公平公正,在评估过程中保持公正客观的态度,既不能仅仅以现有的理论资料为依据,也不能只考虑片面的、少数人的意见,而要统筹兼顾,保证各个主体利益的协调与统一。具体来讲,既要保证评估对象在法律地位方面保持一致,同时还应赋予其同样的权利和机会,保证每个提供服务的机构保持相同的机会和权利。

另外,在评估过程中,公共服务的消费者,即社会公众还应具备相应的话语权。评估主体在对服务满意度进行调查过程中,首先应在合理合法的范围内,保证公众意见的自由表达,并得到评估主体的平等对待。在实际评估过程中,针对同类型的服务项目,应尽量保持统一,既要保证评估过程的统一,又要保证评估标准的统一。在整个指标体系中,各项指标所占权重应保持恰当合理,兼顾效益与公众主观感受。不仅如此,对评估对象设计的相关规定,被评估主体应按照要求遵循各项规定。针对评估过程中出现的一系列造假行为,应依法追究相关当事人的责任,并根据实际造成的危害程度制定相应的处罚措施,以保证政府购买公共服务评估机制得以维持平稳运行,进而使得政府购买公共服务的公平得以实现。最后,从利益分配方面来看,对政府购买公共服务评估的参与主体利益进行合理分配,保证各主体彼此间利益的协调与统一。

2. 确保秩序

秩序的重要性如同法律,科学规范的秩序是保证一切工作得以落实的前提和基础。从政府向社会力量购买公共服务评估方面来看,政府的基本行为逻辑在于从政府的立场和视角出发,导致评估更加偏向于政府方面,确保秩序行为逻辑大体上表现为以下几方面。

首先,通过购买评估,可以有效保证评估主体的独立性,可以有效遏制虚假行为,进而保证评估过程和结果的真实、可靠。其次,独立的评估主体也受政府制定的评估制度和规范的约束,进而保证政府向社会力量购买公共服务评估的优势和作用得以充分发挥。从评估标准来看，既要统筹全局，又要突出重点；既要整体规划，又要个性化设计；在评估过程方面，不同阶段的评估工作应严格遵循相应的秩序。最后，当被评估机构自身权益受到侵害时，应依法向相关部门提出申诉，进而达到约束评估主体权利的作用，使得各项评估工作得到有效落实。

现阶段，评估主体的评估资质通常由政府赋予，具有相对随意性，评估过程的私密性较高。而在评估制度的支持下，对评估主体有着详细的规定与说明，进而有效保证评估机构工作人员的资质能够符合各项规定与要求。评估结果的准确性、有效性无法得到有效保证，进而使得政府财政预算、社会力量资质审核等一系列工作的实施出现偏差。与确保秩序相对应的就是"无序"，导致无序出现的关键因素就是权利义务的失衡，在评估制度的作用下，能够对政府起到一定的制约和限制作用，进而保证各评估参与主体地位的统一性，在这种条件下既能够保证评估结果的准确性，同时还能在一定程度上约束政府行为。政府作为购买公共服务的主体，在公共服务评估中占据着关键性的地位，重视对评估秩序的严格规范，在评估制度的作用下，能够对政府权力起到一定的规范作用，进而保证评估结果的准确合理。

3. 提高效率

在评估语境中的效率可以分为经济效益和社会效益，经济社会的进步和法律自身的发展都体现了效益价值的重要性。从目前绩效评估现状来看，经济效益占有绝对的优势，同时，由于政府的行政性，经济效益与行政效益必然联系在一起，社会效益被凸显。因此，应统筹不同类型的效益，在顶层制度设计上与具体规则落地方面，保证总体评估效益的目标得以顺利实现。

社会效益指的是对社会资源的合理优化配置，在保持所有个体境况稳定的前提下引导个体境况朝着良好的方向转变。针对效率来讲，主要指的是利用最低投入来获取相同的产出，或者在保持投入相同的基础上将产出控制在最大限度。也就是说投入与产出间的比率。经济效益、社会效益、行政效益是整个评估体系中效率价值的重要体现。具体来讲，经济效益指注重对结果的效益，并希望将成本控制在最小范围内。另外，还应重视对评估体系的补充与完善，结合服务项目的性质和特点选择相应的评估方式，进而避免不必要的成本消耗。因此，从整体角度来看，重视对专业化评估队伍的构建，控制成本有利于评估经济效益的改善。

社会效益主要体现在以下几方面：政府购买公共服务评估制度明确规定涉及的一系列政府部门应依法履行各自职责与义务，在保证评估质量不受影响的前提下，尽可能缩减相关人员，并从立法层面上对不同部门所具备的职责加以规定与说明，进而保证各项工作得到有效贯彻落实，在这种条件下能够有效改善实际评估效果。在评估过程中应重视对社会公众意见的考虑与分析，将其作为评估结果的重要参考。实际评价结果能够对公共服务的购买有着直接影响，社会公众在未来时间内对服务的满意度将会大幅度增加。在评估过程中，将筛选出符合要求的社会力量并将其作为下次竞标方，同时将不符合要求的机构优胜劣汰，这也在一定程度上体现出了对社会资源的合理配置。

从制度层面上来看，在对政府购买的公共服务进行评估时，健全的法律体系可以节省时间、提高效率。在评估程序上，同样可以按照相关法律规定执行，进而保证评估程序的合理性。针对评估标准来讲，虽然不同项目评估标准有着明显的区别和差异，但应根据相关法律规定进行合理划分。政府还应结合实际情况，根据最终的评估目标，综合考虑不同服务项目的性质和特征，并在这一过程中总结出恰当合理的评估方式和手段，以此为依据对相应的指导文件进行调整与优化。在这种条件下，能够为后续工作的开展提供重要的支持。但需要注意的是，这也对相关法律体系的完整性提出了更高层次的要求，应保证政府制定相关法律法规的合理性、有效性。不仅如此，为了将评估成本控制在合理范围内，可以选择将购买公共服务的评估费用同公共财政相联系，并构建恰当合理的评估预算制度，将评估费用同预算制度相联系，进而为评估工作的开展提供充足的资金保障，使得政府购买公共服务的评估目标得以顺利实现。

（二）社会公众

社会公众在购买公共服务评估中占据着重要地位，社会公众的行为逻辑有以下几个方面。

首先是信息不对称的需求逻辑。在委托—代理理论的支持下，社会公众将属于自身的资源上交到国家进行统筹管理，而政府则需要依法接受广大公众的监督，同时还应为公众提供相应的公共服务。由此可见，政府购买公共服务的权利实质上是由社会公众所赋予的。而政府将提供公共服务的职责转移到社会力量当中，由公益性的社会力量负责提供一系列公共服务，以满足社会公众的多样化需求。由上述内容可以发现，政府在这一过程中仅仅扮演着购买者的角色，并未参与公共服务的使用过程中。公众是服务的直接受益者，对服务的感受最直接，对服务质量最有发言权。一般情况下，政府购买公共服务的评估是在政府的主导下完成的。而受到信息不对称问题的影响，使得这一过程中对初始委托者的关注程度相对较低。因此，要积极推动公众社会观念的调整，应保证社会公众在真正意义上认识到自身在政府向社会力量购买公共服务评估过程中的角色作用，引导广大公众形成主人翁意识，能够自觉参与公共服务评估当中，充分履行自身权利与义务，对整体服务质量做出准确客观的评价。

其次是公众主体意识的逻辑。社会公众作为公共服务的消费者，能够直接感受到公共服务的质量和效果。在整个政府购买公共服务过程中，政府有时候难以直观地了解到社会力量在提供公共服务中起到的作用，因此应结合服务对象对公共服务的看法进行综合考虑与评估。由于社会公众的特殊性，其在政府提供的公共服务的评价方面起着至关重要的作用，公民参与评估能够保证评估结果的准确合理，提升整个评估过程的真实性。

但在现实条件下，我国公众参与评估的能力与素质尚未达到要求，公众的主体意识相对淡薄，难以自觉履行自身权利与义务积极参与公共事务当中。同时，我国公众对政府的依赖程度相对较高，进而导致社会公众在政府购买过程中的优势和作用难以得到充分发挥，致使评估制度的运用出现偏差。众所周知，评估的目的主要在于保证社会力量与政府的预期目标得以顺利实现。具体涉及改善公共服务质量、优化公共服务效果、提高公共服务效率等。而由于社会力量对政府的依赖程度较高，使得在评估过程中，社会力量强调对政府评估标准的考虑与分析，甚至还会执行部分不合理的要求。在这种条件下，使得社会力量对服务的重视程度逐渐下降，与服务对象的沟通也不到位，导致自身专业能力与素质无法得到显著提升。特别是在诸多因素的影响下导致政府难以对购买服务的质量和数量有着准确识别与判断，因此重视对政府购买进行需求评估就具有必要性。但从当前购买领域的现状来看，需求评估仅局限于养老服务方面。部分地方政府虽然对需求评估高度重视，但尚未制定并实施相应的规章制度来推动需求评估的普及和推广。比如东莞市出台的《东莞市政府购买社会工作服务考核评估办法（试行）》，在文件中明确规定："考核评估包括前期评估、中期评估和期末评估"，但并没有明确规定各个阶段评估的内容、办法、程序等，进而影响评估的有效落实。

（三）第三方评估机构

第三方评估机构作为购买公共服务评估的主体，其行为逻辑可分为政治、法律与社会三个方面。

首先，在第三方评估机构政治逻辑方面。党的十八届三中全会《决定》指出："要推广我国政府购买公共服务进程，凡属于事务性管理的公共服务，原则都要进入竞争机制。"可见，在全面深化改革的背景下，通过购买公共服务来转变政府部门公共职能是必然要求，也是打造服务型政府的重要举措。根据中国特色，政府购买公共服务通常是在项目制的支持下得以进行的，也就是说政府部门通常以签订合同的形式将资金转移到公共服务承接方，并要求其按照双方协定履行各项职能。将第三方机构纳入政府购买公共服务当中既能够有效缓解政府部门的工作压力，也能够有效推动服务型政府的建设。基于此，将第三方评估纳入政府购买公共服务过程中，政府部门能够及时准确了解到各项公共服务的供给状况，同时针对其中暴露的缺陷和不足能够做出恰当合理的应对。同时在这一过程中政府部门原有的角色定位也发生了明显的转变，使得政府部门的工作能力和工作水平得到了显著提升。

其次，在第三方评估机构法律逻辑方面。合法性指的是符合现有相关法律的相关规定等，但从社会学方面来看，合法性概念具有更深层次的内涵，同时其适用性也更加显著。政府购买公共服务第三方评估工作的开展能够促进社会力量自身的合法诉求得以满足，同时还能保证公共资源需求得以满足。社会力量作为政府购买公共服务第三方评估的主体，现阶段逐渐得到了国家和社会的支持与肯定。但需要注意的是，目前社会力量的合法性仍然有待提升，还需要获取更大幅度的支持。社会力量的法律价值能够为其提供充足的资源保障，同时为获取法律和社会认可提供相应的保障。在评估中，政府和第三方评估是委托代理之间的关系，第三方机构评估行为代表政府行为。其在评估的过程中得到社会认可，也会影响社会对政府的认可，同时第三方机构得到政府的肯定，第三方评估机构进而获得相应的社会公信力和合法性。但需要注意的是，第三方评估组织在评估过程中的主体地位并不突出，其自身具备的优势和作用尚未得到充分发挥。

最后，在第三方评估机构社会逻辑方面。引入第三方评估制度后，政府对公共服务承接方和第三方评估机构有着明显的规定与要求，代理方应根据政府的目标与要求落实各项工作。在委托第三方评估开展对政府购买公共服务项目管理工作尚未实施前，通常由政府负责对公共服务承接方提供的公共服务进行管理，包括通过实地走访对公共服务目标对象的满意度进行调查与了解，但在这一过程中掌握的信息相对宽泛，且信息的真实性和准确性无法得到有效保障。基于此，应进一步密切彼此间的联系。政府委托第三方评估机构对涉及的公共服务项目进行有效监管，彻底改变了以往政府在项目评估过程中的主导地位，既能够进一步丰富公共服务管理方式，同时还能有效保证政府购买公共服务评估结果的准确性。另外在这一过程中还进一步密切了各个主体彼此间的沟通与联系，这也在一定程度上体现了第三方评估制度的社会价值。其次，保证公众的多样化需求得以满足。公共服务承接方为了获取公共服务项目的管理权，能够自觉遵守项目招投标的各项规定，能够自觉接受政府部门的监督与管理，同时在这一过程中还能对公共服务承接方起到一定的刺激作用，使得广大社会公众的公共服务需求得到最大限度的满足。在现实条件下，针对部分特定项目可以委托第三方专业机构负责实施，避免政府在评估过程中出现偏差,进而对评估结果造成影响。对第三方评估机构来讲,其与双方并不存在直接的联系,同时其专业性也能够满足要求。因此,应对第三方机构的资质条件有着明确的规定。另外对第三方评估机构的筛选也要具备相应的标准,进而为评估工作的开展奠定基础。

由此可见,第三方评估通常对政府的依赖程度相对较高,往往会受到政府政策的制约和限制,甚至在特定条件下第三方评估机构与承接方还会签订一定的协议,根据承接方的要求落实评估工作,使得评估结果的准确性缺乏保障,同时导致项目绩效评估的优势和作用难以得到充分发挥,最终造成公共服务整体利益受损。

(四)社会力量

购买公共服务评估的客体主要是社会力量,其行为逻辑主要有以下几个方面。

一是社会力量的经济属性逻辑。社会力量也被称为"非营利组织""非政府组织""第三部门"等,而在这一过程中也反映出了社会力量属性的多样性。美国 E.S. 萨瓦斯表示,服务提供者指派生产者向消费者提供服务并指派消费者向生产者购买服务或是由消费者选择服务的生产者。由此可见,公共服务的生产者实际上在向消费者提供服务过程中扮演着极其重要的角色。在这一过程中政府职能部门并不需要提供全部的公共服务。提供者与生产者既可以统一,也可以转变为多者。公共服务的成本核算在很大程度上影响提供公共服务的主体,公共服务的供给主体逐渐多元化。也就是说政府各职权部门确定公共服务项目,社会力量生产公共服务项目,并由政府通过购买的形式向社会公众提供,进而保证广大社会公众的服务需求得以满足。因此,按照社会力量的经济属性逻辑,对社会力量进行了规定,要求公共服务的供给主体应符合下列要求:第一,具备科学合理的内部监管制度;第二,具备完备的社会力量结构,能够依法承担相应的民事责任;第三,具备合理的财务管理和资产管理制度措施;第四,技术水平和硬件设施符合要求;第五,保证纳税体系和资产保障的合法性。从经济属性逻辑方面来看,以产品形式为依据可以将产品和服务相区分,其中一个显著特征就是产品是有形的,而服务则为无形的。随着社会进程的推进和经济水平的增长，产品和服务的界限也发生了明显的变化，萨瓦斯在论述民营化的过程中将公共服务和公共产品相统一，且两者的性质和特征保持一致。

二是社会力量的社会属性逻辑。政府购买公共服务涉及面广，具体包括政府职能、预算管理、法律法规、制度体系、绩效评价等。政府向社会力量购买公共服务必须具备下列前提条件：第一，形成有关购买公共服务的法规体系，并有能力不断完善和坚决执行；第二，市场上具备可承接服务的机构数量和质量；第三，政府在合理控制成本的前提下，确保全过程、各环节的管理与监督；第四，明确购买服务内容的标准与要求；第五，受益主体应保证公开透明。基于此，在现实条件下，推动财政预算绩效评价制度实施的困难较高，仅在单一财政部门的支持下显然无法满足要求。政府购买公共服务在很大程度上受到市场经济发展趋势的制约和限制。现阶段，政府的侧重点主要集中在基本公共卫生服务、居家养老服务、基础义务教育等方面，在此基础上为社会公众提供多样化的公共服务。但在现阶段符合提供公共服务资质的社会力量相对匮乏，科学合理的市场竞争机制尚未形成。在公共服务由政府职能部门统筹管理的背景下，积极引导符合要求的社会力量参与其中是很有必要的，这对整个社会的发展至关重要。

鉴于此，重视对社会力量评估制度的补充与完善有着积极意义，应充分发挥政府的宏观调控作用，从立法层面对相关内容加以详细规定。在这种背景下，需要对多样化的公共服务购买行为进行严格约束与规范，进一步加深相关主体对购买公共服务相关内容的理解与认识。但值得注意的是，诸多因素的制约与影响使得社会力量评估制度的建立是难以在短时间内完成的。应结合当前社会发展现状，及时对评估制度加以调整与优化，以保证评估制度的优势和作用得以全面发挥。科学合理的政府购买公共服务的评估体系，不能脱离现实条件，一定是对现实的具体反映，因此对实际操作有着更加严格的要求。根据各地区的具体要求，选择恰当合理的评估方式，建构科学的评估指标体系，尽可能保证评估结果的准确性、有效性，以此来推动政府向社会力量购买公共服务的纵深发展。

第三章

政府向社会力量购买公共服务评估实践与启示

第一节 政府向社会力量购买公共服务评估实践

党的十九大报告提出:"建立全面规范透明、标准科学、约束有力的预算制度,全面实施绩效管理。"由财政预算安排的政府购买服务事项,必将成为全面实施绩效管理的重要组成部分,而政府购买服务全面实施绩效管理,将进一步推进政府改革与创新,推动政府购买服务绩效评价市场的形成与发展。目前,我国初步形成了既体现中国国情又不失区域特色的政府向社会力量购买公共服务评估方案,并在教育、卫生、文化、体育、环保等领域不断推进,"社会服务项目评估"作为衡量项目绩效、保障服务质量的重要环节,成为购买方、承接方、监管方和社会各界共同关注的焦点。

一 中国政府购买公共服务评估实践

随着政府购买公共服务的不断推进,其绩效评估的重要性越来越突出,各地根据《关于推进政府购买服务第三方绩效评价工作的指导意见》,统筹兼顾、率先试点、积极探索通过网络、宣传手册等载体,主动公开评估指标、评估流程,自觉接受社会监督。以定期检查和随机抽查等方式对评估指标、评估结果等进行多渠道检查,建立项目评估监督机制为主要任务,从评估原则、评估内容、评估考核办法等方面,加强组织领导、人才队伍建设、营造良好社会环境的保障措施。

下面是对全国各地对于政府购买社会服务考核评估实施办法进行的简要说明。

（一）广州市：《政府购买社会服务考核评估实施办法（试行）》

评估原则：科学、客观、公正、专业。

评估主体：既可以由购买方专门组织成立的考核评估小组负责具体实施，也可引入第三方机构进行具体的考核评估和社会工作主管部门负责。

评估标准：专业服务标准、服务量及服务成果标准、服务质量标准、服务项目和机构管理标准。

评估方法：审阅文件、面谈、观察、抽查等多样化的综合考核评估方法。

评估程序：机构自评+政府的考核评估。

评估结果评价：评估分值比例。考核评估结果采用百分制，对专业服务标准、服务量及服务成果标准、服务质量标准、服务项目管理标准进行考核评估的比例分别为20%、20%、30%、30%，可视实际情况进行调整。

评估等次：服务项目的综合考核评估结果分5个等次，90分（含90分）以上为优秀、80分（含80分）—89分为良好、70分（含70分）—79分为合格、60分（含60分）—69分为基本合格、60分以下为不合格。

申诉与复核：购买方或社会工作主管部门应当在考核评估结束后，向服务提供机构通报评估结果，并接受服务提供机构的申诉。受理机构须在受理申诉后的30日内，组织专门工作小组进行复核，复核结果为最终结果，向社会进行公布。考核评估结果为优秀的服务项目，购买方或社会工作主管部门可以给予服务提供机构适当的奖励。考核评估结果不合格的服务项目，应当视情况扣减经费，且该服务提供机构在两年内不得承接政府购买服务项目；由于任务未完成导致不合格的，应当敦促服务提供机构继续提供服务直到政府购买服务合同任务的完成；情节严重的，取消其承接政府购买服务项目的资格。

(二) 深圳市：《关于印发政府购买服务的实施意见及两个配套文件的通知》

评价范围：包括财政资金使用绩效和承接主体的服务绩效两个方面。要按照建立全过程绩效管理机制的要求，强调结果导向，加强成本效益分析，切实控制降低公共成本，节约社会资源。

评价方法：应按照预算编制的要求，编报绩效目标，健全绩效评价指标体系，将服务对象满意度作为一项重要评价指标，坚持过程评审与结果评审相结合、短期效果与长远效果评审相结合、社会效益评审与经济效益评审相结合，力求评审工作全面、客观、科学。

评审机制：财政部门应加强对绩效评价工作的组织指导，根据需要选择部分项目开展重点评价和再评价。逐步引入第三方评审机构进行综合绩效考评，形成由购买主体、服务对象及第三方参与的综合性评审机制。

评价结果应用：绩效评价结果应在形成后10个工作日内向社会公布，并作为以后年度编制政府购买服务预算和选择承接主体的重要参考。同时，各区县（自治县）对服务提供机构的考评结果作为确定本年财政补助总额的依据。对达到考评标准90分以上的社区公共卫生服务机构拨付剩余30%补助；对未达到考评标准的社区公共卫生服务机构在限期内进行整改，达到整改要求的社区卫生服务机构按实际完成项目数量拨付补助；对仍未达到整改要求的社区卫生服务机构，不予拨付剩余补助，并终止其提供社区公共卫生服务的资格，重新确定新的社区卫生服务机构。市级对区县的考核结果作为确定本年度市级补助资金分配的依据。

(三) 无锡市：《关于推进政府购买服务第三方绩效评价工作的指导意见》

评估主体：择优确定评价机构。

评估范围：按照省本级和设区市不少于2个项目、县（市）不少于1个项目（优先选择受益对象广、资金量大、社会关注度高的公共服务项目），开展第三方绩效评价。

评价机制：结合本地实际情况，制定工作实施方案，明确工作目标和具体措施，合理选择公共服务项目开展第三方绩效评价，坚持探索创新，注重解决问题，认真总结经验，加强政策宣传，完善评价制度。

指标设计原则：相关性原则、重要性原则、不重复原则、客观性原则、可操作性原则、有实践指导意义原则。

指标体系设计原则：目标导向原则、共性与个性相结合原则、定性与定量相结合（定性指标占指标体系数量比例原则上不超过20%）、稳定性与前瞻性相结合、兼顾绩效性与合规性，但绩效性指标占比一般不低于50%。

绩效评价指标体系：根据《江苏省政府购买服务第三方绩效评价指标体系》要求，构建了4个一级指标、6个二级指标、11个三级指标的指标体系。

（四）铜陵市：《政府购买社会组织服务绩效评估实施办法（试行)》

评估原则：政府主导、社会参与；客观公正、公开透明；突出重点、讲究实效。

评估内容：机构建设、项目管理、服务质量、社会效益。

评估等级：考核评估的比例分别为10%、30%、30%、30%，并酌情调整。评估结果采用百分制，分为4个等级，分别为90分及以上为优秀、80—89分为良好、60—79分为合格、59分及以下为不合格。

评估方式：以10万元（以项目协议金额）为准确定不同的评估小组成员。项目评估小组或者第三方专业评估机构的评估结果，报市政府购买社会组织服务领导小组审定，确定评估等级。

评估程序：社会组织自评、政府考核评估、出具评估报告。

评估结果运用：首先，购买主体根据绩效评估结果进行项目经费结算；其次，评估结果为"优秀"和"良好"的社会组织优先表彰、并作为等级评定的重要依据；最后，根据评估结果，政府优先考虑那些评估结果好的承接方进行合作。

申诉与复核：市政府购买社会组织服务领导小组负责指导、监督服务项目绩效考核评估工作，并根据申诉进行复核。复核结果为最终结果，采取一定方式向社会进行公布，接受社会监督。

（五）海南省：《关于政府向社会力量购买公共文化服务的实施意见》

绩效管理：购买主体对承接主体提供服务的全过程进行跟踪监管，有选择地进行绩效评价。承接主体应主动接受监管，健全财务报告制度。建立由购买主体、承接主体、服务对象和第三方参与的绩效评价，评价分为优、良、中、差四个档次，评价结果向社会公布，并作为后期选择承接主体的重要参考依据。

评价指标：6个一级指标、38个二级指标。

监督管理：购买主体应对承接主体提供的服务进行跟踪监督，在项目完成后及时组织验收，验收时可以邀请第三方评价机构参与，最后出具验收报告，主要包括履约情况及履约结果。验收结果、对象满意度调查作为支付费用的重要依据。同时，建立信用管理制度。有下列行为之一的，记入信用档案，依照相关法律法规进行处理，造成社会重大恶劣影响的，禁止再次参与政府购买公共文化服务。具体包括承接主体不符合资质要求的；违反合同约定，歪曲服务主旨的；弄虚作假的，冒领财政资金的；有转包行为的；不接受、不配合购买主体监管的；不提供绩效评价报告的。

（六）大连市：《关于做好政府向社会力量购买公共文化服务工作实施意见的通知》

绩效评价：健全由购买主体、公共文化服务对象以及第三方共同参与的综合评审机制，并建立长效跟踪机制。

评价指标：侧重服务对象满意度评价，依据5个一级指标、34个二级指标的公共文化服务指导性目录展开绩效评价。

（七）北京市：《关于政府购买公共教育服务的实施方案（试行）》

评估内容：特色教育教学课程开发、引入；学生体育、艺术等校外竞赛和活动；教育政策研究、宣传与推广；国际教育交流活动的组织和实施；学生就业创业服务；公益性教育活动组织和实施；其他适宜由社会力量承担的公共教育服务事项7个大类，初中开放性科学实践活动课程等29个小类。

（八）成都市武侯区：《武侯区文化体育旅游局关于对区图书馆服务商的监督和考核评价办法》和《武侯区文化体育旅游局关于对区图书馆服务商绩效考核和评价实施细则》

成都市武侯区图书馆作为西南地区唯一一家政府购买公共图书馆整体服务的武侯区图书馆。按这两个规定的要求，优质高效完成本合同年度各项服务任务指标。考核按照"日常监管""季度考核"和"年度考核"三个步骤具体实施。考核指标的维度主要从服务任务完成数量和质量、服务队伍的建设和管理、服务能力和管理水平、管理规章的执行和落实、群众知晓度和满意度五个方面进行综合绩效考核评价。指标满分为1000分，考核评价不得低于800分，800分以下须终止服务合同且不退还履约保证金。

（九）温州市：《温州市委托第三方机构开展教育评价暂行办法》和《温州市政府购买教育评价服务暂行办法》

评估原则：遵循管办评分离原则，具体包括科学规范、公开透明、有序推进、评以致用。

评价范围：包括区域教育综合评估项目、学校综合评估项目、学校专项评估项目及其他需要委托的评估项目。教育行政部门可以根据教育目标、评价对象和工作需要，结合本地教育改革和发展实际，自行确定委托评价事项。

评价结果：验收结果分为"通过""不予通过"两种，并将结果作为对第三方机构服务质量进行评鉴的重要依据。评鉴结果分为"优秀""合格""不合格"三个等级。连续两次"不合格"，将取消其入选第三方教育评价机构库的资格。具体评鉴办法由委托方根据项目的实际需求来自主制定。教育行政部门每年定期向社会公示第三方教育评价机构评鉴结果。

（十）重庆市：《重庆市政府购买服务第三方绩效评价实施办法（试行）》

考核原则：分类实施、统筹协调；有序推进、注重实效；客观公正、公开透明。

评估范围：属于市级和各区县发布的政府购买服务指导性目录内

的政府购买服务项目，受益对象为社会公众且符合下列条件之一的，应积极引入第三方机构对购买服务行为的经济性、规范性、效率性、公平性等开展评价：社会关注度高的民生类政府购买服务项目；一次性服务项目（服务年限在1年及以内）预算金额市级在500万元及以上的、区县在200万元及以上的政府购买服务项目；连续性项目（服务年限在1年以上）单次服务项目预算金额或在一个年度内项目资金预算安排市级在500万元以上的、区县在200万元以上的政府购买服务项目；财政部门及购买主体认为有必要引入第三方机构开展绩效评价的其他政府购买服务项目。

评估结果：评价结果按百分制测算，其中90分以上为优秀，80分以上、不足90分的为良好，60分以上、不足80分的为合格，不足60分的为不合格。

评估运用：评价结果作为购买主体支付购买服务项目费用和以后年度优先选择承接主体的重要参考，也作为财政部门以后年度预算安排的重要依据。

（十一）常州市：《关于推进政府购买公共服务改革的实施意见》和《政府购买公共体育服务的实施办法》

评估机制：构建由购买主体、服务对象和第三方机构共同参与的评估机制，对购买项目的数量、质量、资金使用情况展开评估。

在购买公共体育服务项目评估方面规定如下：

评估内容：运营管理绩效—体系建设（8分）、运营管理（64分）、条件保障（15分）、举办成果（10分）4个一级指标，赛事申报（3分）等16个二级指标，群众满意度—比赛观赏满意度等10个指标，参赛队伍满意度—比赛表彰情况满意度等10个指标等。

评估程序：在评估结束后，第三方机构要向购买方递交评估报告。在整个绩效评估流程结束后，如果被评估方认为评估结果与事实不符，可以在绩效报告公布之后的30日之内进行申诉。受理申诉的服务机构在接到申诉要求后，需在30日内进行核实，经复核后则为最终结果，不得更改。

评估流程：机构自评→组织实施或委托第三方→评估结果公开→

申诉与复核。

评价应用：按照"公平、公正、公开"的原则将购买过程、评价结果向社会公布，接受社会监督。实行信用管理制，绩效评价优秀、服务项目执行情况好的社会力量将给予加分；对不能如期完成或完成质量较差、具有失信行为的社会力量除依照合同约定进行处置之外，还可按不良行为记入该单位诚信档案。

（十二）河南省：《政府购买服务绩效评价暂行办法》

评价原则：科学规范、公平公正、公众参与。

评价内容：购买服务资金预算编制过程中的绩效目标设立情况；执行过程中的绩效目标实施进度；项目完成后的绩效目标实现程度、效果及存在问题；项目实施对经济社会发展产生的影响等；服务对象的满意度等；财政资金使用情况；需评价的其他内容。

评价指标：指标分为共性指标和个性指标。

评价程序：成立评价小组，制定评价方案，开展项目评价。项目完成后或实施过程中，按照项目评价方案，由服务承接主体提出自评报告。项目评价小组采取查阅资料、听取情况介绍、实地查看、组织项目受益群众开展满意度测评、财政资金审计等方式进行评价、出具评价报告。

自评流程：根据项目概况、目标设定、管理措施及实施情况等，对项目完成情况进行自评，评估完成目标的程度以及说明未完成的原因，并提出改进措施。

评价结果应用：购买主体应根据评价小组的评价报告、受益群众满意度测评情况、财政资金审计结果，做好项目实施情况的总结及项目终结存档工作。相关部门将评价结果纳入年检、评估、执法等监管体系，不断健全守信激励和失信惩戒机制。

（十三）郑州市：《政府购买社会工作服务资金管理暂行办法》

评估机制：由购买主体、服务对象及第三方组成的综合性绩效评估机制，并在项目中期和末期各开展1次评估。

评估指标：从政府成本（信息成本、选择成本、协调成本、监控成本、形象成本、规模成本），效率（投入产出、竞争程度、服务频率、服务种类），公众满意度（服务质量、服务数量、公众信任、政府态度、企业态度）等方面确定购买服务绩效评价指标。

评价结果应用：将评估结果与后续政府购买服务挂钩，对评估优秀者，购买主体在选择后续政府购买服务承接主体时，可在同等条件下给予其优先资格；经中期或末期评估发现问题的，责令承接服务主体提出整改方案并限期整改；中期或末期评估结果为不合格的，按合同约定不拨付后续经费，追回剩余购买服务资金并取消一定时期内承接政府购买社会工作服务资格，情节严重者，依法依约追究有关责任。

（十四）上海市静安区：《政府购买社会组织服务项目绩效评价管理办法（试行）》和《上海市预算绩效管理实施办法》

评审机制：采用百分制对限制条款、立项依据、服务效益、服务需求、服务内容、项目实施可行性6个一级指标，项目需求的针对性等13个二级指标的评价目录展开评价。其中项目运作占25%（包括主要考核项目进度等情况）；项目满意度占20%（考核服务对象对项目的满意程度等）；资金管理占20%（项目支出合规性等情况）；组织能力占20%（考核组织管理构架等能力）；人力资源占10%（考量项目工作人员数量等情况）；综合能效占5%（项目实施对服务对象等带来的影响）。

等级评定：高于或等于90分为优秀等级，80—89分为良好等级，60—79分为合格等级，低于（不包括）60分为不合格。根据专家组的评审意见、等级评定结果和专项经费审计报告，街道社会组织服务中心统一出具《项目绩效评估报告》。

评估结果及应用：绩效评估结果与项目末期经费结算直接挂钩。获评优秀等级（≥90分）的承接方在同等条件下享有优先承接街道同类项目的资格，并作为项目评优表彰的推荐依据之一；评估结果优良等级（≥80分）的，全额支付项目末期费用；评估结果合格等级（60—79分）的，其中由于客观原因导致服务期限内计划任务未按时完成的，购买方应敦促承接方继续按合同完成任务后，再支付项目末期经费，如果是承接方主观原因造成任务未完成、账目混乱等问题，则扣除项目末期经费的50%；评估结果不合格（<60分）的，不予支付项目末期经费，承接方3年内不得承接街道购买社会组织服务项目。

项目调整和退出机制：根据结项的绩效评估结果，对于服务对象参与度不高、社区需求度减弱的项目，街道各办公室应及时组织调研，调整下一年度的立项申请，对于确实不适合继续实施的项目，则退出下一年度的立项。如在购买公共体育服务项目评估方面，受上海市体育局委托，上海玄钥管理咨询有限公司作为第三方机构对2014年上海市民体育大联赛项目的产出、效果、影响力3个一级指标，数量、质量、时效、社会效益、可持续、满意度6个二级指标，赛事完成率、赛事规模、赛事完成及时率、参赛报名社会化、新闻报送强度、社会化运作模式、创新宣传途径、市民满意度、管理人员满意度9个三级指标开展绩效跟踪评价。

（十五）宁波市：《关于政府向社会力量购买服务的实施意见》

购买程序：按照公开、公平、公正、竞争原则，建立健全信息公布、项目购买、履约管理、验收结算的规范化流程。

绩效管理：各级财政部门和购买主体要建立政府购买服务绩效管理机制，将绩效管理要求贯穿购买服务预算编制、执行、监督、评价和问责的全过程，强化部门支出责任，确保财政资金使用效益和公共服务的质量绩效。建立健全由购买主体、服务对象及专业机构组成的综合性评审机制，对购买服务项目数量、质量和资金使用绩效等进行考核评价。要积极推进第三方评价，坚持过程评价与结果评价、短期效果评价与长远效果评价、社会效益评价与经济效益评价相结合，确保评价工作的全面性、客观性和科学性，并作为以后年度编制购买服务预算、购买计划和选择承接主体的重要依据。

绩效考评：各级财政部门、民政部门、相关职能部门应根据由社会组织承接的社会服务具体项目，研究建立包括考评指标、方法等绩效考评体系，组织实施绩效考评或委托第三方专业机构进行综合考评，并根据考评结果，提出进一步的意见和建议。对具有经常性、长期性的服务项目，可以实行一招三年，一年一定的办法，经年度考评合格的，在满足原招标文件条件下可续签服务合同。其评估等级流程可见附录中的附录2。

（十六）南京市：《购买服务项目第三方绩效评估报告》和《购买服务绩效评估监督事务项目报告》

评估原则：总原则要求"程序和实质"并重，"重程序"的本质在于规范，"重实质"的本质在于效果。三条更加具体的原则分别是统一性与专门性相结合、自评与第三方评估相结合、资格评估与创优评估相结合。

项目分类：总体分为三大类，第一类为公共服务类，是指该项目实际向服务对象提供服务，由项目承担者主导设计项目计划。第二类为政府职能辅助类，是指项目为配合政府职能部门的工作，项目承担者不能自主进行项目设计。第三类为技术性服务类，要求项目具有一定的创新性。

指标结构：整个量化指标体系分为三个部分，一是项目绩效评估概况表，二是项目绩效评估自评表，三是服务对象满意度评价量表。指标体系共有6个一级指标、15个二级指标和28个三级指标。一级指标为服务能力、服务质量、项目管理、服务成果、服务作风和服务创新六大内容，其中前五项作为合格指标，最后一项服务创新作为评优指标，用于考核有重要创新成果的项目。服务能力标准反映中标单位在项目实施时所用的专业社会工作人员、设备和场地情况。服务质量标准指的是中标单位提供公共服务项目的受益人数、服务频率、服务范围等。项目管理标准指的是中标单位的项目管理制度、方案策划和执行、服务记录、财务管理等情况。服务成果标准指的是服务受益对象对服务的主观满意度。服务廉洁标准指的是服务过程中的工作作风问题，是否存在违法违纪情况，由监察室核实并提供。服务创新标准指的是项目开展服务过程中所取得的理论、品牌、技术和方法突破，以及服务的价值外溢程度。

以下为服务作风指标（如核实违反其中任何一项，则取消评优资格）。

腐败现象：指服务过程中吃拿卡要行为。由监察室核实、判定，一经确认取消评优资格。

弄虚作假：指服务、财务等方面的虚假行为。由监察室核实、判定，一经确认取消评优资格。

服务对象投诉行为属实：指出现损害服务对象自尊心、隐私信息泄露、资源分配不公等现象，由监察室核实、判定。重点判定是否存在泄露个人信息、服务纠纷等。如果核实存在问题，确定惩罚标准，同时取消评优资格。

商业推销行为：指项目过程中是否存在向服务对象强行推销的行为。由监察室核实、判定，一经确认取消评优资格。

以下为评优指标，与合格评估指标并列。

政策或咨询贡献：指被政府采纳、获得证书表彰，或者主管领导肯定。

品牌创新：要求说明品牌具体内容。

方法创新：要求附加证明材料。

其他效益：媒体报道、社会影响及民众反响等方面。认定范围及标准由责任处室确定。

第三方评估在政府购买社会服务实践中扮演着越来越重要的治理功能，已经成为创新社会治理体制的协同力量。客观公正有效的第三方评估既有助于促进政府职能转移的有效实施，又有助于提升社会组织"在做中"不断提升能力以胜任政府转移的职能。面对社会对政府购买服务提出更多更高的要求，南京市民政局应该加快第三方评估的步伐，尽早研究和制定相关法规或办法，通过法规有效地指导第三方绩效评估的开展。

二 国外政府购买服务实践

国外政府购买公共服务起步较早，经历了一系列演变，从国外政府购买公共服务演变历程看，大致经历了竞争性购买、合同购买、多元化购买阶段，形成合同出租（也称服务外包）等局面，反映各国国情的政府购买服务及评估方案。

（一）国外政府购买公共服务演变历程

20世纪60年代，随着"福利国家"向"多元福利"转变，社会保障和社会服务内容日趋完善。但同时经济停滞、财政紧张，大规模消减福利支出，服务效率日益低下，财政赤字成为福利多元化背景下，西方国家共同面临的主要问题。为解决财政困难、公共服务低效引发的财政危机、信用危机、服务危机，20世纪70年代末，以英国、美国为代表的西方发达国家发动了政府购买社会公共服务的运动，把市场与非营利的志愿性组织相结合，强调国家、公民、集体、社会力量参与，共担风险，参与福利供给的政策，在这种背景下政府购买服务应运而生。此后，公私合作、私有化（民营化）、私营企业伙伴关系、使用者付费制等公共服务市场化形式不断呈现。从西方政府购买社会公共服务历程来看，主要经历了以下几个发展阶段。

竞争性购买阶段：基于打破由政府作为提供公共服务垄断地位的考虑。打造竞争型政府，政府角色由"生产者"向"提供者"转变，公共服务提供主体由单一向多元转变。竞争性购买被广泛运用于各级政府中，为了鼓励、吸引社会组织参与，美国主要采取直接补贴、课税扣除、服务费、纳税减免条约等多种方式。政府提供公共服务的内容包括医疗卫生，对低收入人群、特殊人群的照顾等。养老模式是合同外包服务的主要领域，具体由联邦政府、州和地方各级政府负责执行，主要是基于老年人、低收入家庭、特殊人群的医疗补助需求，与社会组织采取合同制的方式，按照合同来落实养老服务。同时，政府将社会组织一定额度的补助与提供不同形式资金援助相结合。

合同购买阶段：合同出租起源于20世纪60年代约翰逊总统提出的"战胜贫困"运动，它是指政府与提供服务的私营部门或非营利部门签订合同，将公共服务转包出去，政府主要负责对承包商的活动进行监督和管理。合同外包根据竞争的程度分为三种类型：竞争式招标购买、有限竞争协商购买和定向购买。竞争式招标购买通过竞争选择最符合条件的机构签订合同，有限竞争协商式购买通过谈判选择合适的供应商，定向购买是政府向指定的供应商直接购买。

政府不仅应考虑成本和效率，更应着眼于公共利益，为顾客提供优质高效的社会服务，公民满意成为政府购买公共服务质量的评价指标。在此背景下，政府以合作为代表的多种方式积极地展开了同营利性机构的合作,美国至少有 200 余种服务是由承包商提供的。除政府用资金购买以外,合同出租也不断呈现。这种方式是政府通过招标让某些私营企业投资经营,提供基础公共服务,企业负责受益,一些投入大、公益性高的公共服务多采用这种方式。仅 1977—1987 年,美国的营利性机构、日托服务机构增长了 80%,个人和家庭服务机构增长了 22%。通过这种形式,让更多的公民参与政府购买社会公共服务的每一个环节上,以增加公众的选择,提高公共服务的质量。

多元化购买阶段:与竞争性、合同购买不同,多元化强调计划和市场相结合,为政府提供优质社会公共服务。以英美为代表的政府主导的公私混合提供公共服务为例,美国政府已经与私人公司、研究机构和个体顾问签订了大约 2000 万个合同,涉及经费数额占政府总开支的 14%。法国政府根据公共服务与民众生活的相关度和公共利益的契合度确定购买社会公共服务的范围和种类。在此基础上,由有限的财力,通过统一调配发挥最大效能,提高公共服务提供的质量,以满足民众公共需求。

(二)国外政府购买公共服务主要形式

20 世纪 80 年代以来,主要发达国家推动市场与社会结合,逐步形成了向私人部门购买的美国、英国等模式;非营利组织在其公共服务的提供中具有更加重要地位的德国、意大利模式;强调政府权威作用的法国、日本、新加坡等模式。合同出租、公私合作、使用者付费、补贴制度政府间协议、政府出售、政府补助、凭单制、特许经营、志愿服务、自由市场、自我服务等成为政府管理公共服务、购买领域的主要形式。

20 世纪 70 年代末,英国政府以经济和效率为目标,提出"公民宪法运动"和"竞争求质量运动",为了促成目标的实现,政府坚持以市场为导向,实行非垄断化,率先在公共部门中引入竞争机制。与美国将公共服务全部承包给社会组织不同,英国政府成立内部"执行机构"(Executive agency),并与市场、社会合作推动购买公共服务。2001—2002 年政府建立地方层面的公私合作服务项目达 2109 个,共投入约 23 亿英镑资助了"儿童早期发展和照料计划、健康行动区计划、社会复兴计划、健康城市计划、社区新协定计划、运动行动区计划、确保开端计划以及单一再发展预算"等项目。上述计划均集中于1998年或1999年开始实施,涉及解决犯罪恐慌、贫困人群居住状况改善、儿童照顾与贫困地区再发展等方面。[①]

与英美侧重市场机制竞争不同的是,以德国、意大利、匈牙利等为代表的公共服务重视非营利组织的作用。在实施过程中,采取了成本—收益分析、招标管理、全面质量管理等管理方法,根据公共物品的不同性质外包给不同性质的社会力量,将竞争性的事业型公共物品外包给企业,社会性服务外包给公益性团体。一方面能有效防止私营部门在公用事业领域垄断的可能,推动公私合作的顺利发展,减少财政压力;另一方面通过公共服务项目实施、参与项目,鼓励弱势群体成为志愿者,参与提升公共服务,确保公民对公共服务的直接表决权。

法国政府购买社会公共服务自20世纪90年代后期就呈现一种集权化发展态势,政府出资让非营利组织和营利机构承担弱势人群的发展性服务,包括90%的残疾人服务、85%的儿童权益保护及70%的居家照顾服务等。社会公共服务中涉及公民基本的生存性服务,如养老服务、托儿服务等,由政府直接提供的比例已超50%。[②]

作为南太平洋公共服务购买改革最为彻底的新西兰,政府将医疗、卫生、福利领域的服务,以合约或合同承包交给非营利组织,并将绩效管理贯穿于购买全过程,以良好的竞争机制激发部门的工作效率,降低成本。在2000年卫生体系重组之后,21个地区卫生局（District Health Boards, DHBs）负责各地初级和次级卫生服务。DHBs既可以由其所管理的公立卫生机构来提供,也可以从其他私人卫生机构那里购买卫生服务,而后者占了很大的比例。

2005年,日本根据"市场化实验",通过竞争性招标的方式,将

[①] Gerry Stoker, *Transforming Local Governance: From Thatcherism to New Labour*, London: Palgrave Macmillan, 2003, p. 154.

[②] Leon E. Irish et al., *Outsourcing Social Service to CSOs: Lessons from Abroad*, Washington: The World Bank, 2009, pp. 5 – 6, 47 – 48.

职业培训、国民年金保险征收服务等不同领域的多项公共服务外包给专业公司，但公共服务提供主体依然是政府。新加坡利用电子政务平台，结合高素质公务员队伍，形成了政府主导下具有鲜明特点的公共服务供给机制，如"组屋"。澳大利亚政府购买成效最为显著，如在购买就业服务方面，同时考虑市场化和社会化，政府制定规则，建立政府监督管理、市场竞争、社会参与的体系。提高了失业人员特别是弱势群体失业者的再就业率，提高了工作效率，节省了行政开支，体现了公开、透明等特点。"新学校工程"就是一个典型案例，在南威尔士、南澳大利亚、昆士兰等区域，由政府教育、培训部与私营部门形成了购买基础设施服务和教育服务的良好合作关系。

此外，以荷兰为代表的发达国家实行凭单制，也就是政府向特定消费群体发放消费券、养老券、食品券等补贴，消费者凭券可以在与政府合作的服务机构消费，服务提供机构用凭单与政府兑换现金，这是政府对社会组织的一种间接支持方式。凭单制通常被用于食品、房屋、教育、医疗、保健和培训等公共服务领域。

第二节 政府向社会力量购买公共服务评估经验

在购买公共服务及评估过程中，国外政府大多基于项目的申请、评审、立项、招标、订约、实施、调整、结项、评估、反馈等一系列环节及资金使用，引入独立、专业的第三方监督机构，建立了包括效率、效果、经济等方面科学合理的评价体系。同时也建立了完善的动态管理与监督机制，推动政府购买公共服务的不断优化。只有正常且高效运行的政府购买服务机制，才能够为政府购买服务绩效评价提供有力的制度支撑。

一 完善购买过程的立法规定

欧美国家对政府购买前、中、后等流程、环节都有明确的法律规定。英、美等发达国家具有世界最为完善的公共服务立法制度体系。美国涉及政府购买直接或间接的法律文件多达 500 多部，相关法律条款4000多个，涵盖政府购买社会组织公共服务管理、流程等多个环节、领域。1976年美国联邦预算局发布了《A-76号通知》，就联邦政府部门公共服务的合同外包决策做出了政策规定，并通过1979年卡特政府重新修订的《A-76号通知》。1998年《联邦职能清单改革法案》列举了"政府固有核心职能"，作为辨别标准，联邦采购政策局详细列举了19项负面清单，即不得将"政府固有职能"委托民间办理，要求所有联邦机构识别哪些职能"本质上属于商业性质"且能够由私营部门承包商来承担。通过"以私补公"——以立法的形式保护并促进私营部门，明确了政府购买公共服务的范围。具体体现在规范购买的《联邦财产和行政服务法》；具体详细指导的《联邦采购规定》；出台了政府购买公共服务过程中合同管理办法《合同竞争法》；《联邦政府绩效和结果法》对公共服务质量进行控制和监督。《服务获取改革法》《对外援助法案》《联邦采购合理化法案》《联邦采购政策办公室法》等法律从不同侧面对政府购买公共服务进行规制。除此之外，各州政府也出台专门的法律解释文件，如《就业训练合作法》就明确规定，州政府需要与私人机构一起为不同弱势群体提供各种培训服务，联邦政府同时为就业培训项目提供定额资助。[1]

英国除了遵守《公共服务采购指令》中相关规定外，还根据本国实际情况，制定并出台了相关法律法规，对政府购买公共服务行为加以约束、指导。如法律明确规定，政府必须保留那些为需要特殊照顾的人群所提供的服务，那些法律规定政府必须履行的服务、市场无法供给的服务、公众希望政府提供的服务，都不能交给社会组织或市场，而应该由政府自身进行供给。[2] 1998年、2000年、2003年、2005年、2006年、2007年、2011年先后颁布了《政府和志愿及社会部门关系的协议》《资助与采购良好行为规范》《地方政府国家采购战略》《信息自由法案》《公共服务行动计划》《第三部门在社会和经济复兴中的重要作用》《开放的公共服务白皮书》等系列政策文件，

---

[1] 张汝立等：《外国政府购买公共服务研究》，社会科学文献出版社2014年版，第37页。
[2] 许燕：《国外政府购买公共服务范围及特点比较分析》，《价格理论与实践》2015年第2期。

通过选择性放权，在公平性与多元化原则下创新公共服务，提升社会组织服务质量，推广具有良好社会示范效应的实践。同时，在全社会范围内进行监督，以顾客满意度及公共服务质量为宗旨。如在《教育改革法案》中，在教育领域引入了服务购买，并专门设立了信息专员，向公众提供关于公共服务机构的相关信息。2012年，《公共服务（社会价值）》经上议院终审一致通过，让购买真正服务于社区，同时也意味着英国政府再次以正式法律形式高度规范政府购买公共服务行为。

日本于2006年出台的《通过导入竞争以实现公共服务改革之法律》（"市场检验法"）。各个法案之间互相补充，形成一个完备的法律体系与法制框架，确保政府购买公共服务评估的开展。

二 严格规范的绩效评价模式

国外绩效评价与政府购买过程、模式相对应，形成了具有可借鉴的评价体系，主要表现为：

一是政府与非营利组织合作开展的第三方绩效评价模式。1993年《联邦政府绩效与结果法案》、1997年《联邦收购条例》的先后颁布，对美国联邦政府购买服务绩效评估内容标准、双方契约合同进行了规范。制度环境的优化进一步推动了公共服务规模的扩大，在内部要求"绩效型"外包服务方式的持续推广等外部诉求的双重推动下，政府购买服务绩效评价应运而生并逐步扩大，实施绩效评价的条件趋于成熟。评价内容主要涉及养老、儿童、教育、医疗卫生等公共领域，评价方式上分别由组织内专职公务人员组成的责任总署主管评估或者由联邦政府部门受国会责任总署委托成立的"计划与评估办公室"受托评估。在特征上，将"成本—效益"原则，贯穿绩效前评估、绩效监控、绩效评价的始终。如在政府购买弱势儿童福利服务开展绩效评价方面，美国佛罗里达州、缅因州与纽约州先后通过州级法案，在责任制框架（Getting to Outcomes：a results-based accountability framework）导向下，通过设置十个问题实现预期结果，并向资金供给方呈现，展现购买评价中的工具、培训以及技术。

第三章　政府向社会力量购买公共服务评估实践与启示

二是咨询机构委托开展的第三方绩效评价模式。主要由政府内部组建的工作小组负责评价。评价内容主要涉及核心监督、年度公开评估、年度报告、社会组织风险水平等领域。澳大利亚融入"监督协调员"的绩效评价，由政府向承接相应购买服务的社会组织，派出监督协调员，作为项目和服务顾问（PASA），参与具体的项目监督过程中，如澳大利亚政府根据产出情况、支付机制以及绩效监督系统等关键性因素，对项目进展情况的判断（即产出情况）以及绩效监督系统（评价服务的好坏），委托第三方开展政府购买教育服务绩效评价，确定合理的支付机制。

三是国家审计机构主导下，独立开展为主的第三方绩效评价模式。这类评价主要由国家审计署和民间非营利组织承担。以经济性、效率性、效益性为评价标准。实施主体多样化、强大的信息平台作为支撑是其主要特征。如为探索提高公共服务质量，提升公众满意度，英国政府提出了"竞争求质量"运动，规定各个机构每年都会展开相对独立的政府购买服务评估，并针对报告的内容，提出相应的改进建议，进一步优化了政府购买服务绩效评价体系与力量。最为典型的就是国家医疗卫生服务体系的绩效评价是立法保障、机构设置、社会监督与信息平台共同作用的结果。在国家审计机构主导及相关法律法规下，将临床治理（Clinical Governance）、绩效评估框架（Performance Assessment Framework，PAF）、国家服务框架（National Service Framework，NSF）融为一体，展开具体的绩效评价。其中，最核心的是绩效评估框架，它是财政部、卫生部等多部门通过达成的公共服务协议，旨在提高医疗卫生领域的产出和服务效率。柬埔寨政府在购买医疗服务实验项目方面，将设立特殊服务的 10 个评价指标体系与关怀质量服务的 18 个指标体系结合，虽然与发达国家相比，还有待进一步完善，但运行较为顺利，尤其是绩效评价的成果显著，推动了公共卫生事业的发展。

三　公开透明的公共服务购买评价和监督机制

公共服务的外包并非意味着责任的外包，政府部门最终需要对服务成本和服务质量负责。因此，政府要对购买服务质量进行监管与评估，确保实现低成本、高效率的服务质量。发达国家虽然注重外包的形式提供服务，但也很注重监管。发达国家会专门进行评价、监管和监督，并注重信息的公开，确保效率和公平。这种责任或监管机制的实现体现在购买流程方面，不同国家略有区别，如美国政府购买公共服务流程大致由规划、选择、交流、评估、购买、监督等环节构成，英国政府采购程序分八个阶段。总体而言，政府购买公共服务大多遵循确定服务项目、向社会公布、承接资质认定、招标过程管理、服务过程监督、绩效考核、支付结算等流程。

美国的评价和监督机制更注重发挥公众的作用，美国公民不仅参与公共服务评估，而且在很大程度上影响着政府选择购买公共服务的种类和选择合作的私营企业。美国还根据《联邦政府绩效和结果法》，通过信息报告制度、实地巡查制度、投诉处理制度、审计监督制度、阶段性评估制度等规范制度，对政府购买服务合同质量展开综合性的评估，并决定是否延续合同或更换服务提供者。

英国政府基于"契约精神"积极改革，将"全面质量评估"和"地方公共服务协议"结合，把绩效评价作为重点，建立了较为严格、完善的评价机制，完全按照合同规定进行质量监控，对公共服务展开绩效评估，确保公共服务保质保量得到供给，不断强化绩效评估的效果。同时由于第三方评估机构管理人员经过严格选拔，具有不依赖于政府权力的独立性、稳定性、专业性等特点，其评估结果在英国具有较高的公信力，得到英国高度认可。第三方机构的评估结果及提出的建议一般会得到议会的重视与采纳。

值得注意的是，英国政府在向社会组织购买服务的同时，也触及公权力等外部行政权力的购买，如英国内政部在犯罪预防项目中就曾经设立毒品行动队来协调国家禁毒行动。[1] 为加强对公共服务供给的评估与监督，日本、德国、加拿大根据本国实际，分别建立了购买评

---

[1] 王浦劬等：《政府向社会组织购买公共服务：中国与全球经验分析》，北京大学出版社2010年版，第225页。

价和监督机制。如日本内阁府设立官民竞标监理委员会，对各环节、全方面进行监督管理。德国根据"标杆管理"，通过 Bertelsmann、"公共交互指标网络"，让接受服务的公众进行评价，涉及儿童抚养、博物馆、医疗卫生等领域，强化社会公众对购买的监督。加拿大充分利用信息技术，建立政府电子投标（MERX）、供货商注册信息（SRI）等各类数据库，并及时将库中信息进行公开，随时接受新闻媒体、社会大众、行业专家等对服务项目开展情况进行评估与监督。

第三节　政府向社会力量购买公共服务评估启示

从国外政府购买公共服务评估经验来看，相关立法为政府向社会力量购买公共服务提供了一个良好的法制环境，并推动政府、社会、民众多方参与的协同机制建设，这些都对我国政府向社会力量购买公共服务评估具有一定的借鉴意义。

一　健全法律法规制度体系

在政府购买公共服务过程中，我国现已制定了《社会团体登记管理条例》《民办非企业单位登记管理暂行条例》《基金会管理条例》《社会组织信用信息管理办法》等法律文件。但与发达国家相比，此方面的法律保障还比较薄弱，不利于政府购买公共服务的长远发展。公共服务相关法律规定仅有国务院相关部门的部门规章。总体上，这些法律规定仍有进一步完善的空间。在中央政府层面，国务院于2013年出台的《关于政府向社会力量购买公共服务的指导意见》（国办发〔2013〕96号）具有宏观上的战略指导，在操作上仍有待细化。在我国地方政府购买公共服务依然存在一定的弊端，主要表现在监管和信息透明方面。因此，为促进我国政府向社会力量购买公共服务的长远发展，应加快立法进程，完善法律体系，为政府向社会力量购买公共服务提供法律基础和制度保障。一是制定社会组织法。我国有必要对社会组织进行统一立法，使社会组织在分类、内涵、外延以及治理机构等方面形成一个统一的标准和制度体系。① 二是制定公共服务促进法。我国有必要规范购买程序制度、服务流程制度、资金管理制度、听证制度等,确保整个过程公开、透明、规范。三是制定财政税收制度。有必要将政府购买公共服务支出纳入公共财政税收,畅通资金拨付渠道,建立和完善财政预算审计制度等。②

二 建立监督制度和评价体系

在经济利益驱使下,购买过程很容易出现权力寻租甚至腐败问题。因此,建立全方位、全过程的评估监督机制尤为重要。如英国政府建立国家、区域、郡和社区四级绩效评估体系,全面监督政府购买公共服务的实际效果。③

首先,建立强有力的监督制度。一是要建立政府主导下的专门性监督机制。在购买公共服务的过程中,坚持动态管理与动态监督办法,要充分发挥审计、监察机关杠杆、手段的作用,对服务过程展开全面的审计、监察,并及时向社会公布,提升公信力。同时借助网络技术,拓展信息收集反馈平台,有效进行社会监管。二是积极引入独立、专业的第三方监督机构。在这里要确保第三方监督机构的专业、公正、独立等。随着信息技术在政务中心的广泛运用,通过建立数据库和流程再造的方式,不断优化管理,确保民众享受更丰富、更优质、更高效的服务。

其次,建立科学评价体系。一是建立效率评价体系,主要指政府购买公共服务是否以最少的财政资金购买最多的公共服务,也就"低成本、高效率"的边际效用最大化展开评价。二是建立从政府部门、服务对象、社会公众角度,包括购买前的需求、购买中的供给、购买后的结果在内的全方位、多角度的评价机制,确保社会组织提供服务

---

① 伍治良:《我国非营利组织统一立法的实证调研》,《法学》2014 年第 7 期。
② 马全中:《中外政府向社会组织购买服务的比较研究——基于边界、模式、法制、机制的多维视角》,《天津行政学院学报》2016 年第 6 期。
③ 戴健:《中国公共体育服务发展报告 (2013)》,社会科学文献出版社 2013 年版,第 178 页。

第三章　政府向社会力量购买公共服务评估实践与启示

的每个环节的全过程，都展开审计、监察和绩效评估，并及时向社会公布结果。此外，引入绩效审核，分类别、分层次地预先建立服务对象对社会组织的服务质量、资质水平、信用等级等层面的评估机制，针对社会组织所提供服务有效展开评价，以匹配不同服务价值，实现产出效用最优化等。三是加强效果评价体系。作为责任方，政府必须对服务质量定期展开多方位的综合性评估，根据评估结果，确定社会组织的信誉，决定下一步是否继续同服务提供方合作。购买公共服务发展较为成熟的国家均有专门效果评估的法律，并且对评估的结果以等级进行打分，以公众满意度为导向，推动服务提供方更重视服务效果。以公民为导向，为公民提供优质的、满意的公共服务成为政府购买公共服务质量的重要评价标准，有助于提升公共服务质量。

三　完善政府购买公共服务评估的机制设计

国外政府购买服务评估建立了相对完善的评估机制，在购买实践中取得了一定的成效。就我国而言，政府必须致力于完善购买服务的各种机制设计。

从机制上看，一是参与机制建设。政府购买公共服务涉及政府、公民、社会力量三大主体，而民众作为服务的直接受益者，需要根据服务范围确定、选择社会组织，并作为评价的主体参与服务中来。也就是，完善购买服务的机制必须要有公民参与的设计。二是公平竞争机制。政府购买服务评估是确保公众满意度的重要方式，必须公正、公平、透明。通过公平竞争，能够选取更有资质、信用等级更好的社会组织提供服务，从而提升服务品质，也是获得高质量服务的重要保证。三是信息公开机制。综合利用以媒体为主的多种形式将购买信息公开，建立网络信息公开平台，发布项目招（投）标、项目进展情况、结项和审计信息，汇总各方的评价信息，通报违规处理结果等。同时考虑到资产专用性、可交易程度和交易频率等服务特性，赋予不同社会组织公平竞争机会。通过信息平台，推动社会组织平等进行市场交易，展开合理竞争。一方面推动社会组织提升自身业务水平与供给能力；另一方面有利于防止购买服务中的"指定代理"等权力寻租的腐败问题。

从规模上看，四是投诉处理机制。借助网络技术，建立电话、信访、网络等投诉通道，就政府购买公共服务过程中的各个环节存在的系列问题，建立投诉信息核实机制和反馈机制。考虑到受益方接触网络的便利性，根据实际在不同区域内设立信息查询站；借助社区公告栏（屏）等重要辅助工具，公布购买项目中的重要信息。政府部门可以开放多种形式的投诉通道，比如设置"接待日"等活动，使利益相关者能对政府购买的系列问题提出批评、建议，相关部门要针对问题，及时处理投诉信息，增强回应力。五是加强问责机制。绩效评估和问责体系的根据来源于合同及相关法律法规，明确了政府、社会力量及服务接受者各自的权利、义务，对失责方依法及时地追究责任，将责任纪录存档，确保建立更有保障的问责机制。

从范围上看，六是建立评估数据库。在引入第三方评估机构时，要确保脱离政府权威，具备高素质、独立性、专业性。因此，必须明确第三方评估机构的资质条件、竞争水平。建立以地方或行业为单位的评估数据库系统，不涉密的数据可供社会各行业、各地区通过网络公开查询。运用多种渠道，将项目评估结果、政府绩效评估、社会组织资质评估融为一体。

第 四 章

政府向社会力量购买公共服务评估指标体系构建

随着新公共管理运动的兴起，政府向社会力量购买公共服务已是当今世界各国日益通行的普遍做法。20世纪90年代初，我国政府向社会力量购买公共服务进入初始启动和探索发展阶段。2013年9月，国务院颁布《关于政府向社会力量购买公共服务的指导意见》（国办发〔2013〕96号），标志着我国向社会力量购买公共服务上升为国家行为，标志着我国政府购买公共服务从局部试点阶段转向全面推广阶段、从地方政府的实际工作转向中央政府的宏观职能，政府购买公共服务改革进入全面推广阶段。[1]

在实践探索的过程中，我国政府向社会力量购买公共服务也遇到了不少结构性、专项性的难题。其中，评估作为政府购买公共服务的控制环节和要素，其指标体系构建的科学性、合理性和有效性是保障政策实施的关键，具有重要的行为引导功能，也是建立科学评估的基本工作。近年来，受西方绩效评估指标体系科学方法以及国内政府改革现实发展的影响，学界越来越重视对评估指标体系构建的探索，并取得了一定的成果。但总的来看，目前关于政府向社会力量购买公共服务评估指标体系的建构与实践的成果严重不足，缺乏规范化、科学性，可操作性不强。同时，评估客观存在的挑战，如购买服务标准

---

[1] 王浦劬、〔英〕郝秋笛：《政府向社会力量购买公共服务发展研究——基于中英经验的分析》，北京大学出版社2016年版，第5页。

化、第三方评估成本高、第三方评估力量薄弱、数据不全或获取难、主客观指标平衡等问题都亟须加强此方面的研究。在本研究访谈中提及购买服务评估工作时，其工作人员明确表示：

> 怎么去评估？我们在做项目的时候确实发现这是一个很大的难点，第一是购买公共服务的标准问题，就我们局来说，它的类别比较多，共性指标很难统一。第二就是说政府购买公共服务涉及购买方、提供方和使用方，这三方是分离的，不像我们平时买东西的模式。比方说我去买个杯子，我就会用这个杯子，最后我对这个杯子的好坏我能做评价，因为公共服务的使用方是群众，就是说买的人和用的人是两码事，所以说怎么去评我们也非常纠结。[①]

因此，本研究旨在探讨如何为政府向社会力量购买公共服务构建一套行之有效的评估指标体系，以此来提升社会力量提供公共服务的效率和质量，满足人们日益增长的服务需求，并推进作为公共服务购买者的政府、作为公共服务生产者的社会力量、作为公共服务消费者的公众之间的三元主体互动关系。

第一节 构建目标与思路

一 构建目标

早在2013年，国务院办公厅印发《关于政府向社会力量购买服务的指导意见》（国办发〔2013〕96号）中对绩效管理明确提出建立健全由购买主体、服务对象及第三方组成的综合性评审机制。2018年7月，财政部关于《推进政府购买服务第三方绩效评价工作的指导意见》（财综〔2018〕42号）进一步规范政府购买服务绩效评估工作。而在实际工作中，由于多元主体分离性，购买服务评估要比直接提供

---

① 来自访谈资料（20180814NJMZJ）。

服务评估要困难得多。正如访谈中有工作人员谈到购买养老服务评估时说道：

> 比如说今年花了 8000 万去给社会组织去做养老服务了，那养老服务的成果，你怎么去衡量？就是这个东西不太好衡量的，这个钱是比较明确。这几年，比如说前一年从 1000 万现在涨到 8000 万了，翻了八倍，但成效是不是翻了八倍，这不知道，所以做绩效评估还是蛮有挑战性的。[1]

面对这样的挑战，结合政府购买服务行为相关利益者和评估工作实际需要，本研究对评估指标的建构目标主要是实现购买主体自评和监管结合，承接方积极反馈，服务对象支持和第三方绩效评价专业、公正、可信。

实现购买主体自评和监管相结合。政府在购买服务行为中作为购买方，在评估中占有重要地位。政府虽然不直接使用服务，但却贯穿服务的始终。从购买服务资金预算、投入、使用到相关制度规范的执行、完善以及服务项目影响力等离不开政府行为。一方面政府必须对自身购买投入、制度规范、影响力等方面进行自评，另一方面购买方必须对承接方的资质、组织流程、服务质量等进行监督和管理。因此，政府向社会力量购买公共服务评估指标建构目标要体现购买主体自评和监管相结合。

实现承接主体积极反馈。社会力量在购买行为中作为承接方，是服务的提供者，直接影响服务质量。一方面，在购买服务行为中，社会力量和公众通过服务直接接触，能第一时间感知公众需求和真实想法，也能直接传达政府政策精神，通过指标评估社会力量是否做好上传下达反馈工作，是指标建构的一个重要目标。另一方面，社会力量能成为承接方以及在政府对其监管的过程中，会与政府频繁且直接互动，社会力量对政府购买过程的反馈，如社会力量对购买过程的满意

---

[1] 来自访谈资料（20180814JSZFYJS）。

度也会影响政府购买服务绩效。

实现服务对象积极支持。服务对象是购买服务的直接使用者,对服务感受最具发言权。

> 我个人的感受,最大的应该是放在服务对象的满意程度上,我觉得这是最重要的。我们评价一个服务的好和坏,实际上服务对象是最有发言权的,但是在评价过程中我们往往会忽略这一块的人。①

服务对象不仅能对服务进行评价,而且实际参与服务监督过程。因此,从实现公众支持目标出发,服务对象满意度、服务对象的投诉、公众意见、受众机会等指标都需要重点考虑。

实现第三方绩效评价专业、公正和可信。目前,在政府购买服务绩效评估工作中,通过第三方机构开展绩效评价工作虽已得到明确落实,但实际推动第三方机构评估的进度缓慢,其原因在我们的访谈内容中得到一定程度的澄清。首先,市场上具有专业评估资质的机构的力量比较薄弱。

> 现在所能给我们提供评估服务的组织的力量还是比较弱,因为如果你一个项目真的能做到很完美、很科学地去评估,以项目关键点为核心去跟进的,而且对项目管理等等方面是要有非常专业水平的。②

其次,第三方机构评估成本过高。

> 我们之前在绩效评估的项目发包的时候,有一个做企业项目评估的公司也来了,他们的报价就很高,我们也去问过一些专业

---

① 来自访谈资料(20180815JSBB)。
② 来自访谈资料(20180814NJMZJ)。

第四章 政府向社会力量购买公共服务评估指标体系构建

做评估的组织，给我们报价都非常高，我们现在也拿不出这么多资金。①

最后，政府主导评估结果。

万一出现一种情况，比如说我们处室对这个项目很满意，但是第三方最后的评估结果分数很低，两方结果不一样，该怎么办？这种情况是有可能发生的，最后我们的结果可能还是以处室的结论为主，因为他们的发言权是很强的，毕竟现在政府购买服务，政府还是占主导的位置。②

针对实际，本课题组本身作为第三方，既不存在政府承担费用的压力，也不存在对政府负责的压力，指标构建和实测的准绳就是追求第三方绩效评价专业、公正和可信。

二 构建思路

根据前期文献阅读和访谈调查，本书确定评估指标的建构思路是坚持以问题为导向，通过科学规范的方法，确定具有可操作化的指标体系。

指标建构前提——坚持问题导向。政府向社会力量购买公共服务绩效评估是一项具有挑战性的工作，困难既存在于如何构建一套科学有效的指标体系，又存在于怎样去运用指标进行实测。在实地调研中，工作人员多次指出：

这个成效很难评估，但这种东西从理论上好说，你要量化起来就很难了，但是我说的话，做绩效评估，在国内做绩效评估还是非常难的，很有挑战性。一个我们的数据不全，一个是很难获

---

① 来自访谈资料（20180814NJMZJ）。
② 同上。

得数据。① 购买公共服务的标准问题，就我们局来说，它的类别比较多，共性指标很难统一。②

指标建构过程——实施科学方法。在理论部分，本研究首先通过文献阅读、实地调研、专家咨询等科学方法确立政府购买公共服务的评估维度，为政府向社会力量购买公共服务评估指标体系的构建奠定理论基础，接着运用德尔菲法对评估指标体系做进一步拟定和筛选，再通过层次分析法最终确定指标的权重。在具体实践环节，在共性指标的指导下，结合购买服务事项的特点和长三江地区评估实践，构建个性指标，并通过试点地区的实测进行检验并完善，力图指标建构的每一环节都有理有据。

具体评估指标——实现可操作化。目前，政府向社会力量购买公共服务评估指标主要由主观和客观构成。一方面，国家政策要求评价指标体系要能够客观评价服务提供状况和服务对象、相关群体以及购买主体等方面满意情况，特别是对服务对象满意度指标应当赋予较大权重。另一方面。政府工作人员认为：

> 从操作层面来讲，如果能更大程度地降低或者是削弱主观判断的指标，可能会更科学、更合理一些，因为现在不光是政府，一些社会组织、企事业单位，在从事这种评价过程当中，负面的新闻也好，包括一些投诉，诉讼的一些东西确确实实是比较多，这跟我们的体系设计、我们的理解多多少少有些关系，就说这个分，他可以这么打，其他人也可以这么打，它不是很客观的，它不是你做到哪一步就得多少分。③

因此，本课题组在构建具体指标时必须考虑主客观指标平衡的问题，尤其是在设计满意度指标时，既要考虑各个主体的满意情况，又

---

① 来自访谈资料（20180814JSZFYJS）。
② 同上。
③ 来自访谈资料（20180814NJMZJ）。

要注意主体满意度之间的差异性。

第二节 理论基础与原则

一 理论基础

政府向社会力量购买公共服务评价既受西方行政价值观念的影响，又受中国服务型政府理念的影响，二者共同构成购买服务评估的理论基础。在西方，公共行政独立理论的发展已有一百多年的历史，其间经历从注重效率到公平、政治责任到公共责任、工具理性到价值理性等理念的转变。不同时期，受重视的价值观念可能有所不同，但价值观念之间的关系不是非此即彼。正如美国著名行政学者梅戈特所言，"在不同时期，一种价值可能超过另一种价值，但就每一种价值的合法性而言，它们之间没有拔河赛"。[①] 这些价值观念都会影响购买服务评估点，如经济性指标和政治性指标的构成等。在中国，服务型政府建设的确立和推进，把为人民服务的根本宗旨落实到治理的每一环节，使人们拥有更多的获得感、幸福感、安全感，提升人民群众对政府工作的满意度等都成为政府购买服务评估的重要价值指向。

（一）管理和服务：国外理论基础

当前，政府购买公共服务绩效评估研究深受新公共管理理论、新公共行政学派和新公共服务理论框架的影响。20世纪60年代，传统公共行政在追求私人部门效率和传统官僚组织下的弊端遭到诸多批判和质疑。新公共管理学派和新公共行政学派正是在批判传统公共行政"效率至上"价值取向的基础上，提出富有人文精神的效率观。同时，西方很多国家的政府正面临财政、信任和政治三大危机，人们对于提高公共服务的质量和效率的呼声越来越高，并随着"政府再造运动"的成功兴起和推广，以市场为导向的行政改革在西方世界全面爆发。受此改革浪潮的影响，通过购买，在提供公共服务行为中引入竞争机

---

① 张梦中：《美国公共行政历史渊源与重要价值取向——麦克斯韦尔学院副院长梅戈特博士访谈》，《中国行政管理》2000年第11期。

制成为提高政府效率,改善公共服务质量的重要举措。与之伴随的是检验购买公共服务成效的标尺受到市场化和社会化的影响。新公共管理理论认为,政府应打破公共服务内部生产的桎梏,倡导公共服务供给的市场化和社会化,其检验购买绩效的标尺是服务成本的降低、服务效率的提升与服务质量的改善。① 新公共管理学派也对西方传统政治—行政二分法和官僚制思想指导下的行政效率并不能满足时代和人民的要求进行了指责,并在经济学和企业管理理论思想的影响下,提倡改善公共服务效能。新公共管理学派虽然重视通过竞争、市场化等方式,建立具有"企业家精神的政府",但也重视行政人员的创造力和创新精神,尊重行政人员正当个人需求以及注重公民多样化需求和积极回应公民等方面。因此,新公共管理理论对购买服务绩效的评估并不局限于投入和产出的经济效率,也重视对民众需求的个性化和多样化回应。

建立在对传统公共行政非人性化和客观化的"机械效率"批判基础上,主张社会公平的新公共行政学派,并不排斥经济和效率的价值。正如新公共行政学派的重要代表人物之一罗伯特·达尔所言:"公平固然重要,但是效率亦不可或缺,因为缺乏效率将会导致资源的浪费,人民生活更加贫困,进而会致使社会公平更加难以实现。"② 新公共行政学派的另一重要代表人物沃尔多称这种效率为"社会性效率"。社会性效率即是指"以社会价值观念为目标,规范地予以衡量的效率。也就是说,效率必须与公共利益、个人价值、平等自由等价值目标结合起来才有意义。"③ 在此价值导引下,对政府购买服务绩效评估的效率内涵得到很大的拓展,既包括经济效率,又隐含政治考量。

---

① [美] E. S. 萨瓦斯:《民营化与公私部门的伙伴关系》,周志忍译,中国人民大学出版社2002年版。
② 丁煌:《寻求公平与效率的协调与统一——评现代西方新公共行政学的价值追求》,《中国行政管理》1998年第12期。
③ 同上。

第四章 政府向社会力量购买公共服务评估指标体系构建

"公共性"是公共行政区别于私人管理的根本属性,也是西方行政学发展的重要价值走向。[①] 公共利益作为"公共性"在价值观上的主要体现,是政府存在的主要理由之一。登哈特[②]在《新公共服务:服务,而不是掌舵》一书中指出,关于公共利益是什么并没有达成共识,但基于规范模式、废止论、政治过程理论、共同的利益四个模式的探讨以及在拒斥老公共行政和新公共管理中的公共利益观的基础上,指出新公共服务理念下的公共利益是公众的共同利益,而不是个体利益或自我利益的加总。基于公共利益的目标追求,政府不仅需要履行好一般管理的职能,更重要的是作为公众的代表,必须对公众负责。新公共服务理论是对新公共管理范式的反思,尤其是在管理主义和工具主义方面进行了理论与实践的回应,更强调政府在公共服务市场化过程中要回归公民权利、增进公共利益、强调政府责任。

但在新公共服务理论看来,公共服务中的责任问题很复杂,承认责任并不简单。登哈特认为,基于对公共行政官员为了什么负责,对谁负责和实现责任的手段三个问题的思考,确保对公共利益的维护和政府工作的正确实施,公共行政人员具有多元化的公共责任是基本保证。[③] 公共责任是一种多元责任观,意味着公共行政人员必须具有专业责任、法律责任、政治责任和民主责任。

在理论上看,民选政府掌握公共资源,公民并不能直接参与对资源进行支配等活动,主要是通过间接方式参与政府的行为。意味着公共行政人员既要对所在机构及其价值负责,对公共资源的利用效率负责,又要对宪法、政治规范、公民利益、社区价值观等负责,因为这些都会影响公共利益的实现。但公共利益并不是个人自我利益的简单相加,共同利益是基于对话而达成的。因此,公务员的责任不仅是通过公共服务满足公民的需求,而且需要构建服务行为搭建政府与公民之间信任合作的桥梁,培养负责任的公民也是政府的重要责任之一。

---

① 丁煌、张雅勤:《公共性:西方行政学发展的重要价值趋向》,《学海》2007年第4期。
② [美]珍妮特·V. 登哈特、罗伯特·B. 登哈特:《新公共服务:服务,而不是掌舵》,丁煌译,中国人民大学出版社2010年版,第48—60页。
③ 同上书,第98页。

在现实层面上，公民角色的多样化也决定公共责任的履行不可能像对"顾客"负责那样简单。这就意味着政府或公共行政人员需要超越短期利益的事务，而是要基于公民角色的社区或更大范围的长远利益承担责任。总之，新公共服务理论鼓励政府及公共行政人员对"每一个公民"负责，坚持法律、道德正义以及责任。

受以上理论观点的影响，学者们借鉴并遵循政府绩效评估与公共服务绩效评估的多元价值取向，在"3E"（"经济""效率""效果"）和"4E"（在"3E"的基础上增加"公平"）的理论背景下，将政府购买公共服务评估指标体系的价值维度逐渐扩展。库珀认为，政府购买公共服务绝对不是一项单纯的交易行为，竞争、效率并不是对其衡量的唯一标准，回应性、效率、经济性、有效性、平等、责任等都是管制政府购买公共合同的重要标准。[1]

（二）为民服务：国内服务型政府理念

与西方行政改革中强调效率、责任、公共利益等价值观相呼应的是中国服务型政府建设目标提出和实践创新。随着统治型、管理型行政模式的弊端不断出现，"服务型政府"很快便实现从学术界热议的话题到各级政府构建的目标。服务型政府具体来说，就是要以服务人民、服务市场为己任，真正体现全心全意为人民服务的宗旨，做到权为民所用、情为民所系、利为民所谋。温家宝在十届全国人大二次会议期间，听取陕西代表团意见时的讲话中强调我们要把政府办成一个服务型的政府，要为市场服务，要为社会服务，但最终是为人民服务。从服务型政府概念以及目标来看，为民服务无疑是服务型政府理念下政府职能调整的方向。

随着建设服务型政府重大战略任务的提出，作为政府基本职能的公共服务首先引起学术界的热议，尤其是对公共服务价值进行解读和界定。有学者基于人的群体意识，强调对公共事业负责任及努力的精神。还有学者以公众的幸福感为出发点和归宿点，突出公共服务的价

---

[1] Graeme A. Hodge, *Privatization: An International-Review of Performance*, Oxford: Westview Press, 2000.

值导向。大多数学者总结了公共服务价值的具体内容。其中包括坚定的理想信念、全心全意为人民服务、公私分明的党性意识和"为官有为"的担当精神；以人为本、公仆意识、公平公正、责任等，坚定的共产主义信念、全心全意为人民服务的根本宗旨、公平公正的履职要求和责任意识、勇于创新、敢于担当的实践精神；从意识出发，公共服务价值包括公共意识、平等意识、合作意识、责任意识、奉献意识和利民意识。尽管在对公共服务价值具体内容概括上有所差别，但在全心全意为人民服务根本宗旨指导下，引领政府向公众提供服务的实践探索和创新。

服务型政府建设目标的提出，为民服务的宗旨不仅得到形式上的体现，实质上也得到重视和落实。通过购买方式为公众提供质量好、多样化的服务体现在服务型政府目标建构过程中，主要表现为政府职能的转变、社会力量的培育、公众参与等。在此理念下，鼓励社会组织与个人参与社会治理；更多地关注公众利益的服务事业；积极回应民众的需求；公平为主，兼顾效率的行政原则；德治为主，法治德治并用的服务行政基础。党的十九大报告中，习总书记明确提出"建设人民满意的服务型政府"。这些理念和特征进一步影响政府购买服务行为的实践和相关评估工作。不管是政府文件对购买服务绩效评估的要求，还是从学者对政府购买服务绩效评估指标体系建构的理论探索来看，服务对象满意度受到高度重视（吉鹏等，2013；王春婷，2013；王生交，2015；崔英楠等，2017）。公平公正、社会影响等呼声越来越普遍化，在绩效评估中也得到明确落实。

二 建构原则

结合以上理论分析和访谈成果，政府向社会力量购买公共服务绩效评估指标建构应遵循以下原则。

首先，普适性—个性化相协调。政府向社会力量购买公共服务绩效评估首先应该具有普适性，也就是共性指标。共性指标主要是对所有项目具有指导意义，更多是为管理部门考虑，如绩效处或采购处。因为项目本身之间的差异性，普适性主要体现在评估维度（一级指标或二级指标）上具有推广性。当然，购买服务项目本身的差异性绝对不可通过建构一套指标体系解决政府向社会力量购买服务绩效评估的所有问题，因此个性化的指标也是需要考虑的。在调研时，被访谈人谈及评估指标建构问题时，明确表示：

> 因为假如我是体育局的，我的职能是提供公共体育，我的购买事项肯定和城管局不一样，城管局主要是道路保洁，或者一些市政设施的维护，对不对？那肯定是两回事。所以针对购买的产品，绩效评价，评价指标、标准的衡量、分值的设置肯定不一样。①

对此，被访谈人还给出了很好的建议。有些指标可以重叠，有一些普遍适用的东西，当然也要结合各个部门职能购买产品的不同的个性化指标，不可能千篇一律。②

在此建议的基础上，本研究指标体系基于普适性和个性化相协调的构建原则，通过构建一套共性指标来确定评估的七个维度，再通过七个维度和具体购买产品的特点以及承接者的差异，构建一套个性化的指标，并通过具体的实测，展示操作的流程和分析过程，以此为相关研究者和实践者提供思路。

其次，过程性—结果性相衔接。目前，政府向社会力量购买公共服务绩效评估主要由政府中期评估和终期结项评估构成，最终还是以结果为导向的。事实上，过程监管也是购买评估的重要原则。

> 监管的事情，不是政府购买完了，我把合同一签，如果只是这样，最后到年底或者到什么时候再去监管的时候，可能就来不及了。这钱该花的花掉了，有没有过程的，就是要过程监管。③

---

① 来自访谈资料（20180820NJCZJ-CGC）。
② 同上。
③ 来自访谈资料（20180814JSZFYJS）。

因此，在建构政府向社会力量购买公共服务评估指标时必须体现对服务过程的考量，也建议通过不定期抽查的方式实现过程监管。

最后，经济性—政治性相融合。不管是在学术研究中，还是在政府实践工作中，政府向社会力量购买公共服务绩效评估指标建构前期主要以经济效率为主，注重政府的投入和产出，后期更加注重公平和公众满意度；前期主要以政府单一的绩效考核为主，后期开始重视社会力量的发挥和公众责任的履行。这些转变实质上都表明政府向社会力量购买公共服务评估不能只看经济效益，政治性目标也必须得到体现。同时，购买不同项目对经济性和政治性的考量也会有所不同。

> 根据项目的不同，如有些社保项目，更多地评估它的社会效益，而一些产业化项目就更多地关注它的经济效益。所以，侧重点不一样，指标体系的构建当然也不一样。①

在此基础上，本研究将政府向社会力量购买公共服务的评估维度确立为经济性维度和政治性维度两个层面，这两者都涉及政府购买公共服务的基本价值层。

政府购买公共服务是一种新型的政府治理工具，即为公共部门充分调动社会和市场活力，基于公众的广泛需求，创造共有形式的利益最大化，有效配置社会资源，促进社会健康稳定发展。② 在公共治理领域运用市场手段来提供公共服务，就要遵循市场经济的法则，所以在评估政府购买公共服务时，就必然要强调其经济性指标，例如成本控制、资金使用效率等。在市场交易中，政府的资金在公共服务领域的投入、产出情况是评估环节的关键指标。

此外，由于政府采用购买的形式提供公共服务，公共资金使用后所呈现的效果如何，所提供的公共服务内容是否能够与公众需求相契

---

① 来自访谈资料（20180820NJCZJ-JXC）。
② 周定财、杨浩：《公共利益视角下政府购买公共服务的公共性研究》，《内蒙古社会科学》（汉文版）2017 年第 1 期。

政府向社会力量购买公共服务：评估指标构建及应用研究

合，都成为社会广泛关注的焦点。目前，在新公共管理运动的实践中普遍公认的"3E"评估要素，即经济、效率、效果，是公共服务绩效评估的主要思路。借鉴此标准，本研究将"3E"模型列入政府购买公共服务评估的经济性维度，重点考察购买公共服务的数量，投入产出比，服务质量，承接能力，以及公众满意度等。

在研究构建政府购买公共服务的评估指标时，不少学者对公共服务的绩效评估较为偏重，即更多地考虑上述有效性维度的相关指标，往往将对政府购买社会服务的绩效评估等同于对社会服务的绩效评估，故而只采纳了经济类指标，而忽视了政治类指标。① 与一般的采购活动不同，政府向社会力量购买公共服务是一项现代政府治理方式的重要创新，它的政治性不容忽视，因此，政府购买公共服务必然要秉持现代性的政治核心价值，如公平公正、公共价值、公民参与等。

不过，在政府向社会力量购买公共服务的实践过程中，要落实体现这些政治性维度的核心价值是十分困难的，更是值得考量的。政府通过购买将公共服务的生产职能让渡或是委托给了社会力量，而社会力量也分享了一部分公共权力，对公共财产资源拥有了一定的使用权。这种方式很容易造成责任界限的不明晰，带来双方的利益分歧，由此会产生一系列公共管理和政府责任问题，这些问题会直接影响到社会公众的公共利益。立足于此，我们所探讨的政府购买公共服务的目的，不仅仅在于通过市场顺利完成一笔成本收益令人满意、性价比较高的交易，而是要在兼顾经济高效率的同时，重点考虑政治的合法性和正当性，从制度规范、公正性和影响力等要素着手构建具体指标。

因此，根据两个评估维度和三个相关利益主体，构成以下七个具体评估维度（见表4-1）。

---

① G. Hodge, *Privatization: An International Review of Performance*, Boulder, CO: Westview Press, 2000, p. 67.

第四章 政府向社会力量购买公共服务评估指标体系构建

表4-1 评估维度

评估对象 评估维度	购买者	生产者	消费者
经济性维度	购买投入	服务质量	满意度
政治性维度	制度规范/公正性	承接能力	影响力

第三节 构建方法与设计

一 评估指标的初步拟定

以政府向社会力量购买公共服务评估的建构目标、思路、理论、原则，结合对政府相关部门工作情况预调研的情况，尤其是汲取已有的政府绩效评估、公共服务绩效评估和政府购买绩效评估三大主题指标体系的经验，初步拟定本书的具体指标。这里主要是对相关主题指标体系和评估指标的调研情况进行介绍。

（一）相关主题指标体系构建经验

通过前期的文献综述，根据期刊的权威来源（CSSCI 来源期刊和北大中文哲学社会科学核心期刊要目），以提出构建维度或具体指标为标准，从中选取有关政府绩效评估指标资料11篇，公共服务绩效评估指标资料9篇和政府购买服务绩效评估指标资料14篇（见表4-2）。

表4-2 相关主题指标文献资料

类别	序号	年份	学者	题目
有关政府绩效评估指标资料	1	2013	李晓壮	政府社会建设绩效评估指标体系的构建与应用
	2	2013	李军	以幸福指数为导向的地方政府绩效评估指标体系分析
	3	2014	张欢、胡静	社会治理绩效评估的公众主观指标体系探讨
	4	2014	唐天伟等	地方政府治理现代化的内涵、特征及其测度指标体系
	5	2015	齐心	政府社会建设绩效评估指标体系研究

续表

类别	序号	年份	学者	题目
有关政府绩效评估指标资料	6	2016	卢扬帆	法治政府绩效评价内容及指标设计
	7	2016	郑方辉、何志强	法治政府绩效评价：满意度测量及其实证研究——以2014年度广东省为例
	8	2016	郑方辉、邱佛梅	法治政府绩效评价：目标定位与指标体系
	9	2017	杨婷、沈杰	我国地方政府绩效考核评估体系研究
	10	2018	李乐等	试论公共责任视域下以公民为本的绩效评估指标体系的构建——英国的经验与启示
	11	2018	张电电等	地方政府职能转变绩效：概念界定、维度设计与实证测评
有关公共服务绩效评估指标资料	1	2010	苏海军、姚岚	公共卫生服务体系绩效评价指标框架研究
	2	2011	方雪琴	广播电视公共服务绩效评估体系的构建
	3	2011	江易华	县级政府基本公共服务绩效指标：设计与筛选
	4	2012	姜智彬	媒体服务绩效评估指标体系研究——基于层次分析法的报纸绩效评估体系建构
	5	2014	陈振明、樊晓娇	科技公共服务评价指标体系的构建
	6	2015	张再生、徐爱好	医疗保险制度评价指标体系构建及其应用研究——以天津市城乡居民医疗保险制度为例
	7	2015	彭锻炼	地方政府社会保险服务绩效评价指标体系构建与绩效测度
	8	2016	陆小成	城市公共服务绩效评价指标体系研究——以北京为实证分析
	9	2016	王晓东等	公共服务绩效评价体系构建与应用研究——以河北省为例
有关政府购买公共服务绩效评估指标资料	1	2010	魏中龙等	政府购买服务效率评价研究
	2	2012	包国宪、刘红芹	政府购买居家养老服务的绩效评价研究
	3	2013	吉鹏、李放	政府购买居家养老服务的绩效评价：实践探索与指标体系建构
	4	2013	王春婷等	政府购买公共服务绩效结构模型建构与实证检测——基于深圳市与南京市的问卷调查与分析

第四章 政府向社会力量购买公共服务评估指标体系构建

续表

类别	序号	年份	学者	题目
有关政府购买公共服务绩效评估指标资料	5	2015	赵振宇等	政府购买社会组织公共服务绩效评价及支撑体系研究
	6	2015	崔军	政府购买服务绩效评价研究
	7	2015	孙浩	社会组织承接公共服务的效能评价及其提升研究——以湖北省12个乡镇计生服务中心为例
	8	2015	王生交	政府购买会计审计服务的绩效评价研究
	9	2015	徐家良、许源	合法性理论下政府购买社会组织服务的绩效评估研究
	10	2015	张学研、楚继军	政府购买公共体育服务绩效评估指标体系的研究
	11	2015	叶托、胡税根	政府购买社会服务的绩效评估指标体系研究——基于德尔菲法和层次分析法的应用
	12	2017	宁靓、赵立波	公众参与政府购买公共服务绩效评估指标体系研究
	13	2017	崔英楠、王柏荣	政府购买社会组织服务绩效考核研究
	14	2017	吴卅	政府购买公共体育服务绩效评估现状——基于上海市和常州市经验

在相关主题评估指标建构研究和实践中，有些指标体系在评估分析框架上给予本研究极大的启发性。如徐家良、许源在《合法性理论下政府购买社会组织服务的绩效评估研究》一文基于"合法性—有效性"分析框架，意图平衡政府购买服务绩效评估的价值性和工具性。姜智彬在《媒体服务绩效评估指标体系研究——基于层次分析法的报纸绩效评估体系建构》中从政治、经济和公共三个方面分析绩效之间的协调和协同。李乐等在《试论公共责任视域下以公民为本的绩效评估指标体系的构建——英国的经验与启示》一文中以公共责任理论为基础，提出以效率价值和公共价值的评价指标维度。结合目前绩效评估多元价值取向趋势，本文首先确定兼顾经济性价值取向和政治性价值取向作为评估指标的建构目标，综合考虑政府向社会力量购买公共服务的评估效果。

政府向社会力量购买公共服务：评估指标构建及应用研究

在评估维度层面上，本研究首先汲取"投入—产出—结果"的评估思路。如苏海军、姚岚在《公共卫生服务体系绩效评价指标框架研究》中构建投入、产出和结果3个一级指标。彭锻炼在《地方政府社会保险服务绩效评价指标体系构建与绩效测度》中也构建了投入、产出、效果3个一级指标。张学研、楚继军在《政府购买公共体育服务绩效评估指标体系的研究》中构建了投入、过程、产出、结果4个一级指标。崔英楠、王柏荣在《政府购买社会组织服务绩效考核研究》中构建了从投入、产出和结果三个方面进行评估的指标体系。还有多篇文章在构建一级指标时都会提出投入、产出、成效、品质、成本等指标，这对本课题评估经济性影响下的指标维度具有很好的启发意义。本研究初步拟定的购买投入、服务质量这两个评估维度正是汲取了"投入—产出—结果"的评估思路。

其次，本研究还遵循"制度先行"的研究传统，构建制度规范作为一个评估维度。郑方辉、邱佛梅在《法治政府绩效评价：目标定位与指标体系》中把制度建设作为其中的一个一级指标。崔军在《政府购买服务绩效评价研究》中构建了政府管理机制这一评估维度，重点考察政府有关管理、监督、预算等机制设置情况。本研究认为这一指标对政府向社会力量购买公共服务整个程序运行和政策落实具有重要意义。

然后，承接能力是比较容易忽视却很重要的一个评估维度，尤其是在政府购买公共服务评估中。社会力量作为生产方，是服务的直接提供者，其承接能力直接影响服务效果，在文献资料中也有部分学者有此认识。孙浩在《社会组织承接公共服务的效能评价及其提升研究——以湖北省12个乡镇计生服务中心为例》一文中构建并验证了组织能力作为其中一个要素对公共服务效能的影响。[①] 在实地调研中，政府对承接能力的重视远远超过学术研究，在后面还会具体介绍。

最后，本研究还受到多维价值判断的指引，在考虑经济性指标的

---

① 孙浩：《社会组织承接公共服务的效能评价及其提升研究——以湖北省12个乡镇计生服务中心为例》，中国社会组织公共服务平台，http://www.chinanpo.gov.cn/700104/92487/newswjindex.html。

同时，注重对政治性目标的考量，因此在指标维度中还增加了公正性、满意度和影响力这三个评估维度。满意度指标几乎是在所有的指标体系中都有所体现，甚至有些评估直接以满意度为评估视角。吉鹏、李放在《政府购买居家养老服务的绩效评价：实践探索与指标体系建构》中专门构建满意度评价指标体系，对服务的期望、顾客感知服务质量、顾客抱怨和顾客信任度4个因子进行测评。有些学者把满意度放到产出的评估维度下。宁靓、赵立波在《公众参与政府购买公共服务绩效评估指标体系研究》中把公众作为一级影响因素，把公众的参与能力、意愿都考虑进去。公正性指标在评估体系中也越来越受到重视，张欢、胡静在《社会治理绩效评估的公众主观指标体系探讨》中引入社会治理的公平感。李乐等在《试论公共责任视域下以公民为本的绩效评估指标体系的构建——英国的经验与启示》中提出公共价值的评价指标维度。王春婷等在《政府购买公共服务绩效结构模型建构与实证检测——基于深圳市与南京市的问卷调查与分析》中假设并验证政府购买公共服务绩效评估四个指标中存在社会公正度这一维度。影响力评估维度主要是受崔军等[1]《政府购买服务绩效评价研究》一文的影响，该文认为政府购买服务的重要意义还在于产生了一系列深远的社会影响，需要在绩效评价体系中将这种效益性体现出来。本研究非常认可该观点，因此在构建指标时提出由政府职能转变、社会组织培育、事业单位改革和购买服务推广价值等指标构成影响力的评估指标。

（二）实地调研资料对指标体系构建的经验

要形成科学的指标体系，还需要进行调研。本研究在进行调研之前，通过详细的文献阅读和集中讨论，形成政府相关人员的访谈提纲。在调研过程中，课题组根据实际情况对访谈内容进行调整或修正，并对访谈内容进行整理，尤其是对评估指标的看法和建议，对其整理主要形成以下评估点。

---

[1] 崔军等：《政府购买服务绩效评价研究》，中国社会组织公共服务平台，http://www.chinanpo.gov.cn/700104/92493/index.html，2015年12月28日。

政府向社会力量购买公共服务：评估指标构建及应用研究

服务质量——我们更加需要考核的就是购买服务的质量。①公平性——现在购买后是不是公平性更高了？② 公益性——政府向社会力量购买公共服务有一部分是带有公益性的，不是单纯为了挣钱，所以我建议指标体系中是不是可以纳入一些公益性的指标。③ 满意度——我个人的感受，最大的应该是放在服务对象的满意程度上，我觉得这是最重要的。④ 社会效益——还有持续性影响，就是说给你这个钱，你不能说一年用完，后期就不管了。⑤ 效率——还有一个效率，效率体现在时间上更有效率了。以前做一件事情，政府说不定花半年，现在给社会组织做，说不准一个月三个月就做完了，这叫效率。⑥ 承接能力——还有这个社会组织，他承接了这个任务以后，有没有实打实地做，还是仅仅是把项目拿了，最后他自己也没有去做这些事。⑦

可以看出，调研结果与学术研究成果具有很好的吻合度，这些评估点都对本研究构建评估指标具有重要的参考价值。实际上，本研究正是在学术文献和访谈资料的基础上，构建基于经济性和政治性视角下的7个评估维度，再综合对所有指标进行归纳分析，结合聚类分析方法，初步拟定49个具体评估指标（见表4-4）。

具体指标形成主要是通过以下步骤形成的。首先，通过学者对政府购买服务绩效评估指标体系、公共服务绩效评估指标体系以及政府购买服务绩效评估指标体系进行汇总整理。其次，将文献中涉及的三级（终极）指标作为训练集，在python中进行文本聚类分析，通过逆向思维方式，对聚类结果进行归纳总结，以形成全面而科学的指标体系。

---

① 来自访谈资料（20180815JSBB）。
② 来自访谈资料（20180814JSZFYJS）。
③ 来自访谈资料（20180814NJMZJ）。
④ 来自访谈资料（20180815JSBB）。
⑤ 来自访谈资料（20180820NJCZJ-JXC）。
⑥ 来自访谈资料（20180814JSZFYJS）。
⑦ 同上。

指标的测量方法不同。从具体评估指标数据收集的便利性和可操作性出发，本指标体系力求客观、量化，但具体测量方式多样化。有些指标是可以直接用客观数据来衡量，比如地方政府购买服务支出、政府网站购买信息条数等；有些指标是通过"二分法"量化方法，即是与否的衡量方式，如政府是否出台购买政策法规、社会力量财务制度是否健全等；另一些需要主观态度来衡量，如满意度、知情度等。考虑到本指标实际应用的需要，明确每个指标的测量方式是非常重要的。

二 评估指标的首轮筛选

根据初步拟定的指标体系，课题组设计了《"政府向社会力量购买公共服务评估指标体系"专家咨询问卷》，通过收集专家对每一个具体评估指标的态度，来筛选出重要性比较高的指标。

在专家来源方面，课题组选取了15位从事政府购买服务的工作人员、15位承接政府公共服务的社会力量工作人员和15位从事相关研究的高校学者。从以上三个领域来收集专家意见，是鉴于理论认识和实践经验对本指标设计的重要性。政府作为公共服务购买方和社会力量作为承接方，能结合工作经验对评估指标的指向性、贴合度等方面提供很好的意见；学者对相关问题的长期学理探究，更能在理论框架、指标逻辑等方面提供专业意见。根据这一设计，课题组通过直接提供纸质和发送电子版咨询问卷的方式，共发出45份问卷。回收41份，有效回收率达到91.11%。

表4-3　　　　修正版德尔菲法咨询专家基本情况一览

工作（学科）领域	人数	职务/职称	教育程度
学者	14	讲师5人，副教授2人，教授7人	本科1人，硕士1人，博士12人
政府工作人员	15	科员4人，科级6人，处级3人	本科以下1人，本科2人，硕士8人，博士4人
社会力量工作人员	12	科级1人	本科以下3人，本科6人，硕士3人

在问卷设计方面，主要请专家对具体指标的重要性进行评价，在重要性程度上，分别有"很不重要""不重要""一般""重要""很重要"五个等级。后期采用李克特五点计分的方法，分别用1分、2分、3分、4分和5分来表示上面的五个等级。在第一轮筛选的过程中，指标筛选的标准主要考虑均值和标准差，均值从总体上反映指标的重要程度，标准差是反映专家意见的一致性和稳定性。鉴于此，课题组决定把临界值定于"一般"与"重要"之间的3.75分（从四分位数考虑，选取均值从小到大排列后第75%的数字是比较合理的）以及标准差大于1的指标作为指标筛选的标准，即在第一轮指标筛选的过程中，只要满足其中的一个条件就考虑剔除。

通过对回收问卷的数据进行统计分析（见表4-4），在49个初始指标中，有9个指标平均得分没有达到3.75分或标准差大于1，包括"地方政府财政总支出"（4.0769，1.01007）、"地方政府负责购买的工作人员数"（3.6250，1.12518）、"持有社会工作者国家职业资格证书或社会工作者职业水平证书的工作人员数"（3.6341，1.29916）、"三年及以上工作经验的人员数"（3.7073，1.10100）、"政府是否设置购买服务组织机构"（3.6923，1.12750）、"政府网站购买信息条数"（3.7073，1.10100）、"行政就业人员占总人口的比重"（3.1667，1.15882）、"社会组织数量占全社会法人组织比例"（3.5854，0.86532）、"事业单位作为承接主体承接的服务数量"（3.6829，0.81973）。同时，把3.75作为临界值，把标准差大于1的所有指标都囊括了，进一步表明，这样的筛选标准是合理的。因此，通过首轮的筛选，保留了40个指标，作为首轮筛选的待定结果。

表4-4　　　　　　　首轮指标的筛选结果

评估维度	序号	评估指标	均值	标准差
购买投入	1	地方政府购买服务支出	4.4146	0.89375
	2	地方政府公共服务总支出	4.3415	0.79403
	3	地方政府财政总支出	4.0769	1.01007

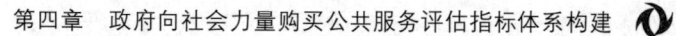

第四章 政府向社会力量购买公共服务评估指标体系构建

续表

评估维度	序号	评估指标	均值	标准差
购买投入	4	政府购买服务支出年增长率	4.2683	0.80698
	5	地方政府购买预算金额数	4.3902	0.58643
	6	购买服务资金是否列入专项财政计划	4.3415	0.85469
	7	地方政府负责购买的工作人员数	3.6250	1.12518
	8	持有社会工作者国家职业资格证书或社会工作者职业水平证书的工作人员数	3.6341	1.29916
	9	三年及以上工作经验的人员数	3.7073	1.10100
制度规范	10	政府是否设置购买服务组织机构	3.6923	1.12750
	11	政府是否出台购买服务政策法规	4.5854	0.54661
	12	政府是否建构购买服务绩效评估指标	4.4878	0.59674
	13	政府网站购买信息条数	3.7073	1.10100
	14	政府是否设置监督机制	4.5610	0.63438
	15	政府是否建立问责制度	4.3659	0.62274
承接能力	16	可承接政府购买公共服务项目的机构数量	4.0244	0.93509
	17	全社会法人组织数量	3.7561	0.83007
	18	合同是否按期完成	4.3659	0.73335
	19	服务流程是否标准	4.3171	0.68699
	20	社会力量组织是否规范	4.3659	0.66167
	21	社会力量财务制度是否健全	4.4634	0.67445
服务质量	22	地方政府购买服务数量	3.9250	0.76418
	23	实际受益人群数量	4.3415	0.65612
	24	举报投诉数量	4.1463	0.76030
	25	处理举报投诉数量	4.0244	0.79018
	26	服务的投入产出比	4.3000	0.82275
	27	服务项目考核结果	4.5000	0.68773
满意度	28	使用者对服务质量的满意度	4.6341	0.58121
	29	使用者对社会力量的认可度	4.6341	0.53647
	30	使用者对政府购买公共服务的满意度	4.5854	0.63149
	31	社会力量对购买过程的满意度	4.3902	0.73750
	32	政府满意度	4.5366	0.59572

续表

评估维度	序号	评估指标	均值	标准差
公正性	33	公众知情度	4.3659	0.69843
	34	公众支持度	4.3415	0.72835
	35	受众机会是否均等	4.3659	0.69843
	36	是否广泛征集和参考公众意见	4.2683	0.74244
	37	购买程序是否公平	4.6829	0.52149
	38	购买活动是否有专业评估	4.4146	0.63149
	39	服务提供是否体现公益性	4.3902	0.86250
影响力	40	行政就业人员占总人口的比重	3.1667	1.15882
	41	政府行政成本与预算支出之比	3.8500	0.76962
	42	社会组织数量增长率	3.7561	0.76748
	43	非官办社会组织的增长率	3.8537	0.79250
	44	社会组织数量占全社会法人组织比例	3.5854	0.86532
	45	事业单位作为承接主体承接的服务数量	3.6829	0.81973
	46	政府是否与公众进行民意互动	4.0488	0.77302
	47	政府与公众民意互动渠道（数量）	4.0000	0.80623
	48	服务模式是否有示范作用	4.1707	0.66717
	49	服务模式是否有推广价值	4.2683	0.67173

为了确保问卷结果的可靠性或稳定性，本研究对问卷结果进行了信度检验。一般而言，如果问卷信度系数达到 0.9 以上，该测量或量表的信度很好；信度系数在 0.8 以上，是可以接受的；如果在 0.7 以上，则应该对此测量工具进行修订，但不失其价值；如果低于 0.7，则此问卷结果很不可信，需要重新设计。[①] 本书运用 SPSS21.0 软件分别检验了本次问卷的内在信度克隆巴赫系数（Cronbach's Alpha）和分半信度。统计分析结果表明，总体的克隆巴赫系数为 0.955，七个维

---

① 李昕、张明明：《SPSS22.0 统计分析从入门到精通》，电子工业出版社 2015 年版，第 336 页。

度的克隆巴赫系数也均超过了 0.7（见表 4-5）；问卷的分半信度系数为 0.865，将该系数代入斯皮尔曼-布朗（Spearman-Brown）公式：$r_{kk} = 2r_{xx}/1 + r_{xx}$（公式中 r_{xx} 为分半信度系数；r_{kk} 为整个问卷的信度估计值），可以计算出问卷的总信度系数为 0.93。由此可见，通过两种方法得到问卷的信度系数均大于 0.9，表明此次问卷的内部一致性很好，问卷具有稳定性和可靠性。

表4-5　　　　　　　Cronbach's Alpha 内部一致性信度

	购买投入	制度规范	承接能力	服务质量	满意度	公正性	影响力
a	0.844	0.733	0.731	0.768	0.848	0.819	0.875

本研究还对问卷结果进行了效度检验。该问卷是经过课题组深入的文献梳理和专业调研为基础的，并得到相关学者和从事政府购买公共服务工作人员的认可，内容效度可以得到保障。

三　评估指标的最终确定

针对首轮指标的筛选结果，课题组又多次咨询专家意见和进行小组讨论，对保留下来的 39 个指标进行了仔细的斟酌。首先，对指标的评估维度进行重新调整。按照制度先行，遵循政府向社会力量购买公共服务过程的思路，最终确定了从制度规范到购买投入到承接能力、公正性到服务质量、满意度和影响力的整个评估维度的设计。其中承接能力、公正性主要从过程来考核；服务质量和满意度是对产出的思考；影响力是从购买所产生的长期效益出发。

其次，对具体评估指标进行调整。主要表现在三个方面：一是对可以合并的指标进行合并，如"地方政府购买服务支持"与"地方政府公共服务总支出"合并成"政府购买公共服务支出占同类公共服务总支出比例"，"举报投诉数量"与"处理举报投诉数量"合并为"年均服务投诉数"，"服务模式是否有示范价值"与"服务模式是否有推广价值"合并为"政府购买公共服务是否有推广价值"等。合并是为了精简指标，也是出于指标可比性的考虑。二是对有些指标的归属评估维度进行了调整,如原制度规范下的"政府网站购买信息条数"调整到公正性下的"政府购买公共服务信息是否公开"等。三是对一些指标的具体表述进行了详细的修改,如"地方政府购买预算金额数"改为"政府购买公共服务预算资金占实际购买资金比例"等。

最后,增加了一些评估指标。如增加了承接能力下的"社会力量资金来源是否多元"和"社会力量能否把握政策精神"等。增加的指标是对前期文献阅读和思考的查漏补缺,对指标的全面性进行了完善。最终确定由7个评估维度和33个具体评估指标构成的政府向社会力量购买公共服务评估指标体系,具体见表4-6。以上对指标的调整是在听取专业学者和实际工作部门人员的意见以及多次小组讨论的基础上不断进行完善的结果,再把最终确定的指标体系送至学者审阅,得到一致认可。

四 评估指标权重的确定

本指标权重的分配主要是通过建立层级结构模型,然后通过层次分析法(AHP),并运用相关软件确认指标的权重。AHP是美国运筹学家、匹斯堡大学教授马斯·塞蒂提出的一种处理复杂的评价(决策)问题,进行方案比较排序的方法。是一种典型的定性和定量相结合的评价分析方法,是系统化、层次化的分析方法。① 它通过每层指标再进行两两比较的方法获得每个指标的相对重要性,现有yaahp软件可实现对指标进行建模,生成判断矩阵,导入专家数据,进行结果计算,yaahp软件为本指标的权重确定带来了极大的方便。

(一)政府购买公共服务评估模型

进行层次分析法之前,必须构建一个层次结构模型。在本模型中,第一层为目标层,即确定政府向社会力量购买公共服务指标的权重;第二层是准则层,主要包括制度规范、购买投入、承接能力、公正性、服务质量、满意度和影响力7个维度;第三层是要素层,即各

---

① 范柏乃、段忠贤:《政府绩效评估》,中国人民大学出版社2012年版,第232页。

第四章 政府向社会力量购买公共服务评估指标体系构建

表4-6 政府向社会力量购买公共服务评估指标体系

编号	评估维度	编号	评估指标	编号	评估维度	编号	评估指标
A_1	制度规范	B_1	政府是否出台购买公共服务政策法规	A_4	公正性	B_{17}	受众机会是否均等
		B_2	政府购买公共服务是否有第三方绩效评价制度			B_{18}	是否广泛征集公众意见
		B_3	政府与公众是否有制度化的互动渠道			B_{19}	是否参考公众意见
		B_4	政府是否设置监督机制			B_{20}	政府购买公共服务信息是否公开
		B_5	政府是否建立问责制度			B_{21}	购买程序是否公平公正
A_2	购买投入	B_6	政府购买公共服务支出占同类公共服务总支出比例			B_{22}	服务项目是否体现公益性
		B_7	政府购买公共服务支出年增长率	A_5	服务质量	B_{23}	服务覆盖率
		B_8	政府购买公共服务预算资金占实际购买资金比例			B_{24}	合同是否按期完成
		B_9	政府购买公共服务资金是否列入财政专项资金目录			B_{25}	年均服务投诉数
A_3	承接能力	B_{10}	可承接公共服务的社会力量数	A_6	满意度	B_{26}	服务对象对服务质量的满意度
		B_{11}	持有专业资格证书人员占社会力量工作人员比例			B_{27}	服务对象对政府购买公共服务的满意度
		B_{12}	社会力量能否把握政策精神			B_{28}	社会力量对购买过程的满意度
		B_{13}	社会力量服务流程是否标准			B_{29}	社会力量工作人员对服务质量的满意度
		B_{14}	社会力量组织规范化程度	A_7	影响力	B_{30}	政府行政成本占政府支出比例
		B_{15}	社会力量财务制度是否健全			B_{31}	社会组织数量年增长率
		B_{16}	社会力量资金来源是否多元			B_{32}	事业单位承接公共服务的数量
						B_{33}	政府购买公共服务是否有推广价值

135

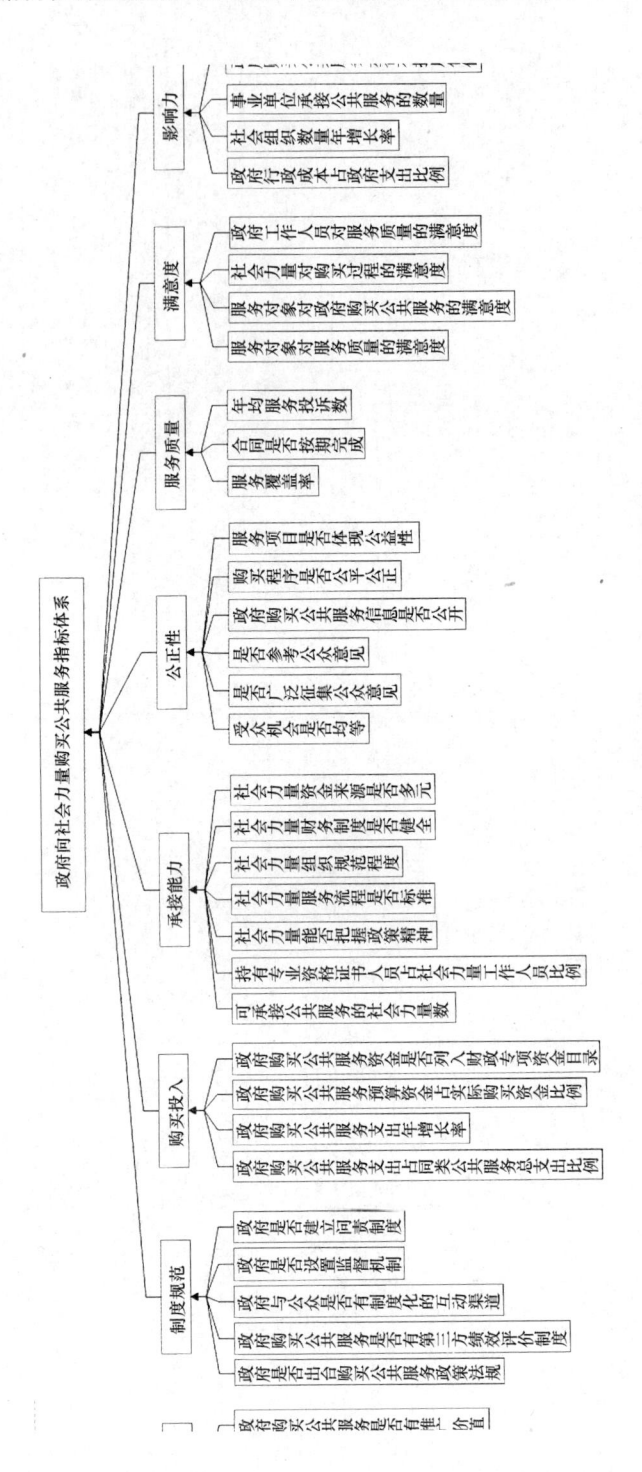

图 4－1　政府向社会力量购买公共服务评估模型

维度下的具体评估指标，共包括政府是否出台购买公共服务政策法规等33个指标。

（二）构建两两比较判断矩阵

调查问卷根据层次分析法（AHP）的形式设计。这种方法是在同一个层次对各个指标的重要性进行两两比较，衡量尺度划分为9个等级（见表4-7）。综合各位专家打分的结果得出两两比较判断矩阵，分别组建 T-A、A_1-B、A_2-B、A_3-B、A_4-B、A_5-B、A_6-B、A_7-B的矩阵（见表4-8至表4-15）。

在发放判断矩阵问卷方面，课题组将咨询问卷分别发放给相关政府工作人员，社会力量工作人员以及此方面的学者。共发放170份问卷，回收165份，成功回收率为97.06%。yaahp（version 12.0）是一款著名的层次分析法（AHP）软件，可以提供方便的层次模型构造、判断矩阵数据录入、排序权重计算以及计算数据导出等功能。利用该款软件，我们根据165个专家的问卷结果建立了1320个两两对比的判断矩阵，每个专家对应8个判断矩阵，在对所有的专家判断数据进行软件分析的时候，有17位专家的问卷数据没有通过一致性检验。因此，最终的分析结果是由148位专家的判断结果得出的，其中学者40人，政府工作人员64人，社会力量工作人员44人。

表4-7　　　　　　　　1—9标度的含义

标度	含义	备注
1	表示两个指标相比，两个指标一样重要	倒数的含义与表中的意义相反
3	表示两个指标相比，一个指标比另一个指标稍微重要	
5	表示两个指标相比，一个指标比另一个指标比较重要	
7	表示两个指标相比，一个指标比另一个指标十分重要	
9	表示两个指标相比，一个指标比另一个指标绝对重要	
2、4、6、8	重要程度介于相邻的两个等级之间	

（三）层次分析法的结果

（1）判断矩阵 T-A_i（相对于政府向社会力量购买公共服务评估

总目标而言，7个评估维度之间相对重要性比较）

表4-8　　　T-A$_i$的判断矩阵（i=1，2，3，4，5，6，7）

T	A$_1$	A$_2$	A$_3$	A$_4$	A$_5$	A$_6$	A$_7$	wi
A$_1$	1							0.0917
A$_2$	1/5	1						0.0293
A$_3$	1/6	1/2	1					0.0275
A$_4$	1/2	6	4	1				0.0805
A$_5$	5	7	5	3	1			0.1978
A$_6$	6	7	6	4	2	1		0.3193
A$_7$	5	7	6	4	2	1/2	1	0.2539

注：一致性比例：0.0884；λ_{max}：7.7213。

（2）判断矩阵A$_1$-B$_i$（相对于制度规范这一维度而言，5个具体指标之间的重要性比较结果）

表4-9　　　A$_1$-B$_i$的判断矩阵（i=1，2，3，4，5）

A$_1$	B$_1$	B$_2$	B$_3$	B$_4$	B$_5$	Wi
B$_1$	1					0.4474
B$_2$	1/6	1				0.1169
B$_3$	1/6	2	1			0.1276
B$_4$	1/6	1/6	1/3	1		0.0409
B$_5$	1	2	2	6	1	0.2671

注：一致性比例：0.0950；λ_{max}：5.4254。

（3）判断矩阵A$_2$-B$_i$（相对于购买投入这一维度而言，4个具体指标之间的重要性比较结果）

表4-10　　$A_2 - B_i$的判断矩阵（i=6,7,8,9）

A_2	B_6	B_7	B_8	B_9	Wi
B_6	1				0.1276
B_7	5.8748	1			0.4708
B_8	0.5334	0.4705	1		0.1283
B_9	2.8748	0.5334	2.1252	1	0.2733

注：一致性比例：0.0970；λ_{max}：4.2590。

（4）判断矩阵$A_3 - B_i$（相对于承接能力这一维度而言，7个具体指标之间的重要性比较结果）

表4-11　$A_3 - B_i$的判断矩阵（i=10,11,12,13,14,15,16）

A_3	B_{10}	B_{11}	B_{12}	B_{13}	B_{14}	B_{15}	B_{16}	Wi
B_{10}	1							0.0468
B_{11}	2	1						0.0664
B_{12}	6	2	1					0.1742
B_{13}	6	5	1	1				0.2151
B_{14}	4	6	2	3	1			0.3271
B_{15}	4	4	1/2	1/3	1/3	1		0.1373
B_{16}	1/3	1/4	1/3	1/4	1/6	1/6	1	0.0331

注：一致性比例：0.0852；λ_{max}：7.6956。

（5）判断矩阵$A_4 - B_i$（相对于公正性这一维度而言，6个具体指标之间的重要性比较结果）

表4-12　　$A_4 - B_i$的判断矩阵（i=17,18,19,20,21,22）

A_4	B_{17}	B_{18}	B_{19}	B_{20}	B_{21}	B_{22}	Wi
B_{17}	1						0.0221
B_{18}	4	1					0.0434
B_{19}	4	1	1				0.0412

续表

A_4	B_{17}	B_{18}	B_{19}	B_{20}	B_{21}	B_{22}	Wi
B_{20}	9	9	9	1			0.4461
B_{21}	9	7	9	1/4	1		0.198
B_{22}	8	7	9	1/3	2	1	0.2492

注：一致性比例：0.0959；λ_{max}：6.6040。

判断矩阵 $A_5 - B_i$（相对于服务质量这一维度而言，3 个具体指标之间的重要性比较结果）

表 4-13　　　$A_5 - B_i$ 的判断矩阵（i=23, 24, 25）

A_5	B_{23}	B_{24}	B_{25}	Wi
B_{23}	1			0.7286
B_{24}	1/5	1		0.1088
B_{25}	1/6	2	1	0.1626

注：一致性比例：0.0825；λ_{max}：3.0858。

（6）判断矩阵 $A_6 - B_i$（相对于满意度这一维度而言，4 个具体指标之间的重要性比较结果）

表 4-14　　　$A_6 - B_i$ 的判断矩阵（i=26, 27, 28, 29）

A_6	B_{26}	B_{27}	B_{28}	B_{29}	Wi
B_{26}	1				0.6213
B_{27}	1/5	1			0.2442
B_{28}	1/6	1/5	1		0.0673
B_{29}	1/6	1/5	1	1	0.0673

注：一致性比例：0.0991；λ_{max}：4.2646。

（7）判断矩阵 $A_7 - B_i$（相对于影响力这一维度而言，4 个具体指标之间的重要性比较结果）

表 4-15　　A₇-Bᵢ的判断矩阵（i=30，31，32，33）

A₇	B₃₀	B₃₁	B₃₂	B₃₃	Wi
B₃₀	1				0.1505
B₃₁	1/2	1			0.1204
B₃₂	3	2	1		0.4123
B₃₃	3	3	1/2	1	0.3168

注：一致性比例：0.0806；λ_{max}：4.2153。

（四）计算权重

首先将矩阵向量归一化，得：

$$W_i = \frac{\tilde{W}i}{\sum_{i=1}^{n} \tilde{W}iW} = (W_1, W_2, \cdots, W_n)^T$$

下面以 T-Aᵢ 的判断矩阵为例，求出权重向量。

（1）建立比较矩阵 T

$$T = \begin{Bmatrix} 1 & 5 & 6 & 2 & 1/5 & 1/6 & 1/5 \\ 1/5 & 2 & 1/6 & 1/7 & 1/7 & 1/7 & 1/7 \\ 1/6 & 1/2 & 1 & 1/4 & 1/5 & 1/6 & 1/6 \\ 1/2 & 6 & 4 & 1 & 1/3 & 1/4 & 1/4 \\ 5 & 7 & 5 & 3 & 1 & 1/2 & 1/2 \\ 6 & 7 & 6 & 4 & 2 & 1 & 2 \\ 5 & 7 & 6 & 4 & 2 & 1/2 & 1 \end{Bmatrix}$$

（2）将矩阵 T 按列归一化，得到矩阵 T₁

$$T_1 = \begin{Bmatrix} 0.0560 & 0.1493 & 0.2000 & 0.1387 & 0.0340 & 0.0611 & 0.0470 \\ 0.0112 & 0.0299 & 0.0667 & 0.0116 & 0.0243 & 0.0524 & 0.0335 \\ 0.0093 & 0.0149 & 0.0333 & 0.0173 & 0.0340 & 0.0611 & 0.0391 \\ 0.0280 & 0.1791 & 0.1333 & 0.0694 & 0.0567 & 0.0917 & 0.0587 \\ 0.2799 & 0.2090 & 0.1667 & 0.2081 & 0.1702 & 0.1834 & 0.1174 \\ 0.3358 & 0.2090 & 0.2000 & 0.2775 & 0.3404 & 0.3668 & 0.4695 \\ 0.2799 & 0.2090 & 0.2000 & 0.2775 & 0.3404 & 0.1834 & 0.2348 \end{Bmatrix}$$

（3）再将矩阵 T_1 按行求和再归一化得矩阵 T_2

$$T_2 = \begin{Bmatrix} 0.0980 \\ 0.0328 \\ 0.0299 \\ 0.0881 \\ 0.1906 \\ 0.3141 \\ 0.2464 \end{Bmatrix} \rightarrow \begin{Bmatrix} 0.0917 \\ 0.0293 \\ 0.0275 \\ 0.0805 \\ 0.1978 \\ 0.3193 \\ 0.2539 \end{Bmatrix}$$

得到矩阵 $T - A_i$ 的权重向量为（0.0917，0.0293，0.0275，0.0805，0.1978，0.3193，0.2539）。

（五）判断矩阵一致性

考虑到专家们对调查问卷题项的认识上有不可避免的多样性和片面性，不能保证每个判断矩阵具有较好的协调一致性。因此必须通过一致性检验，检查各因素的权重之间是否存在矛盾，因此需要计算它的一致性指标 CI，定义为：

$$CI = \frac{\lambda_{max} - n}{n - 1}, \lambda_{max} = \sum_{i=1}^{n} \frac{(AW)_i}{nW_i}$$

当 $CI = 0$ 时，则判断矩阵具有完全一致性，并且随着阶数的增加，需要依据矩阵的阶数对一致性指标 CI 进行修正，即需要将 CI 与平均随机一致性指标 RI 进行比较。RI 的取值见表 4-16。

表 4-16　　　　　平均一致性随机指标 RI 的取值

n	1	2	3	4	5	6	7	8	9	10	11
RI	0	0	0.58	0.9	1.12	1.24	1.32	1.41	1.45	1.49	1.51

如果判断矩阵 $CR = CI/RI < 0.1$ 时，则此判断矩阵具有满意的一致性。以上判断 8 个判断矩阵一致性系数均小于 0.1，表示均通过一致性检验。

同时，为了评价层次总排序计算结果的一致性，也需要进行一致性检验。

第四章 政府向社会力量购买公共服务评估指标体系构建

表4-17 指标权重的分配结果

编号	评估维度	权重	权重排序	编号	评估指标	维度内权重	全体权重	权重排序
A1	制度规范	0.0917	4	B1	政府是否出台购买公共服务政策法规	0.4474	0.0363	6
				B2	政府购买公共服务是否有第三方绩效评价制度	0.1169	0.0285	14
				B3	政府与公众是否有制度化的互动渠道	0.1276	0.0248	18
				B4	政府是否设置监督机制	0.0409	0.0353	7
				B5	政府是否建立问责制度	0.2671	0.0323	9
A2	购买投入	0.0293	6	B6	政府购买公共服务支出占同类公共服务总支出比例	0.1276	0.0257	17
				B7	政府购买公共服务支出占年增长率	0.4708	0.0178	27
				B8	政府购买公共服务预算资金占实际购买资金比例	0.1283	0.026	16
				B9	政府购买公共服务资金是否列入财政专项资金目录	0.2733	0.0302	12
A3	承接能力	0.0275	7	B10	可承接公共服务的社会力量数	0.0468	0.0162	30
				B11	持有专业资格证书人员占社会力量工作人员比例	0.0664	0.0147	32
				B12	社会力量能否把握政策精神	0.1742	0.017	28
				B13	社会力量服务流程是否标准	0.2151	0.0206	23
				B14	社会力量组织规范程度	0.3271	0.0235	19
				B15	社会力量财务制度是否健全	0.1373	0.0225	21
				B16	社会力量资金来源是否多元	0.0331	0.0106	33

143

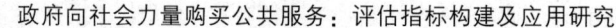

续表

编号	评估维度	权重	权重排序	编号	评估指标	维度内权重	全体权重	权重排序
A4	公正性	0.0805	5	B17	受众机会是否均等	0.0221	0.0286	13
				B18	是否广泛征集公众意见	0.0434	0.0206	24
				B19	是否参考公众意见	0.0412	0.0214	22
				B20	政府购买公共服务信息是否公开	0.4461	0.033	8
				B21	购买程序是否公平公正	0.198	0.0475	4
				B22	服务项目是否体现公益性	0.2492	0.0323	10
A5	服务质量	0.1978	3	B23	服务覆盖率	0.7286	0.0309	11
				B24	合同是否按期完成	0.1088	0.0776	1
				B25	年均服务投诉数	0.1626	0.0578	3
A6	满意度	0.3193	1	B26	服务对象对服务质量的满意度	0.6213	0.0653	2
				B27	服务对象对政府购买公共服务的满意度	0.2442	0.0423	5
				B28	社会力量对购买过程的满意度	0.0673	0.0233	20
				B29	政府工作人员对服务质量的满意度	0.0673	0.0191	26
A7	影响力	0.2539	2	B30	政府行政成本占政府支出比例	0.1505	0.0195	25
				B31	社会组织数量年增长率	0.1204	0.0154	31
				B32	事业单位承接公共服务的数量	0.4123	0.0167	29
				B33	政府购买公共服务是否有推广价值	0.3168	0.0269	15

第四章　政府向社会力量购买公共服务评估指标体系构建

$$CR = \sum_{i=1}^{n} \frac{a_i CI_i}{\sum_{i=1}^{n} a_i RI_i}$$

其中，CI_i 为 B_i 单序列的一致性指标，RI_i 为相应的平均随机一致性指标。

CR = 0.0917 × 0.1064 + 0.0293 × 0.0863 + 0.0275 × 0.1159 + 0.0805 × 0.1208 + 0.1978 × 0.0429 + 0.3193 × 0.0882 + 0.2539 × 0.0718/0.0917 × 1.12 + 0.0293 × 0.90 + 0.0275 × 1.32 + 0.0805 × 1.24 + 0.1978 × 0.58 + 0.3193 × 0.90 + 0.2539 × 0.90 = 0.089 < 0.1，通过一致性检验。

（六）政府向社会力量购买公共服务评估指标权重分配结果（表4-17）

第四节　评估结果分析

通过以上步骤，本研究确定了政府向社会力量购买公共服务评价的7个评估维度、33个具体指标以及指标的权重，下面对此结果做一个简要分析。

一　评估指标的解释说明

从制度规范评估来看，该维度的重要性不是体现在量上的差异，而是有或无的差异。向社会力量购买服务，第一块就是讲究程序正义，烦琐材料要齐全。[1] 因此，政府出台购买公共服务政策法规、第三方绩效评价制度、监督机制、问责制度、制度化的互动渠道等相关制度规范是基本保障，在评估指标体系中不可或缺。这些指标重点考核地方政府或购买服务部门对中央购买服务政策落实和规范程度。

购买投入是任何评估中都会考量的一个指标，也是最基本的指标。最简单的就是要考量这个投入产出，这是最基本的。[2] 由于政府

---

[1] 来自访谈资料（20180816GLMZJ）。
[2] 来自访谈资料（20180814JSZFYJS）。

向社会力量购买公共服务的产出是服务，购买投入的评估更多依据投入对比情况。政府购买公共服务支出占同类公共服务总支出的比例考核的是购买公共服务在同类公共服务中的覆盖面，覆盖面越大，说明购买服务做得越到位。政府购买公共服务支出年增长率是时间上的比较，理论上年增长率越高，增速越快，政府购买服务力度越大。政府购买公共服务预算资金占实际购买资金比例是对购买服务预算绩效的考核，预算资金与实际购买资金比例越小，说明预算管理越科学。政府购买公共服务资金是否列入财政专项资金目录是考核购买服务是否有专项资金保障，如果有专项资金保障则表明管理越规范。

承接能力是对社会力量资质的考察，资质高的社会力量能够比资质低的社会力量提供更好的服务。但在社会力量的构成中，还存在一些差距。就南京而言，可能社会组织的力量还是偏弱，因为如果我们从政府向社会力量购买公共服务的初衷来看，是希望社会组织能提供非常优良的服务，包括它应该有公益的性质，但是我们就以现在社会组织的能力来看，中间有很多服务可能反而由企业来承接了，由企业来提供服务可能效果会更好，这可能也不仅是南京的问题，可能我们的社会组织和国外的相比能力上还是偏弱。[①]

因此，承接能力评估重要性不仅出于对服务质量的重视，而且有对社会力量发展情况的考量。可承接公共服务的社会力量数是对社会力量数量上的考察，数量越多，至少表明参与承接竞争力量越多，择优选择服务的机会越多。持有专业资格证书人员占社会力量工作人员比例是对社会力量资质的考核，专业资格人员占比越多越能保障服务质量。社会力量能否把握政策精神主要考核社会力量对购买服务行为政策精神的领会，越能把握越能起到"上传下达"的作用。社会力量服务流程、组织规范、财务制度、资金来源都是对社会力量提供公共服务质量的考察，彼此是正向关系。

公正性是对政府购买服务能否体现公平正义的评估。在此维度

---

① 来自访谈资料（20180814JSZFYJS）。

第四章　政府向社会力量购买公共服务评估指标体系构建

下，受众机会是否均等是对应享受服务群体公平性的考量。是否广泛征集公众意见以及是否参考公众意见是对公众参与购买服务机会的评估，越能广泛征集和参考公众意见，表明服务越能满足公众的实际需求。政府购买公共服务信息是否公开是对公众知情权的保障，也是对政府公开、透明行政的考核，政府信息公开才能保障公众的知情权和行使监督权。购买程序是否公平公正是对所有具备资格的社会组织、企事业单位等参与竞争的保障，购买程序越是公平公正越能维护市场正常的竞争机制。在实地调研过程中对此指标表示肯定意见以外，还表示：政府购买社会力量的公共服务还要解决一个问题，是公益性问题，政府向社会力量购买公共服务有一部分是带有公益性的，不单纯是为了挣钱。① 鉴于此，在公正性维度下，除对受众和社会力量是否做到公平正义进行评估以外，对服务项目是否体现公益性也需考虑进去。

　　服务质量维度一方面是对购买投入的回应，另一方面是对购买效益的考核，这在购买服务评价工作中也是必不可少的。

　　我们更加需要考核的就是购买服务的质量，它的效益。② 我们最关心的当然是它的质量，这个效益，它的质量、它的能力、它的水平是不是达到了我的效果，这是我关心的。③

　　服务覆盖率是对享受服务人数的统计，覆盖率越高，享受服务人数越多，越符合该项政策的初衷。由于购买服务项目主要是通过签订合同来完成的，所以在服务质量维度下，合同是否按期完成是对服务质量的基本体现。如果合同能够按期完成，至少表明购买服务整个过程得以顺利结束。同时，服务质量好也体现投诉率低，进而从正反两个方面对服务质量进行鉴定。

　　满意度在很多评估指标中都有所涉及，也是现在评价系统中必须具备的维度。它虽然具有很强的主观性，但在购买服务评价中，服务对象最有发言权，他们对服务质量的满意度直接反映服务的效果；对

---

① 来自访谈资料（20180820NJCZJ-JXC）。
② 来自访谈资料（20180815JSBB）。
③ 来自访谈资料（20180820NJCZJ-JXC）。

政府购买公共服务的满意度是考核人们对通过购买形式提供服务的满意度是否比传统直接提供服务的满意度高，理论预设是前者会比后者要高，说明通过购买形式提供服务更能满足人们个性化需求。由于在政府向社会力量购买公共服务中，存在多元主体、复杂过程，对购买服务评价不能局限于服务对象的满意度，还应包括社会力量对购买过程的满意、政府工作人员对服务质量的满意等，社会力量越满意，越愿意参与承接政府购买服务中，越有助于社会力量的成长。政府工作人员对服务质量越满意，越放心社会力量参与公共服务中去，有助于政府加大购买公共服务力度。

影响力是对政府购买服务形式是否具有社会效益以及持久影响力的考量。通过购买服务的形式不仅希望改善服务质量，还希望推动政府职能转变、事业单位改革、社会组织培育等。对国家、社会来说它应该要产生一些经济和社会效益。① 还有持续性影响，就是说给你这个钱，你不能说一年用完，后期就不管了。② 因此，政府行政成本占政府支出比例是对政府职能转变的重要考量，比例下降说明行政成本降低，越有助于实现政府简政放权。社会组织数量增长是对社会力量培育的考量，增长率高说明通过购买服务的方式确实有助于社会力量的发展。事业单位承接公共服务的数量是对事业单位改革的考察，数量增加说明越来越多的事业单位参与市场竞争，有助于事业单位的转型发展。政府购买公共服务是否有推广价值是对该项购买服务社会效应的考量，推广价值越高，说明该项购买服务行为越成功。

二 评估指标权重的结果分析

从层次分析法得到的政府向社会力量购买公共服务评价指标权重可以看出，在七个评估维度中，服务质量、满意度和影响力在政府向社会力量购买公共服务的评估中起到了关键性的作用，这三个维度的

---

① 来自访谈资料（20180814NJMZJ）。
② 来自访谈资料（20180820NJCZJ-JXC）。

第四章 政府向社会力量购买公共服务评估指标体系构建

权重为77.1%。在满意度（32%）维度中，服务对象对服务质量的满意度和服务对象对政府购买公共服务的满意度对总目标的影响最大。这说明政府向社会力量购买公共服务的评估，与服务对象的满意度有很大的关系，也验证不管是评估政府绩效、公共服务绩效，还是政府向社会力量购买公共服务效果，建立以公众需求为导向、以人民满意为目标的评估体系是非常重要的。

在影响力（25%）维度下，政府购买公共服务是否有推广价值对于总目标的影响是相对影响力下的其他三个指标要重要的多。这也说明政府向社会力量购买公共服务不仅仅要求实际购买效益和质量的保障，更注重通过购买实践，摸索一些值得推广和效仿的购买模式，形成高质量的长效机制。服务质量（20%）评估维度在整个评估模式中也起着一定的作用，它是满意度和影响力的基础，只有好的服务质量才能令服务对象和公众满意，才值得被推广。在服务质量维度下，合同是否按期完成在整个指标体系中权重是排在第一位的，说明它对总目标的影响是最大的。在前期调研阶段，负责政府向社会力量购买公共服务的工作人员也多次表示，在实际与社会力量合作的过程中，政府首先看中或对社会力量最基本的要求是能不能按期完成合同的计划。因此，一方面目前社会力量发育还不够成熟；另一方面在社会力量还不够成熟的现实面前，按期完成承接服务是主要目的。同时，也表明通过政府向社会力量购买的形式培育社会力量是非常重要的。

除以上评估维度和具体评估指标的重大影响以外，相对靠前的指标还有年均服务的投诉率（5.78%）、购买程序是否公平公正（4.75%）和政府是否出台购买公共服务政策法规（3.63%）。投诉率不仅代表服务质量的高低，也在一定程度上反映政府或社会力量对民众需求的重视。通过政府向社会力量购买公共服务，最终目的是更好地为民众提供公共服务，但购买过程的公平公正也是众人所重视的，尤其对承接方而言。同时，制度保障，尤其是各个地区出台明确的购买公共服务政策法规对政府向社会力量购买公共服务制度的贯彻执行无比重要。一方面是因为相关的政策法规鼓励政府通过购买的方式为公众提供更好的服务；另一方面是因为有了政策法规的保障，对政府招投标、社会力量资质要求、绩效考核等方面都有明确的规定，才能确保整个过程都能依章办事，依法执行。

最后，承接能力维度在整个评估维度中占比是最低的，只有2.75%，但是社会力量组织规范程度，在其中的权重达到了32.7%，而且相对于总目标的影响程度达到了2.35%，说明政府向社会力量购买公共服务的评估要求社会力量必须具备一定的资质，例如政府每年都会请第三方对社会力量的资质进行评估，并规定获得3A以上评估等级的社会力量，可优先获得政府购买服务资格。

三 结论与不足

虽然政府向社会力量购买公共服务的效果是否一定会比政府直接提供服务的效果要好还有待进一步考察，但通过购买的方式业已成为政府提供公共服务的一种重要方式。对此，学者们普遍认为引入市场机制的益处是远远大于不足的，并极力提倡这种形式。王浦劬等人通过实际调查和研究，指出中国政府向社会组织购买公共服务取得了一定的成效。[①] 然而，前期调研的信息却提供了一些警示信息，如果政府不能很好地监督或问责整个购买行为，不明确有所购买，有所不购买的服务目录，那么公众不必然享受更优质更高效的公共服务。在整个购买行为中，评估既是一项管理工具，也是一项问责机制，可以通过具体的评估指标直接明示好与不好，有助于有针对性地改善和提升。

本研究严格地运用文献法、修正德尔菲法和层次分析法等技术，历经概念化模型建立、指标筛选和权重赋值三个主要步骤，最终构建出一套包含7个评估维度和33个具体指标的政府向社会力量购买公共服务评估指标体系。这套指标体系具有两个重要的特征：其一，评估内容的全面性和重点性，全面性体现在评估指标原则注重过程与结果并重、效益和影响力并重；重点性表现在"满意度"维度、"影响

---

① 王浦劬、[美]莱斯特·M.萨拉蒙等：《政府向社会组织购买公共服务研究》，北京大学出版社2010年版，第23页。

第四章 政府向社会力量购买公共服务评估指标体系构建

力"维度和"服务质量"维度的权重要远远高于其他维度,"制度规范"维度和"公正性"的权重居中,"购买投入"维度和"承接能力"维度的权重略低。第二,评估过程的客观化,具体评估指标的设置尽量考虑可比性和可测量性,方便后续的实际运用。

同时,本研究还存在一定的不足。第一,在指标筛选阶段,由于时间、精力等主客观因素的限制,课题组最终确定用修正版德尔菲法来对指标进行评价。一般而言,德尔菲法需要多次对指标进行评价,在一轮轮的修正过程中,最终形成一致意见。第二,在指标赋权重方面,由于群体所处的环境不同,价值判断的偏差天然存在,尽管通过采纳政府工作人员、社会力量工作人员和相关学者三大群体的意见来减少主观偏见,但人员分布不能完全一致的不足以及时空情境转移限制等困境都会影响最终的结果。

第 五 章

政府向社会力量购买养老服务评估的背景

《2018年国民经济和社会发展统计公报》显示，截至2018年末我国60岁以上老年人口数高达24949万人，占总人口的17.9%，其中65岁以上老年人口数量为16658万人，占人口总数的11.9%，[①]说明我国已步入高度老龄化的社会。自1999年我国进入老龄化社会以来，老年人口数量逐年攀升，老年人口占比不断上涨，老龄化程度日渐严重。随着老龄化程度的加深，社会面临着更为严峻的养老形势和养老压力，近年来老年抚养比不断增长，2018年我国的老年抚养比高达16.8%。促成养老服务转型以化解日益严峻的老龄化问题，是当前我国亟须解决的事项。

在传统文化的影响下，历史上我国以儿女养育父母的家庭养老为主。在计划经济时代，养老服务均是由政府提供的，是一种政府主导型的供给模式，当时在城市地区出现的单位养老是这种模式的典型代表。近年来，受独生子女政策和城市化的影响，伴随着子女外出工作，空巢老人、独居老人逐渐增多，老人的生活、安全和身心健康问题愈发凸显，这使我国社会的养老压力进一步增加，传统的养老模式已不适于社会的发展。随着家庭养老功能的弱化和市场经济的兴起，养老服务的供给者逐渐扩展为政府、企业、社会组织、事业单位、志愿者等多元主体，家庭养老、单位养老转向社会养老服务。[②] 全国各

[①] 国家统计局：《2018年国民经济和社会发展统计公报》。
[②] 句华、杨腾原：《养老服务领域公私伙伴关系研究综述——兼及事业单位改革与政府购买公共服务的衔接机制》，《甘肃行政学院学报》2015年第3期。

第五章　政府向社会力量购买养老服务评估的背景

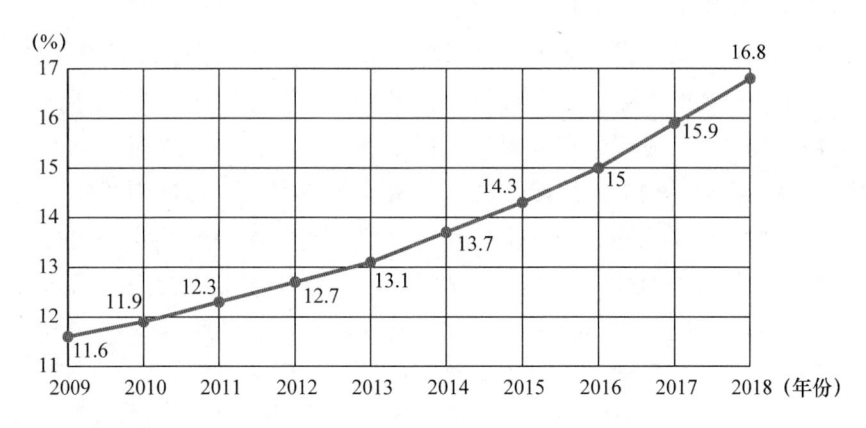

图 5-1　2009—2018 年中国社会老年抚养比

数据来源：国家统计局，图由作者自制。

地也在不断探索、创新养老模式，发展出了居家养老、机构养老、社区养老、智慧养老等新模式。自推行政府购买养老服务以来，上海、杭州、南京、宁波等长三角区域就走在了实践前列，2019 年 6 月 12 日，上海、江苏、浙江、安徽三省一市民政部门共同签署了推进长三角区域养老一体化合作备忘录，江苏省苏州市、南通市，浙江省嘉兴市、湖州市，安徽省芜湖市、池州市及上海 17 个区被列为首批试点。[1]共建区域养老合作机制，标志着长三角地区的一体化养老体系正式形成。

目前，政府向社会力量购买养老服务的评估，存在着四元主体，它将养老服务的购买者、生产者、消费者和评估者相分离[2]，政府作为购买者通过公开招标、定向委托、邀标等方式购买养老服务，社会组织、企业、事业单位等社会力量按照合同生产公共产品、提供公共服务，是养老服务的生产者，符合条件的老年人则是消费者，他们享用养老产品和服务。在此过程中，政府还需承担全过程的监督职能，

[1] 新华网：《长三角地区推进养老服务一体化合作》，http://www.xinhuanet.com/2019-06/16/c_1124630039.htm，2019 年 6 月 16 日。
[2] 王浦劬、[英]郝秋笛：《政府向社会力量购买公共服务发展研究：基于中英经验的分析》，北京大学出版社 2016 年版，第 12 页。

以确保提供服务的有效性，公众消费后具有评价养老服务的权利。当前关于政府购买养老服务的评估，多由政府部门组成专家小组进行评估，随着社会的发展，为了确保评估的准确性、专业性和公平性，往往需要引进第三方评估机构对养老服务项目进行评价，故而第三方机构逐渐成为政府购买养老服务的评估者。政府向社会力量购买养老服务评估的实践才刚刚起步，由于其自身的专业性强和各地实施购买养老服务水平的差异性大，不论在理论层面还是实践层面，当前都未形成一个统一、明确的指标体系。在政府向社会力量购买养老服务评估的实践上，长三角地区做出探索并取得了一定的成果，但是评估体系并不完善，还需进一步发展。

第六章

政府向社会力量购买养老服务评估的现状

第一节 政府向社会力量购买养老服务评估的境外现状

一 香港

香港政府早在1980年就鼓励非营利组织、私人机构参与养老服务的建设，并逐步实现政府、个人、家庭、社区、非营利机构和私人企业多元供给的福利框架。香港社会福利署（social welfare department）致力于在社区中提供广泛的服务，必要时提供所需的住宿照顾以提高长者归属感、安全感和价值感。一方面，社区照顾及支援服务务求方便长者尽量留在社区中安享晚年，分为长者服务中心、社区照顾服务和其他社区支援服务三类，涵盖饮食、医疗、家居、娱乐等各方面。另一方面，院舍照顾服务为年龄达65岁及以上且未能在家中居住的长者提供院舍照顾服务及设施。而年龄在60—64岁的长者确实需要接受住宿照顾的亦可提出申请。概括而言，住宿照顾服务分为长者宿舍、安老院、护理安老院和护养院四种。香港提供自助服务宿位的津助护养院有6所，在卫生署注册的自负盈亏护养院有2所。为了提高养老服务的规模效益，目前大部分养老服务功能由非政府组织或私人机构承担，香港社会福利署的职能重点放在福利规划、服务监督和资源保护上。① 香港政府基本上通过竞投标的方式将社区支援服务外包给非政府组织或私营机构，并施行整笔拨款津贴、全过程监控等审核机制，既提高社会力量服务动力又提高政府监管力度。同时，院舍照顾服务由非政府组织和私人企业运营，政府对院舍安老服务的支持既包括间接投入又有直接购买，不断提高资金帮助和政策支持，加强养老服务的监督和掌控，缓解养老行业供不应求的状况。

自 2000 年起，社会福利署已实施老人服务标准化照顾需要评估机制。在该机制下，认可评估员采用国际公认的评估工具，即最低数据集——家庭护理（MDS – HC），以确定老年人的护理需求并使其与适当的服务相匹配。根据他们的护理需求评估结果，长者可以配合适当的长期护理服务，包括日间护理中心或老人单位，加强居家及社区护理服务，综合居家护理服务（体弱个案）和养老院。截至 2019 年 4 月 30 日，政府承担的养老服务合计占比 40%，非营利性组织和私人企业合计占比 60%。②

除老年服务受众的需求评估外，社会福利署于 1999—2002 年逐步成立了服务表现监察制度，以确保服务营办者③和服务单位能对日益变化的养老服务需要提供优质的社会福利服务。服务表现的评估方法包括：（1）自我评估。服务营办者就各类服务协议规定的基本服务规定、服务质素标准、服务量标准和服务成效标准定期提交自我评估报告和改善计划，其中四类服务表现标准由社会署与各个服务营办者签订的《津贴及服务协议》列明。（2）探访。社会署至少每三年一次到服务营办者下辖的服务单位进行评估探访/突击探访。（3）实地评估。社会署对新服务单位及在服务表现方面被指出/怀疑有问题的单位进行

---

① 王寅：《境外 PPP 模式及其对我国养老机构发展的启示研究》，硕士学位论文，南京大学，2018 年。

② Social Welfare Department, "Standardised Care Need Assessment Mechanism For Elderly Services", 13 June 2019, https：//www.swd.gov.hk/en/index/site_ pubsvc/page_ elderly/sub_ standardis/.

③ 服务营办者指获社会福利署津助，根据书面协议提供一项或多项社会福利服务的实体。现在，服务营办者通常指受津助非政府机构的主管，以及社会福利署地区福利专员或就某服务科指定的主管人员。

实地评估。对于表现欠佳的服务营办者和服务单位以违反协议事宜的轻重给予及时整改、撤回拨款等决定。同时，根据评估结果，社会福利署也会协助服务营办者采取纠正措施或在自身监管方面做出改善。

表6-1 香港社会福利公署服务表现监察制度的四类服务表现标准

类目	主要内涵
基本服务规定	应各类服务的提供方式而指定的一些基本建构要求，可包括职员资历、所需器材、遵行服务程序手册的要求、开放时间等
服务质素标准	共有16项服务质素标准，每项服务质素标准均有一套准则及评估指标说明。这些准则及评估指标均为一般性基本要求，服务营办机构可根据各要求，以合适的方法应用于个别服务类别或服务单位中
服务量标准	为衡量每类服务的一些基本服务表现指标，各项标准均以服务单位所属的服务种类而订定。养老服务例子包括收容率、已登记会员的数目、个别护理计划完成比率、小组活动的平均出席率、已举行活动的数目等
服务成效标准	各项标准根据不同服务类别而订定，并在量度标准时，使用特定的量度工具（如调查问卷或接受服务前后的比较），搜集有关资料。例如：1年内院友/护老者*对注册医生（即到诊医生）提供到诊服务的满意比率

香港地区人口容积比极大，老龄化程度也居全球经济发达地区高位。除了传统家庭养老、院舍养老之外，社区养老成为香港主要的养老模式之一，养老服务内容从物质需要向心理及情感关怀倾斜。即使如此，在财政压力、地区狭窄等高压下，仍有不少老人等待着政府补贴与养老服务。自2013年，香港出台"出口老人计划"以期通过内地（"广东计划""福建计划"）广阔的居住空间和较低的物价水平消化老龄化压力，但情感等传统障碍并未让"出口计划"获得积极反响，香港仍走在积极探索养老制度的路上。

二 日本

日本是老龄化程度最高的国家之一。根据2018年度日本厚生劳动省披露的公报可知，2018年4月末65岁以上的被保险者为2000年

4月末的1.6倍，要介护的认定者为2000年同期的3.2倍，居家养老、社区养老、机构养老的受益者共计为2000年同期的3.2倍。值得关注的是，按照厚生劳动省人口问题研究所的预测，至2055年日本75岁以上高龄劳动者占总人口的比例将超过25%，65岁以上老龄人口的占比将达到38%，日本人口老龄化程度将愈加严重。①

2000年，由于家庭与社会需承担愈加繁重的压力，日本出台了长期护理保险制度（介护保险制度）——养老事业的分水岭。长期护理保险制度是应对加剧的老龄化趋势的现实需要。原先的福利与医疗制度不能满足老年人护理服务的需求。第一，"少子高龄化"是日本老龄化的主要特征。一方面，随着医疗技术的完善和婴儿潮时期人口步入老年化，老年人口的增长率迅速攀升；另一方面，日本的终身未婚率在不断上升，"核家庭"② 成为社会家庭形态的主流，家庭养老和社会养老的压力增大。第二，原有的老年保障制度存在老年无法自助选择服务类型及提供者、护理基础设施不完善，缺乏有效的竞争制度、"社会化住院"③ 增大政府财政负担。

日本公共长期护理保险制度是以塑造能够实现老年人维持尊严继续生活的社会为宗旨，以市町村及特区为制度责任主体，中央政府、都道府县、医疗保险机构、年金保险机构为财政支持者，以65岁以上（第1号被保险者）及40—64岁（第2号被保险者）因16种特定疾病需要照顾的公民为保险对象，倡导受保者自立自援、服务者以受保者为中心的原则，兼顾养老的物质和精神需要，提供居家、社区、疗养等多元化的养老服务系统。

对于参保对象，日本《介护保险法》规定了比较完善的资格认定程序。对每一位享受养老服务的老人进行介护程度的界定，由轻至重分为自立、要支援期1—2期、要介护期1—5期共8类。介护等级评估经过申请、实地访问调查（一次判定）、介护认定审查委员会审核

---

① 国立社会保障・人口问题研究所［日本的将来推计人口］。
② 核家庭是指父母＋未婚子女的小型家庭。
③ 大量老年人因1961年《医疗保险法》60岁以上住院免费的规定造成长期住院不出的"社会性住院"现象。

（二次判定）、服务周/月计划制订、每半年重新评估这一完整程序。其中申请受理单位为市町村行政机关，审查委员会为保健、医疗与福利专家组成，服务状态评估和服务表制定由专业介护师完成。介护认定的评价方法为"日常生活动作法"（ADL：Activities of Daily Living）和"目的性日常生活动作法"（IADL：Instrumental Activities of Daily Living）。ADL是指生活必备的饮食、更衣、洗漱、洗浴、运动、排泄等基本工作。IADL则是满足特定目的更高级的行为活动，一般为居家养老必备测试。主要评价方法有"WHODAS""BI指数""DPC""ECOG""Granger功能自立度评价"等。

表6-2　　　　　　　　日本两类被保险者的保险要件[①]

	第1号被保险者	第2号被保险者
对象者	65岁以上	40岁至64岁医疗保险加入者
人数	3440万人（65—74岁：1745万人；75岁以上：1695万人） ※未满1万人不计	4200万人
受给要件	·要介护状态（失能卧床、认知症等需介护的必要状态） ·要支援状态（日常生活需要支援的必要状态）	患有末期癌症、风湿性关节疾病等"特定16种疾病"的患者
要介护（要支援）认定者与被保险者的占比	619万人（18%） ［65—74岁：75万人（4.3%） 75岁以上：544万人（32.1%）］	13万人（0.3%）
保险金支付方式	老龄年金等收入每年超过18万日元，则直接从年金以特别征收名义进行扣除。其他情况由个人以汇款等方式每月交给基层行政机关（区市町村）	医疗保险从业者以医疗保险费进行征收后，再同意缴纳到介护保险基金

---

① 第1号被保险者及要介护（要支援）认定者人数由2016年介护保险事业状况年报中2016年末至现在的数量确定；第2号被保险者的数量是由2016年医疗保险者报告中12个月的平均值确定。

续表

	第1号被保险者	第2号被保险者
保险财源构成	保险费50%：第1号保险费23%（2.4兆日元）；第2号保险费27%（2.8兆日元） 公费50%：国库负担金（调整交付金）5%（0.5兆日元）；国库负担金（定率分）20%（1.9兆日元）；都道府县负担金12.5%（1.4兆日元）；市町村负担金12.5%（1.3兆日元）	

资料来源：日本厚生劳动省老健局发布的2018年度长期护理保险制度的现在和未来发展状况报告。

介护保险服务提供商体系主要由地方公共团体、社会福利团体、医疗机构、民间企业和NPO机构等组成。介护保险服务可分为三种类型：一是介护给付服务，二是预防给付服务，三是其他辅助型服务，又根据接受养老服务的场域分为：居家介护服务、设施（机构）服务和社区介护服务三种（见表6-3）。

表6-3　　　　　　　　　日本介护服务的种类

	都道府县·政令市·中核市履行指定、监督职能	市町村履行指定、监督职能
介护给付服务	●居宅介护服务 【访问服务】：访问、沐浴、看护、疗养管理指导等 【定期服务】：日间护理、日托康复 【短期到家服务】：生活介护、疗养介护 【其他】：特定设施入居者生活介护、福祉用具租赁、特定福祉用具购买 ●设施（机构）介护服务 老人福祉设施、老人保健设施、疗养型医疗设施、医疗院	●地区社区介护服务 定期巡回·对应访问介护、夜间响应型访问、一痴呆适应型介护、小规模多功能家庭护理、痴呆症反应型社区生活护理（团体住宅）、基于社区的指定设施居民生活护理、老年人老人福利设施的社区护理、综合服务（护理小规模多功能家庭护理） ●居家介护支持
预防给付服务	●介护预防服务 【访问服务】：访问、沐浴、看护、疗养管理指导等 【定期服务】：日托康复 【短期入所服务】：生活介护、疗养介护 【其他】：特定设施入居者生活介护、福祉用具租赁、特定福祉用具购买	●地区社区介护预防服务 预防痴呆症适应型护理、预防小规模多功能护理、预防痴呆症适应型社区生活护理（集体之家） ●介护预防支援

第六章 政府向社会力量购买养老服务评估的现状

表6-4　　　日本养老介护质量评估发展的历史进程[①]

年份	主体	评估服务的关联事项
1988	全国老人福祉设施协议会	养老院功能、评估服务清单
1989	全国社会福祉设施经营协会	社会福祉设施运营指针
1993	全国社会福祉协议会 厚生省（当时）	特殊疗养院、养老院评估服务
1996	全国社会福祉协议会 厚生省（当时）	老人居家养老福利事业评估标准
2001	厚生劳动省社会·援护局	养老福利服务第三方评估报告书
2001	厚生劳动省老健局	养老团体住宅自我评估强制化
2002	厚生劳动省老健局	养老团体住宅外部评估强制化
2004	厚生劳动省社会·援护局	福利服务第三方评估事业指南
2006	厚生劳动省老健局	介护服务情况公报制度

日本启动养老服务质量评估工作，可分为三个阶段。（1）评估服务萌芽阶段。从20世纪80年代后期开始，主要采用自我评估方式。（2）评估服务制度化阶段。20世纪90年代，这一阶段融入第三方评估，除了自我评估也开始强调第三方评估的客观性和重要性。（3）评估服务多样化阶段。自2000年以来评估服务进入多样化阶段，并形成介护服务信息发布系统、服务供给商自我评估与外部评估、专业化的第三方评估、行业评估的完整体系。

（一）介护服务信息发布系统

介护服务信息发布系统由都道府县及其指定的信息发布中心发布养老服务信息至主页，以便用户比较和考虑养老服务的类别、场所和设施，并进行适当选择。信息发布系统由介护服务提供单位每年发布一次信息，都道府县根据报告内容发布至信息公布网站，并在新规发布、更新申请、虚假报告的情况下，启动对服务供应商的访问调查，调查结果将在信息主页上反映。利用者则可通过浏览主页（见附录3图1）了解信息。一般发布的内容包括基本情报、运营情报、都道府

[①] 伊藤美智予、近藤克则：『ケアの質評価の到達点と課題——特別養護老人ホームにおける評価を中心に』，社会保障研究，Vol. 48，No. 2，pp. 120-132.

县独立项目情报。

(二) 地域社区养老服务自我评估·外部评估

社区养老服务评估基于服务质量外部评估结果的价值和客观性，结合并对比外部评估结果和自我评估结果，以提高服务质量。评估对象为中小型多功能居家养老服务和介护预防服务、痴呆症适应型社区养老服务和介护预防服务。具体评估流程可见附录4图1。

地域社区养老服务评估既需要外部评估也需要内部评估。其中外部评估的评估机构由各县的养老服务评估组织认定并委派，内部评估是养老服务供给商的管理层基于养老服务评估组织定义的评估方法和评估指南开展的评估。养老服务供给原则上需向地区及市政当局报告自我评估的结果，而外部评估的频率可以是每两年进行一次，在未进行外部评估的年份应视为满足要件。厚生劳动省公布了地域社区养老服务自我评估和外部评估实施指南，其中有规定评估的基本维度（见表6-5）。各个地方县可根据地区情况在基本维度上进行调整与更改。

表6-5　　地域社区养老服务自我评估·外部评估评估项目三级指标体系（参考示例）

一级指标	二级指标	三级指标数量
基本运营理念	共有理念	3
	社区支持	3
	理念与实践养老制度的理解和活用	5
	理念实践养老体制	7
建立安心信赖的支援关系	介护员的培育与支持	4
	从咨询到使用关系发展	4
	支持创建新的和持续的关系	6
维护老人的尊严与意愿	了解老人思想和生活状况	3
	制定和审查护理计划	3
	多功能性的灵活支持	1
	与当地资源合作	10

续表

一级指标	二级指标	三级指标数量
对老人生活的日常支持	尊重每位老人	3
	支持基本及独特的生活需求	6
	支持社会生活需求	6
	保障安全	4

（三）养老服务的第三方评价制度

日本养老福利思想认为人们有维持自己生活的基本权利，当仅靠自己的努力无法保持独立生活的能力时，国家应基于社会合作的理念提供支持——支持有尊严的个人在家庭和社区中继续独立生活。日本全国社会福祉协议会公布，截至2019年5月共有111家第三方评估单位。[①] 比较典型的有株式会社（马尔凯）研究所、社会福祉法人北海道社会福祉协议会等。第三方评估是为用户提供高质量和适当服务以及提高福利服务业务质量的有效手段，目的是希望服务供应商达到以下效果：（1）可以向用户提供适当的信息。此外可以呼吁公众积极致力于提高服务质量。（2）通过第三方评估（自我评估、访问调查等），工作人员可以找到日常运营的问题，整个组织的质量可以提高。（3）对于管理，通过客观和专业地评估自己业务提供的服务内容，可以掌握当前情况并澄清问题。

1. 养老服务评估流程

第三方养老服务评估涉及多个主体，包括厚生劳动省、都道府县、全国社会福祉协议会、都道府县推进组织、第三方评估机关认证委员会、第三方评估基准等委员会、第三方评估机构、养老服务供给商、养老服务利用者及其家庭、养老服务信息公布网站（WAM NET）。

厚生劳动省对全国社会福祉协议会及都道府县提供补贴和建议。

---

① 全国社会福祉協議会：『都道府県推進組織一覧』（2019），http://shakyo-hyouka.net/evaluation/。

全国社会福祉协议会以推进第三方养老服务评价事业和解决投诉为目标。工作职责包括制定和更新县级养老服务推进组织指南、第三方评估机构认证指南、标准指南，公布与刊登养老服务第三方评估结果，宣传和普及第三方养老服务评估事业等。

都道府县根据县自身情况设立都道府县养老服务推进组织、县级第三方评估认证委员会、第三方评估基准等委员会。这些推动组织对第三方评估机关进行准入认证，培训评估员，设定自己区域内的第三方评估指标。

第三方养老服务评估机构需满足政府提出的第三方养老服务评估机构认证要件，认证要求必须符合《福利服务第三方评估机构认证指南》。其中第三方养老服务评估机构的评估研究员必须满足三年或三年以上组织运营和管理工作或同等能力的人员，抑或在福利、医疗和健康领域有三年以上经验，具有资格或知识渊博的人员。此外，县政府或对评估员提供定期培训。

养老服务供给单位接受第三方评估机关的评估，并向养老服务对象提供服务。养老服务利用者及其家族向全国社会福祉协议会，都道府县推进组织第三方评估机构提供自己的身体状况，对服务的满意度等信息。第三方评估结果报告、利用者及家族信息将会在 WAM NET 上公布。

2. 养老服务评估方法及指标

日本全国社会福祉协议会有明确规定的第三方评估福利服务的标准指南。其中针对老年人养老服务分为共同评价和内容评价两种判定标准。每个评估指标在评估指南中都有详细的判断基准、评估着眼点和留意点。第三方评估标准指南适用于五种老年人的设施和服务，评价对象涵盖特殊养老院、日托介护、访问介护、养老院、自费养老院。它的目标是评估这些养老服务是否尊重每个用户的生活、帮助解决生活问题和根据身心状况提供所需支援措施，同时评估各类养护老年人设施、机构等服务提供商的职责和功能。

由于养老服务的支持通常无法观察实际的实施状态。比如对于访问护理，原则上观察居家服务提供的供应单位并不被视为标准评估方法。因此，一般通过记录文件确认：（1）服务标准程序、手册；（2）服务实施计划中描述的个人援助方法和程序；（3）服务实施状态记录。即使这些文件不存在，也可以理解它们是以其他方式记录和实施的，第三方将基于此进行评估。必要时，在现场调查中，根据自我评估结果和上述文件的内容从养老机构负责人那里听取确认。由于养老设施和设备本身不易更改，可以在特定条件下评估设备。养老院、特护院等使用特定设备进行居家养老服务的，可通过居家服务订单、手续、个人服务支援计划。

表6-6 第三者内容标准指南（老年人福利服务版）（2017年版）

一级指标	二级指标	三级指标
生活支援基本权利	生活支援基本知识	每日生活时间安排指南
		支持独立生活能力
		提供生命支持（生活咨询等）
		与每个用户沟通
	权利保护	全面预防侵犯用户权利
养老环境配备	用户舒适度	在养老机构、养老设施上考虑用户的环境舒适度
生活支援	依据用户情况提供支援	沐浴服务
		排泄支援
		移动支援
	饮食	餐饮搭配和口感
		提供饮食
		口腔护理
	褥疮预防	褥疮发生预防
	吸痰和管饲	建立介护员吸痰和管饲的服务制度
	机能训练、介护预防	注重功能训练和介护预防活动
	认知症	注意认知症发生情况
	紧急响应	建立应急响应机制
	临终关怀	建立临终关怀机制
与家人等合作	与家人等合作	建立正确与用户家庭等的合作和支持
服务提供制度	稳定持续的服务提供	建立和完善稳定持续的服务提供制度

表6-7　第三者共同评价标准指南（老年人福利服务版）（2017年版）

一级指标	二级指标	三级指标
养老服务的基本方针和计划	理念基本方针	理念、基本方针确立与周知
	经营状况把握	适应经营环境的变化
	制订业务计划	明确中长期愿景和计划
		得当的经营计划
	系统有计划地努力改善养老服务的质量	系统有计划地提高养老服务质量
组织的运营管理	管理者的责任	明确管理者的责任
		证明管理者领导能力
	养老服务人才队伍的培育与创建	确保已建立养老领域人力资源和人事管理制度
		考虑工作人员的就业情况
		建立提高工作人员素质的制度
		培训实习生参与养老服务事业
	确保运营透明度	努力确保管理的透明度
	社区交流、社区贡献	与该地区的关系得到妥善保障
		与相关组织的合作得到保障
		努力改进社区的福利
实施适当的福利服务	以用户为导向的福利服务	明确规定尊重用户的立场
		提供关于福利服务的说明和意向书
		提高用户满意度
		确保畅通的用户意见表达机制
		提供安心、安全的养老服务体制
	确保养老服务质量	建立养老服务的标准实施方法
		通过适当的评估制订养老服务计划
		养老服务实施记录得当

（四）总结

日本自2000年《介护保险法》出台后，逐渐建立起一套系统化的养老服务体制机制，无论是对提高养老服务的运行质量还是养老服务供给机构的运营管理都起到良好的推进作用。我国较为长期的独生子女政策造成国内人口老龄化的特征也偏向"少子老龄化"，同为亚洲国家，日本在养老机构服务评价方面的工作值得学习和借鉴。

当前，日本针对不同类型的养老机构采取不同的评价方式和评价方法。为了让老年人尽可能在原生活社区安享晚年，维持生活水准，养老服务的提供责任落实到地方。在国家出台各类评价标准操作指南后，养老服务评价的实施主体还是由都道府县及其养老服务质量评价推进会共同承担。考虑到评价的客观性、真实性与有效性，日本采取了自我评估、外部评估、服务对象评估等多方评价方式，并结合不同类型机构的服务特点设定相应的详细可操作性化的评价指标和判定标准。

日本养老服务质量评估的目标是确保用户生活质量和促进区域包容性的养老服务质量。在评估中采取的质量评估具体方式包括记述式、多阶段评估式、清单检查式、数值测评式。日本根据美国公共卫生学者 Avetis Donabedian 提出的结构（structure）、过程（process）、结果（outcome）三个维度来评估介护质量评估的物质奖励。

日本长期以来养老服务质量评估实践较好地发挥了质量改进的作用。部分项目并没有持续发挥作用的主要原因是环境因素、业务水平因素和评估系统因素。需要注意的是，只依赖评估来提高服务质量并不是良策，从组织内部来激励工作人员的服务动力才具有可持续性。

三 美国

美国政府旨在建立一个健康的老龄化社会——步入老年阶段的公民仍然可以通过建立健康的生活习惯和行为，了解自己的健康状况和应使用的药物，树立疾病预防的意识，积极参与社区活动，从而获得有意义、有成效的老年生活。联邦制的政治体制结构致使美国的养老服务的职责机构在州老龄化政策室（The Department of Elder Affairs，DOEA）和社区老龄化办公室（County Office of Services for the Aging）而非联邦人类健康服务部（U. S. Department of Health and Human Services），形成自下而上的地方养老模式。

美国的养老服务机制也分为居家养老、社区养老和机构养老三种。目前家庭和社区养老占居家养老总数的82%，而机构养老所占比例为18%。美国的社区养老十分发达，经过长期的发展，不仅在设施建设、服务提供、运营管理方面具有成熟的模式，更具特色的是，美国养老社区按照"人以群分"的原则，在社区内外部开展更专业化、个性化的文娱活动。另外，按照年龄、医疗护理程度、居民构成形成多样化的养老社区形态。[1]

20世纪60年代，美国就开始推行政府购买社会服务。20世纪80年代，为了减轻财政压力，优化养老服务市场，美国通过政府购买服务的方式，将养老服务交给社会组织和私人机构提供。早在20世纪70年代美国参议院老龄问题特别委员会（U. S. Senate Special Committee on Aging）就开始关注养老服务的质量问题和护理机构监管问题。为了应对养老服务质量低质化问题，1987年美国出台了《综合预算调节法》（the Omnibus Budget Reconciliation Act of 1987），又被简称OBRA 87，提高了参与养老机构和组织的护理质量标准，并加强了联邦和州的监督。联邦层面，国家养老护理协会（National Council for Aging Care）每年都会统计养老投诉。州及地方层面，医疗保险和医疗补助服务中心（The Official U. S. Government Site for Medicare）出台了消费者信息计划，开设一个专门的网站[2]提供长期护理机构信息，供老人及其家庭选择适合自己的养老院、疗养院。该网站从健康和消防安全检查、人员编制、居民护理措施的质量三方面对疗养院进行评级，发布每年的质量评级报告。在此基础上，网站设置了比较系统，即提供各养老院护理质量、人员配置等比较信息，每月约有10万次的访问量，[3] 成为深受欢迎的养老院信息查询网站。

---

[1] 张卫国：《美国养老社区研究》，《世界经济与政治论坛》2012年第5期。
[2] 美国医疗信息网，https：//www. medicare. gov/nursinghomecompare/search. html。
[3] Health Care Financing Administration, *Report to Congress: Appropriateness of Minimum Nurse Staffing Ratios in Nursing Homes*, Baltimore, MD: U. S Department of Health and Human Services, 2000.

第六章　政府向社会力量购买养老服务评估的现状

为了更好地实现公共受托责任，美国政府购买服务绩效评价组织类型主要有两类，分别是责任总署主管型和政府受托评估型。[①] 美国的养老评估对象主要以项目制为主，通过对养老服务计划的评估，达到养老服务购买方、提供方、消费方等多方评估的方式。此外，美国养老服务评估主要委托给专业的第三方组织开展，政府所做的评估工作主要是收集基础性的评估信息并建立综合性的信息系统。

可靠和及时的数据是监测和改善护理质量的基础。这对外部监管机构和个别提供商都至关重要。CMS现在将最低数据集（MDS）方法所收集的所有疗养院居民的关键数据作为调查和认证过程的一部分，以帮助衡量质量并识别可能接受劣质护理的特定居民。最初MDS是为需求评估和护理计划而设计的，它定期收集有关居民功能和医疗状况的信息。自1990年以来，养老院被要求在入院时、健康状况发生重大变化时每年收集一次每位居民的MDS数据。自1998年6月以来，所有疗养院都被要求每季度以电子方式向CMS提交MDS信息。

（一）政府开展的养老服务评估

责任总署主管型是指由相关政府及其专职公务人员自行选择合理的绩效评估方法确定关键绩效指标。在政府购买养老服务领域，美国的社区生活管理局（ACL）通过国家老龄化计划信息系统（NAPIS）下的数据收集系统，开展《美国老年人法案》（The Older Americans Act，OAA）参与者的国情调查与全面评估。该信息系统主要包括关于家庭和社区以及营养服务和老年人权利的国家计划报告（SPR）以及国家长期护理监察员计划（NORS）绩效数据。

美国政府的养老服务评估是围绕评估美国老年人法案执行情况来开展的。为此，ACL（Administration for Community Living）建立了公开的AGID（AGing Integrated Database）来汇总各个评估计划的评估方式、评估内容、评估结果等信息。ACL致力于以综合方式的评估计划，将评估活动的过程、结果、影响和成本效益分析相结合。ACL采

[①] 杨文献、刘明洲、周军英：《欧美发达国家政府购买服务及绩效评价的国际经验》，http：//www.msweekly.com/show.html？id=105273，2018年12月2日。

用了学习计划方法（learning agenda approach），该方法涉及每个ACL中心的年度审核，以支持评估结果的生成和使用，为机构策略和决策提供信息。ACL的评估政策证实了我们对进行评估和使用评估证据来为政策和实践提供信息的承诺。ACL旨在促进评估过程中的严谨性、相关性、透明度、独立性和道德规范。从老龄化问题的评估角度来看，每年都会开设的评估主要围绕着美国老年人法案开展，评估项目如下。

表6-8 美国政府的养老服务评估项目（以2019年6月27日数据为准）

评估项目	评估主体	评估对象	评估方法	是否完成
国家家庭照顾者支持计划的照顾者结果评估研究	Lewin（过程评估）；Westat（结果评估）	为照顾老人和养育孙子女的祖父母帮助的照顾者	过程评估和结果评估相结合	已完成
评估OAA（Title Ⅲ-C）老年人营养服务计划（ENSP）	社区生活管理局（ACL）	提供老人营养服务机构组织、接受营养服务的客户、运营成本	过程评估、成本研究、评估计划的有效性	已完成
美国印第安人、阿拉斯加原住民和夏威夷原住民计划的可评估性评估（Title Ⅵ）	ICF International（ICF）	Title Ⅵ受助人的营养，支持和护理人员支持服务的计划特征	综合程序逻辑模型和药轮模型	已完成
评估老龄和残疾人资源中心（ADRC）	IMPAQ International 与Abt Associates	ADRC与消费者，护理人员，提供者和专业人士	过程评估和结果评估相结合	已完成
慢性病自我管理教育计划（CDSME）的过程评估	IMPAQ International 和Altarum Institute	国家受赠人的特征，CDSMP参与者	过程评估、采用多种方法，使用多种定性和定量数据源进行回归分析	已完成
评估美国老年人法案的监察员计划	—	—	—	已完成
2004年成人保护服务调查	—	—	—	已完成
OAA（Title Ⅲ-B）支持性服务评估	—	—	—	已完成

续表

评估项目	评估主体	评估对象	评估方法	是否完成
发展性残疾案计划成果	—	—	—	已完成
评估长期护理监察员计划（LTCOP）	芝加哥大学的NORC	居民及其家人长期护理机构、养老社区等相关利益者	—	正在进行
为年长的美洲印第安人、阿拉斯加原住民和夏威夷原住民评估家庭和社区支持服务（Title Ⅵ）	ICF International (ICF)	美国印第安人，阿拉斯加原住民和夏威夷原住民	混合方法，包括定量（主要和次要）和定性（主要）数据来源	正在进行
美国老年人行为计划的表现评估	社区生活管理局（ACL）	OAA 参与者	利用国家老龄化计划信息系统（NAPIS）几个数据系统	正在进行
长期护理监察员计划（LTCOP）的评估设计	芝加哥大学（NORC）	居民/家庭、设施、地方/州/计划和联邦层面	四个逻辑模型	评估设计
对全球老年人法案（OAA）服务进行评估设计	老龄问题管理局（AOA）	Title Ⅲ 下 HCBS 使用，医疗保健使用，社区使用权以及长期服务和支持（LTSS）支出	—	评估设计

上述养老评估项目的评估主体都由 ACL 和老龄化管理局（AOA）委托给专业的第三方评估机构来运作。虽然评估过程是由第三方完成的，但评估项目的产生、目的以及整体养老服务评估的综合系统还是由政府把控。政府还会将大型的评估计划拆解为多个部分，除了委托或者外包给第三方外，自己也会承担相应评估。比如 ACL 在全国家庭照顾者支持计划（NFCSP）计划中还对护理人员护理的去世人员进行一项小型的回顾性研究。由此产生的补充报告强调了护理人员在提供护理和获取服务方面的经验，并提供了护理

人员应接受的建议。

1. 国家计划报告（SPR）是汇集《美国老年人法案》所要求州提供的营养、护理人员、支持性服务等报告的主要信息系统。它包括有关 OAA 参与者的身份、接受的服务以及该计划的资金支出信息。SPR 报告还可作为衡量 OAA 计划绩效的关键数据来源。

2. 美国老年人法案绩效系统（OAAPS）将成为 ACL 和 AOA 用于监控绩效和收集有关 OAA 第三章（Title Ⅲ）和第六章（Title Ⅵ）信息的新报告工具。国家和地区老龄问题机构（AAA）将能够通过上传数据文件（基于 ACL 提供的模板）或直接输入数据，提交关于 OAA 计划参与者、服务和支出的年度绩效报告数据。

3. 全国家庭照顾者支持计划（NFCSP）代表了一项重要的联邦投资，旨在为照顾老人和养育孙子女的祖父母提供照顾和帮助。通过该计划，老龄化网络有助于满足护理人员和护理对象的迫切需求，同时也是扩大州、地区、地方和部落层面长期护理（LTC）服务系统的催化剂，以更好地支持家庭。它的最终目标是通过低成本、非医疗服务和支持那些选择居家和社区养老而非机构养老的群体。由 OAA 第 Ⅲ-E 章授权的全国家庭照顾者支持计划向护理人员提供有关可用服务的信息。

除此之外，ACL 在美国老年人 2016 福祉关键指标报告中提供了关于老龄化相关统计联邦机构间论坛选择的 41 个关键指标的最新数据，以描绘美国老年人及其家庭生活。它分为人口、经济、健康状况、健康风险和行为、医疗保健和环境等主题领域。

（二）第三方开展的养老服务评估

政府受托评估型组织是美国养老服务评估的中坚力量。第三方评估机构一般由高校相关领域专家学者、社会第三方专业组织来担任，他们运用其领域内的专业优势，强调其客观性、科学性、真实性等对政府的养老服务计划进行设计、评估，或者对提供养老服务的组织、机构提供专业性援助与建议。

NSOAAP 是对选定《老年人法案》第三章（Title Ⅲ）服务接收者

的年度全国调查的集合。这些调查委托给第三方评估机构 Westat[①] 管理。评估的目的是获得绩效结果，然后将其用于 AOA 的 GPRA 计划和 PART 评估。调查工具侧重于消费者对服务质量和消费者报告结果的评估。这些文书还衡量特殊需求特征，例如服务对象的身体和社会功能。

评估长期护理监察员计划（LTCOP）由芝加哥大学的 NORC 进行，旨在确定 LTCOP 在执行《美国老年人法案》所述核心职能方面的效力，LTCOP 对各利益相关方的长期影响，监察员计划中的系统倡导看起来像是有效或有前途的监察员计划实践。[②]

ACL 最近对 NFCSP 计划进行了两部分评估。第一部分由 Lewin 集团进行，是一个过程评估，其总体目的是理解和记录用于实现 NFCSP 目标的策略。该部分于 2016 年 3 月完成，并简要介绍了结果以及最终过程评估报告。此外，还要求国家老龄问题单位提交评估工具。评估小组对它们进行了编译并将它们分为以下几类：社区评估材料、一般客户满意度调查材料、祖父母评估材料、高级管理材料、监控材料、国家照顾者评估、国家关怀收受者评估、专责小组材料、统一满意度材料等。

第二部分由 Westat 进行，是一项结果评估，旨在描述 NFCSP 参与者的人口统计和照顾特征，以及检查该计划对关键护理结果（如负担和照顾信心）的影响。该部分于 2018 年完成，并制作了最终结果评估报告、网络研讨会简报、简报中的评论和回复以及简报中的音频或记录。可根据要求提供方法、数据收集工具和表格的附录。有关 NFCSP 结果评估参与者的简要数据概况可供使用。有关一组人口统计学特征的阿尔茨海默病或相关痴呆症患者（ADRD）的护理人员以及没有 ADRD 的护理人员的数据概况可在此处获得。

美国的养老服务评估的出发点是为了减少政府开支、加强服务质

---

① Westat 为美国通过研究帮助客户改善健康、教育、社会政策和交通方面的成果的第三方评估机构。

② Adminstration for Commity Living，"Evaluation of the Long-Term Care Ombudsman Program"，16 Jan 2020，https：//acl.gov/programs/program-evaluations-and-reports.

量、提高政府效率。不同的服务评估计划会有针对性地根据评估对象的特点、评估内容的特性采取不同的评估方式，有的评估项目注重服务结果的有效性及其效率，有的评估项目强调过程的合规性。由于某些对象的评估指标难以操作为定量指标，结合定性指标，利用回归分析等统计方法对评估结果进行统计。所有的评估报告要求对服务提供者提供改进措施，并根据评估结果决定是否延续政府购买服务合同或更换服务提供的社会组织或机构。

第二节　政府向社会力量购买养老服务评估的国内实践

2006年，我国政府文件中正式出现以购买服务的形式提供养老服务的表述，并指出要逐步建立和完善以居家养老为基础、社区服务为依托、机构养老为补充的服务体系。[①] 购买服务初期，政府多向社会组织购买养老服务，具有培育社会组织的意义。2013年，李克强总理提出政府向社会力量购买公共服务，养老服务生产者进一步多元化。随后，国家通过发布一系列文件，逐步明确了政府向社会力量购买养老服务评估的购买主体由承担养老服务的各级行政机关和参照公务员法管理、具有行政管理职能的事业单位以及因实际所需纳入行政编制管理且经费由财政负担的群团组织担任；承接主体是具备一定资质，拥有相应设备、技术、人才，依法成立的社会组织、企业、机构等社会力量，公益二类和生产经营性事业单位亦可作为承接主体；购买内容方面要因地制宜，针对购买居家养老、社区养老、机构养老等不同类型，要有不同的购买侧重点。此外，还对服务标准、资金管理、监管机制等方面做了详细的规定。我国政府向社会力量购买养老服务评估的政策也经历了一个逐步细化的历程（表6-9）。

---

① 国务院办公厅：《国务院办公厅转发全国老龄委办公室和发展改革委等部门关于加快发展养老服务业意见的通知》，http://www.gov.cn/zwgk/2006-02/17/content_202553.htm，2006年2月17日。

表6-9 我国政府向社会力量购买养老服务评估的政策历程

时间	发文机关	名称	字号	主要内容
2014	财政部、发展改革委、民政部、全国老龄办	关于做好政府购买养老服务工作的通知	财社〔2014〕105号	建立由购买主体、养老服务对象以及第三方组成的综合评审机制,在评估中着重于受益者的主观感受和满意度,评估结果向社会公开
2016	国务院办公厅	关于全面放开养老服务市场 提升养老服务质量的若干意见	国办发〔2016〕91号	完善养老服务标准体系,落实养老机构综合评估制度,对政府运营的养老机构实行老年人入住评估制度
2018	财政部	关于推进政府购买服务第三方绩效评价工作的指导意见	财综〔2018〕42号	规范了绩效评价的思想、原则、主体责任、范围等。并规划在2018—2019年,选取试点,通过试点完善政府购买服务绩效指标体系
2018	民政部办公厅、财政部办公厅	关于开展居家和社区养老服务改革试点跟踪评估工作的通知	民办函〔2018〕123号	采取政府自评、年度绩效考核和第三方评估相结合的评估方式,对各试点任务推进情况、成效与经验、问题与困难、新闻报道和舆情动态信息进行评估
2018	民政部办公厅、财政部办公厅	关于开展第二批居家和社区养老服务改革试点工作绩效考核的通知	民办函〔2018〕124号	针对第二批居家和社区养老服务改革试点进行评估,从基础工作、工作任务清单对比情况、工作任务清单完成情况、其他创新4个方面设立级指标,并细化了14个二级指标
2019	民政部办公厅、财政部办公厅	关于开展第三批居家和社区养老服务改革试点成果验收与报送居家和社区养老服务改革试点经验的通知	民办函〔2019〕38号	通过自评,民政部、财政部组成的专家组实地验收和复核审定,对第三批居家和社区养老服务改革试点进行评估。并从基础工作、工作任务清单对比情况、工作任务清单完成情况、其他创新4个方面设立级指标,更新二级指标变为13个,增加了对老年特殊群体的关怀的指标

政府向社会力量购买公共服务：评估指标构建及应用研究

从我国政府向社会力量购买养老服务评估的政策历程可以看出，国家层面对政府购买养老服务的评估是从2013年后才开始的，实践初期只是较为宽泛地规定了评估主体、原则、内容等，并未形成评估指标体系。自2018年财政部发布《关于推进政府购买服务第三方绩效评价工作的指导意见》（财综〔2018〕42号）以来，国家才开始推进政府购买养老服务评估的试点工作，出现了少量评估指标体系。作为经济发达地带，长三角地区的老龄化程度远超全国，作为政府购买养老服务评估的重要试点地域，其关于政府购买养老服务的评估走在了全国的前列，并取得了一定的成绩，故而本书国内实践侧重于介绍长三角地区的发展情况。在实践中，根据评估主体，政府向社会力量购买养老服务分为对购买者的评估、对生产者的评估和对消费者的评估。

一　对购买者的评估

政府向社会力量够买养老服务的购买者是指承担养老服务的各级行政机关和参照公务员法管理、具有行政管理职能的事业单位以及因实际所需纳入行政编制管理且经费由财政负担的群团组织。实践上，国内很少有针对购买者的评估，多是购买者对消费者、生产者的评估，即使是第三方机构也多针对服务质量、承接主体或公众满意度进行评估。目前，上海市是对购买者评估的典型地区，它针对全市各区养老服务的工作情况进行考察，并出台了指标体系。

自2017年起，上海市民政局就对各区养老服务的购买者进行绩效考核并连续三年公布了评估指标（表6-10），其中一级指标和二级指标相同，分别是社会建设、就业和民生保障以及养老服务体系建设，三级指标的内容或权重有所调整。从三级指标的设置来看，2018年和2019年增加了对各区养老服务工作创新的考察，虽然这个指标只占5%，却能反映政府推进养老服务更好发展的意愿；从指标的明细变化来看，任务达成要求越来越高、越来越细，这说明养老服务的覆盖率和服务质量在逐步提升。

上海市政府实施项目完成情况指标明细显示，养老床位建设和日间服务中心建设是常规性工作。从明细涉及的地域来看，2018年后涉及郊区农村薄弱养老机构改造，而2019年关注到社区为老服务中心和助餐场所，说明政府注意到城乡差异，指标设计更加因地制宜。从明细包含的群体来看，2018年、2019年分别关注到失智老年人和老年认知障碍者的床位改造，体现政府对特殊群体需求的关照。

三年的养老服务能力提升指标明细表明，不论从硬件设施、人才队伍还是人文关怀、社会影响等方面，政府的要求都在提高。持有国家级证书或专业证书的养老护理员的比例要求快速增高，体现了全市养老专业化水平的提升；为老服务中心、社区与医疗机构签约率、街镇养老服务顾问点、基本养老床位逐渐实现百分之百全覆盖，说明各区购买养老服务硬件设施的逐步完备；针对一些特殊老年群体，提出护理型床位指标，既体现对多元化需要的回应，也是一种人文关怀；养老服务设施公建民营的推广则与激发市场活力，培育民营资本的背景相关。

表6-10　　2017—2019年上海市养老服务三级指标及明细[①]

指标	时间	明细				
市政府实施项目完成情况	2017（50%）	养老床位建设（12%）	日间服务中心建设（10%）	长者照护之家建设（10%）	养老机构内设医疗机构（10%）	存量养老机构实施电气线路建设（8%）
	2018（36%）	养老床位建设（10%）	日间服务中心建设（10%）	郊区农村薄弱养老机构改造（8%）	失智老年人照护床位改建（8%）	
	2019（50%）	养老床位建设（10%）	日间服务中心建设（8%）	郊区农村薄弱养老机构改造（8%）	老年认知障碍照护床位改建（8%）	社区综合为老服务中心建设（8%）	新增社区老年助餐场所（8%）

[①] 表格根据上海市2017—2019年度养老服务绩效考核指标明细表而制，发文字号依次为沪社养老领办〔2017〕2号、沪社养老领办〔2018〕1号、沪社养老领办〔2019〕1号。

续表

指标	时间	明细				
养老服务能力提升	2017（30%）	养老护理员持证上岗率达90%和国家级证书（含职业能力证书）持证率达到30%（12%）	综合为老服务中心达街镇总数35%（10%）		社区托养机构和医疗机构签约率100%（8%）	
	2018（28%）	养老护理员国家等级证书（含职业能力证书）持证率达到25%（10%）	街镇综合为老服务中心建设全覆盖（10%）		基本养老床位应保尽保（8%）	
	2019（23%）	养老护理员持证率达95%（5%）	街镇养老服务顾问点全覆盖（5%）	护理型床位占区域老年人口比例0.5%（3%）	基本养老床位应保尽保（5%）	新增养老服务设施公建民营全面推行（5%）
行业监管和服务质量	2017（20%）	养老机构消防安全工作落实到位（6%）	完成等级评定的养老机构数占本区养老机构总数50%以上（6%）	动态管理与调整机制、信息化建设和日常管理信息系统运用与维护100%覆盖已执业养老机构（8%）		
	2018（31%）	养老机构安全工作落实到位（10%）	养老机构全部参加等级评定（3%）	日常管理信息系统运用与维护100%覆盖已执业养老机构（3%）	养老机构收费行为规范（5%）	养老机构服务质量达标（10%）
	2019（22%）	养老机构安全工作落实到位（8%）	养老服务平台全面应用，信息数据报送及时准确（2%）	执业1年以上养老机构党建全覆盖（3%）	执业1年以上养老机构质量检测全覆盖（7%）	养老机构收费行为规范（2%）
工作创新	2017	无				
	2018（5%）	鼓励各区开展创造性、特色性和亮点工作酌情评分				
	2019（5%）					

从行业监管和服务质量指标明细来看，养老机构的安全工作需每年排查落实；完成等级评估的养老机构从50%到100%，对养老机构的评估逐渐实现全方位覆盖；养老机构收费规范的提出，可能与养老机构的收费高、乱收费的现状有关；养老服务平台的出现是日常信息系统进一步完善的表现；2019年出现的机构党建全覆盖和质量检测全覆盖，映射了加强党全面领导的要求和技术手段的提升。

二　对生产者的评估

（一）生产者概况

政府购买养老服务的生产者包括自然人和法人，法人包括社会组织、企业和事业单位等。截至2017年底，能够提供住宿的注册登记养老服务机构2.9万个，社区养老机构和设施4.3万个，社区互助型养老设施8.3万个，不提供住宿的老龄事业单位全国有1600个。[①] 作为养老服务生产者的养老机构，有民营和国营之分，也有公益性和经营性之别。无论是居家养老、社会养老还是机构养老，承接养老服务的机构一般可分为公建民营和民办公助两种形式。[②] 公建民营的养老机构主要包括事业单位或者国企建立的敬老院、养老院等，政府向这些机构购买运营和支持服务；民办公助的养老机构一般是以民办非企业单位进行注册的社会组织以及私营企业，政府通过补贴的形式对养老机构的创办、运营提供资金或政策支持。

社会组织已经成为承接政府购买养老服务的中坚力量，社会组织又以民办非企业单位为主体，此外还有社会团体和基金会。社会组织具备非官方性、反逐利性、目标使命性、自发成立等特征，具备公益性或者互益性。官方规定的能够接受政府养老服务的社会组织范围相对狭窄，必须依法登记成立或经批准不需要登记。实践当中，社会组织还出现了社会企业以及社区社会组织等新兴力量。社会企业并非企业，只是采用商业化模式运行，所追求的是社会公共利益，属于社会

---

① 民政部门2017年统计公报。
② 邹蕴涵：《养老服务政府采购规模测算与政策建议》，《宏观经济管理》2016年第3期。

组织范畴。由于养老服务属于基本公共服务的范畴，基本公共服务的落实也下沉到社区场域，专门面向社区提供养老服务的社会组织应运而生，政府购买社区居家养老服务正如雨后春笋般发展，各地社区养老服务中心成为承接政府养老服务的基层主体，社区社会组织则在其中承担着基础运营工作，社区社会组织已经成为基层社会领域中最为重要的组织形式之一。除正式登记注册的社会组织之外，民间志愿者团体、兴趣社团也是新型助老力量，他们在社会组织的培育和指导下进行养老服务。从"政府向社会组织购买养老服务"到"政府向社会力量购买养老服务"表述的转换，更体现了国家养老服务市场的全面放开。

依法在工商管理或行业主管部门登记成立的企业也是承接养老服务的重要主体，承接养老服务的企业既有国企也有民企。自20世纪80年代以来，随着社会福利事业从单位制解体中跳脱给社区，养老服务这一准公共服务也开始了自身的市场化进程。赡养老人也慢慢地不再与家庭责任等同，政府职能的改革明确了对于边缘老人的救助义务，具有社会责任的企业参与到养老服务的竞标中。诚然，逐利性是经营性企业的本质，企业参与承接养老服务也是瞄准行业商机。养老服务兼具事业和产业的属性，养老事业一般是政府主导，但养老产业则是以市场为主体，作为市场主体的企业除承接相关养老服务之外，也衍生出包括老年用品、老年健康、养老金融、养老地产和养老旅游等养老产业。在养老服务上，因现行的养老机构扶持政策基本都是针对非营利性的养老机构[1]，因而民营企业当前在提供养老服务的施展深度上远不及民办非企业单位。不过，随着老龄化进程加速、政府购买养老服务公私合营（PPP）模式的扩展以及医养融合的推进，健康管理和服务的发展前景广阔，民企参与承接养老服务具备了一定的商机，民企参与的养老项目正在快速增长。当前国家对符合条件的承接养老服务的小微企业提供财税优惠，此外也在逐步规范企业承接养老服务的信用机制建设，并鼓励养老机构建立高于国家标准养老服务企

---

[1] 周清：《促进民办养老机构发展的财税政策研究》，《税务与经济》2011年第3期。

业标准。企业是不可缺少的社会力量，随着智慧养老步伐的推进，能够参与养老服务的企业种类也丰富起来。兰州市城关区"虚拟养老院"的建设除了依靠政府部门推动，也需要大量社会服务类企业加盟，从而确保养老服务的可持续性。[1] 除国内资本之外，国际资本也加入政府购买的范畴。以江苏省南京市为例，该市引入了澳大利亚皇家护理、法国欧葆庭集团等，建立了针对高端养老服务需求的颐养中心。[2] 民企之外，国资、国企也参与到养老事业。如上海市浦东新区正在建设或者将已经运营的公办养老机构过渡给国企来运营管理，具体运营由三家国企下设的子公司负责。[3] 企业参与养老服务购买可以充分发挥市场机制资本汇聚的优势，保证多元的服务资金来源，与此同时也承担着一定的商业风险。

当前，事业单位扮演着公共服务"免费"提供者与生产组织者的双重角色。[4] 养老服务属于基本公共服务，2015 年开始施行的《政府购买服务管理办法（暂行）》第十四条第一款将养老服务这一基本公共服务纳入政府购买服务指导性目录，事业单位也是承接养老服务的重要社会力量。《国务院办公厅关于政府向社会力量购买服务的指导意见》（国办发〔2013〕96 号）中对承接服务主体的性质界定则为"包括依法在民政部门登记成立或经国务院批准免予登记的社会组织，以及依法在工商管理或行业主管部门登记成立的企业、机构等社会力量"，可以看出，这里的社会力量主要是指社会组织、企业和机构。在《关于做好政府购买养老服务工作的通知》（财社〔2014〕105号）中对承接养老服务主体的规定则显得相对模糊，文件提到"各地可根据国办发〔2013〕96 号文件确定的原则和养老服务的要求，规

---

[1] 刘红芹、包国宪：《政府购买居家养老服务的管理机制研究——以兰州市城关区"虚拟养老院"为例》，《理论与改革》2012 年第 1 期。
[2] 人民网：《南京社会化养老：政府购买服务敬老院公办民营》，http：//js.people.com.cn/n2/2016/0828/c360302-28904244.html，2016 年 8 月 28 日。
[3] 搜狐：《浦东国资国企探索养老产业新模式》，https：//www.sohu.com/a/254056336_481760，2018 年 9 月 15 日。
[4] 林闽钢、王刚：《政府购买服务视角下事业单位改革的新思路》，《行政管理改革》2017 年第 12 期。

定承接主体的具体条件"。由于事业单位与政府的独特历史联结，针对事业单位是否属于承接养老服务的社会力量，从狭义上来说，在政府、市场、社会领域分离视角下，事业单位由国家财政资金供养，具备广泛的公共性，不在社会力量的范畴。但从服务对象来看，事业单位是向社会提供公益服务的主要载体，具备典型的社会服务性特征，事业单位作为一类社会服务组织，也可以被认作社会力量。不容否认的是，政府向事业单位购买养老服务也是养老实践的重要组成部分。然而，并非所有的事业单位都可以承接养老服务。2011年，《国务院办公厅关于印发分类推进事业单位改革配套文件的通知》（国办发〔2011〕37号）将国内事业单位按照功能差异，分为承担行政职能、从事生产经营活动和从事公益服务三类，其中从事公益服务类事业单位又根据工作职责、服务群体和资源配置途径划分为公益一类事业单位和公益二类事业单位。公益一类提供基本公益服务，不得进行生产经营活动，资源配置与市场无关。公益二类可部分由市场配置资源。在资源配置引入市场参与的前提下，作为政府购买服务承接主体的事业单位则限定在公益二类以及生产经营类。当前由事业单位生产的养老服务包括国营的敬老院、社会福利院、老年公寓、养老院等形式。诸如养老院、社会福利院等由事业单位提供的养老服务属于公益二类。政府向事业单位购买养老服务可能存在着政府向转型为公益类的事业单位购买，内部来看还存在着公益类事业单位向社会组织购买的情况。①一般而言，事业单位养老机构承担着救济性质养老服务，服务对象主要为"三无""五保"等弱势老年群体，现正逐渐演变成面向全体老人的服务机构。以上海市为例，上海市的社会福利院起先只担负着老年人生存救济功能，负责为"三无""五保"老人提供衣食住医等服务内容。随着老龄化程度的加深以及家庭养老功能的弱化，1994年《上海市社会福利院收养人员管理暂行办法》颁布，社会福利院承担起全体老人的安置责任。②入住老年人限制放宽的背后是养

---

① 句华、杨腾原：《养老服务领域公私伙伴关系研究综述——兼及事业单位改革与政府购买公共服务的衔接机制》，《甘肃行政学院学报》2015年第3期。
② 鲁迎春、陈奇星：《从"慈善救济"到"权利保障"——上海养老服务供给中的政府责任转型》，《上海行政学院学报》2016年第2期。

老社会化的进程以及事业单位改革的渗透。此外，南京市市属社会福利机构、农村敬老院在确保政府救济功能的"托底"任务床位之外，其他剩余床位均向社会开放，11个区公办养老机构全部向社会组织购买，2016年公办养老机构已经全部实现公办民营。①

（二）评估实践

在机构等级测评中，国家层面的养老服务已经向标准化迈进。民政部提出了《养老机构服务质量基本规范》的国家标准（GB/T35796—2017），该标准于2017年12月29日发布实施。标准对评价方式做出了如下要求：应定期听取老年人及相关第三方的建议和意见，采取设置意见箱、网上收集等方式收集信息；应定期开展机构内的服务质量检查与考核；宜采取日常检查、定期检查、不定期抽查、专项检查等方式进行内部评价。每年开展不少于1次的自我检查，并形成检查报告；应每年开展不少于1次的服务满意度测评，向组员老年人或相关第三方发放满意度调查问卷，并形成分析报告；邀请相关专家或第三方专业机构，对服务质量进行评价。服务评价的内容包括服务项目、服务质量、服务人员、服务满意度、工作记录和归档情况等。2018年12月28日，《养老机构等级划分与评定》国家标准（GB/T37276—2018）出炉，该标准于2019年7月1日开始实施。在养老机构提出评级申请后，评定机构在综合考察养老机构的环境（120分）、设施设备（130分）、运营管理（150分）、服务（600分）的基础上对养老机构进行评定，评定分为五个等级。从评估指标权重可以看出，服务质量是评价一个养老机构好坏的重要标准，养老服务类别主要包含出入院、生活照料、膳食、清洁卫生、洗涤、医疗护理、文化娱乐、心理/精神支持、安宁、委托、康复、教育和居家上门服务。在等级评价的基础之上，通过建立星级养老院的示范效应，带动养老服务的标准化、优质化。在国家标准出台之前，地方政府早已根据现有养老机构情况制定出了地方标准。

---

① 人民网：《南京社会化养老：政府购买服务，敬老院公办民营》，http://js.people.com.cn/n2/2016/0828/c360302-28904244.html，2016年8月28日。

2010年11月，江苏省公布了《居家养老服务地方规范》（DB32/T 1644—2010），对提供居家养老服务的养老机构的组织机构、基础设施、人员素质、服务要求以及服务管理和持续改进提出了要求。镇江市于2019年公布了对社区居家养老服务中心的评定标准（镇民福〔2019〕1号），将社区居家养老服务中心从低到高分为A级、AA级、AAA级三个等级并制定了机构设立、服务对象、项目选址、功能设施、服务内容、服务队伍、安全保障、内部规范、服务绩效、监督管理十个指标。从机构设立和制度规范上看，三个等级的机构设立条件、安全保障制度、内部规范制度和监督管理要求是一样的；从服务中心的覆盖程度来看，等级越高，选址面积越大、环境要求更高，开放时间更长、服务人次更多；从服务中心的职责上看，等级越高，功能越齐全、内容越丰富，更能满足老年人多元化的需求，高等级的中心不仅着眼于老年人的基本生活需要，也更注重老年人的心理需求、身体健康，对于服务队伍的专业化要求也更高。

2011年，浙江省出台了《居家养老服务与管理规范》（DB33/T837—2011）和《养老机构服务与管理规范》（DB33/T926—2014），养老服务质量评价主体包括管理机构、服务机构、服务对象或家属、监护人和第三方，评价指标包括服务对象满意度、家属/监护人满意度、服务时间准确率、服务项目完成率和有效投诉接案率。对养老机构的评定从2015年度展开，从环境和运营的基本要求、管理要求、服务要求、场地及硬件设备要求进行评价。2018年，浙江省正式启动养老服务机构标准化建设试点工作。

《上海市养老机构条例》《上海市民政局关于开展本市养老机构等级评定工作的通知》（沪民福发〔2016〕21号）的发布明确了建立养老机构评估制度，通过委托的方式，邀请专家或第三方专业机构，对养老机构的人员配备、设施设备条件、管理水平、服务质量、社会信誉等进行综合评估，并将评估结果向社会公布。《上海市养老机构评价报告》搜集了上海市养老机构2017年8月至2018年4月的调研数据，从硬件设施、人员配置、组织管理、服务提供维度进行评估，报告显示上海市养老机构整体发展水平较为规范。

安徽省在长三角地区启动养老机构等级评价时间较晚。《安徽省养老机构管理办法》明确了安徽省民政厅建立养老机构等级评定制度和评估制度，评估主要从养老机构的设施、服务、管理、信誉等维度进行，评估结果直接影响政府购买服务以及建设运营补贴的金额。除第三方评估之外，养老机构每年4月之前递交年度工作报告，汇报养老机构的服务范围、质量和运营管理等情况。滁州市制定了《滁州市社区居家养老政府购买服务项目的考核办法》（滁民办〔2018〕69号），该办法并非对购买的全过程进行评估，而是对承接主体即社会组织或机构进行考核。该评估由民政局公开招标确定第三方评估机构或组织，对承接主体的服务协议或签约率、预案或内容规定、回访情况、服务完成率和受益人满意度进行考察。在服务供给方面，具体对承接主体的生活照料服务、精神慰藉服务、医疗保健服务和信息咨询服务进行评估，生活照料服务包括配餐服务、起居服务、助浴服务、卫生清洁服务和代办服务；精神慰藉服务包括精神支持服务、心理疏导服务、老年人隐私管理；医疗保健服务涵盖预防保健服务、医疗协助服务、康复护理服务、健康咨询服务；信息咨询服务则与老年人配套智能设备、信息咨询相关。评估结果采取百分制，分为优秀（95分及以上）、良好（80—94分）、合格（61—79分）、不合格（60分及以下）四个等级，并给予全年考核优秀的承接主体10000元奖励。

三 对消费者的评估

老年人是政府购买养老服务的消费者，一般而言，所有60周岁适龄老人都享有当地政府提供养老服务的机会。针对消费者的评估，主要是指在政府购买养老服务前后，对能够或者实质上享受该项服务的广大老年群体进行的需求评估和能力评估，这种评估往往需要消费者提前申请，政府或第三方进行考核。当前国内对消费者的评估也倾向于通过政府购买的方式展开。

需求评估。满足有效需求的供给才是高效的，所以首先要对老年人进行需求评估，明确潜在消费群体的生活需求、医疗需求以及精神需求，从而提供相应的养老服务内容。上海市、苏州市养老服务需求评估表类目包括助洁、助餐、助医、助浴、助行和助急服务，这些服务的评估级别又分为没有需要、1次/月、2—4次/月、多于5次/月、家人帮助、志愿者帮助和市场购买这七种。南通市养老服务意愿的评估主要是与评估对象、家庭成员交流，了解老人的养老服务倾向。若更愿意在家庭或者社区进行养老，则更加细致询问需要何种服务项目，结合老人现有的居住情况整体判断刚性需求和一般需求。浙江省又将居家养老服务区分为生活照料服务、医疗保健服务、家政服务、紧急救助服务和其他服务等。杭州市对老人服务需求的评估包括首次评估、复检评估、变更评估三个阶段，评估包含着重要参数、附加参数和背景参数。在浙江省嘉善县护理服务供给中，对选择居家养老服务的，区分为生活照料服务、医疗保健服务、紧急救助服务和其他服务等；对选择机构养老服务的，区分为生活自理服务、介助服务、介护服务。安徽省2014年出台了《政府购买养老评估服务实施办法》，明确了要对老年人进行需求评估，确定老年人需要何种类型的养老服务，是否需要照料护理以及服务的等级，明确是否具备领取护理、养老服务等补贴的资格，提供完善的消费者评估报告。截至2019年7月全省老年人需求评估制度的制定依然处于进行状态。当前长三角地区城市对老年人的需求评估主要集中在生活评估和医疗评估两方面，对于精神需求评估的重视程度并不高，往往只停留在情绪维度。

能力评估。能力评估既包括服务对象的身体健康能力也包括当前以及预期的经济能力。

一是健康能力评估。国家针对接受养老服务的60周岁老人制定了《老年人能力评估》（MZ2009—T—034）民政行业标准，包括4个一级指标，22个二级指标（见表6—11），每个指标按照能力完好、轻度受损、中度受损、重度受损进行分级评价，综合所有指标得分后，最后在0（能力完好）、1（轻度失能）、2（中度失能）、3（重度失能）四个能力评估等级中定位。

表6-11　　　　　　　　　老年人能力评估指标

一级指标	二级指标
日常生活活动	进食、洗澡、修饰、穿衣、大便控制、小便控制、如厕、床椅转移、平地行走、上下楼梯
精神状态	认知功能、攻击行为、抑郁症状
感知觉与沟通	意识水平、视力、听力、沟通交流
社会参与	生活能力、工作能力、时间/空间定向、人物定向、社会交往能力

江苏省南京、无锡、盐城、南通等市也出台了地方标准。南通市养老服务能力评估参考了国家标准，只不过把"社会参与"一级指标的表述改为"社会适应能力"。针对老年人健康情况的不同，所需要的护理服务等级也不同，因而健康能力评估往往也以护理等级评估的形式出现。无锡市对重大疾病进行了列举，作为健康能力的参考。上海市2013年在全国率先制定《老年照护等级评估》（DB31/T 685—2013）地方标准，借鉴国际流行的分类拟合工具技术，将评估结果分为正常、照护一级至六级、建议至相关医疗机构就诊，并提供建议书。与国家老年人能力评估指标相似之处在于，上海老年照护等级高度重视视觉参数的评估以及情绪的表达，也纳入了家庭支持指标（见表6-12）。浙江省宁波市鄞州区的做法与上海类似，但缺乏社会生活环境参数。浙江省嘉善县在提供护理服务评估的实践中，将评估结果分为六级，五级重度失能在居家上门和机构护理服务中选择，六级重度失能还可选择医疗机构护理服务。杭州市则将残障疾病情况作为一项背景参数进行健康能力考量。安徽省级层面并没有明确的地方老年人能力评估。

表6-12　　　　　　　上海市《老年照护等级评估》参数

主要参数	评估事项
生活自理能力	进食、修饰及洗浴、穿（脱）衣服、排泄及如厕、移动
认知能力	近期记忆、程序记忆、定向力、判断力

续表

主要参数	评估事项
情绪行为	情绪、行为、沟通力
视觉	视觉
社会生活环境	居住状况、家庭支持、社会参与、居住环境

二是经济能力评估。经济条件的好坏决定了老年人消费养老服务的能力。政府兜底购买的养老服务对象向特殊群体倾斜，通过健康状况和收入评估，确定是否享受购买补贴。江苏省南通市对老人经济能力的评估包括老人居住状况和经济状况，通过观察老人是独居还是与亲朋好友同居，调查老人所在家庭的收入来源和多少，判断老人是否具备领取政府购买养老服务补贴的资格。此外，对于认定为农村"五保"、城市"三无"、低保低收入家庭也是经济能力评估的依据。与南通市做法类似，浙江省嘉善县则在对老人的身份特征进行数据收集的基础上，参考当地居民平均生活水平，综合确定老人的经济情况。杭州市在评估老年人购买居家养老经济能力时，限定购买养老服务的消费对象必须为月均收入 3000 元以下的老年群体，再区分出低退休工资、低收入、无社保等类别。

四 典型做法

目前，长三角大多数城市仅侧重于政府购买养老服务某一方面的评估，综合性评估较少。在综合性评估中，主要包括对生产者、消费者、满意度、资金管理等进行评估。

江苏省盐城市将政府购买养老服务评估的内容分为三个部分，对老年人的评估、对承接主体的评估以及对养老服务质量的评价。对老年人的评估侧重于老年人的身体状况评估和老年人需求评估；对承接主体的评估则关注养老机构的资质，服务设施的建设与运营情况；对服务质量的评估则涉及承接主体对于合同的履行情况，并对违反合同规定的承接主体给予相应处罚。此外，盐城市还提出应针对养老服务

第六章 政府向社会力量购买养老服务评估的现状

资金构建绩效评价机制，提高资金使用绩效。① 南京市将政府购买养老服务评估分为居家养老服务综合性评估和机构养老服务综合性评估，评估主体由第三方、专家组和责任处室组成，他们共同打分，得分权重依次为40%、40%、20%。居家养老和机构养老使用的评估指标相同，责任处室对项目实施的周期、经费、中期和终期结果进行考核，第三方和专家组使用相同的指标体系（表6-13）分别对服务能力、服务水平、项目管理、廉洁标准进行打分。南京市评估文件虽将满意度评估作为重要项目，却未曾公布满意度指标结果，考核结果也未曾体现老年人对服务的满意度。②

表6-13　南京市第三方和专家组养老服务评估指标体系

一级指标	二级指标	三级指标	权重
服务能力（19）	人力配备	1. 项目负责人的稳定性	10
		2. 团队成员参与项目情况	4
		3. 团队成员实施项目的资格	3
	硬件设施	4. 项目实施场所	1
		5. 开展项目的硬件设备	1
服务水平（22）	服务数量	6. 服务对象人员数	10
		7. 项目服务数量（人/次或天）	6
	服务质量	8. 项目的针对性	6
项目管理（39）	过程管理	9. 项目整体推进状况	8
		10. 项目关键节点落实程度	5
		11. 服务对象意见反馈通道或公共信息平台	4
	结果管理	12. 合同履约程度	10
		13. 项目执行档案留存	5
		14. 中期报告或结项报告	3
	财务管理	15. 经费使用状况	4

---

① 关于印发《盐城市区政府购买与补助养老服务实施办法（试行）》的通知，盐民老服〔2017〕12号。

② 2016年度南京市民政局购买服务绩效评估监督事务项目报告。

续表

一级指标	二级指标	三级指标	权重
廉洁标准（20）	法律规范	16. 腐败行为	7
		17. 虚假行为	6
	职业道德	18. 服务对象投诉	4
		19. 商业营销行为	3
总分		100	

浙江省杭州市正在推行智慧养老，并印发了监督考核意见，考核依托智慧养老监管平台对养老服务进行全面考核评价，评估不仅包括半年考核也包括日常考核，不仅注重结果也注重过程。评估内容（表6-14）包括智慧养老一类服务、二类服务、三类服务内容和养老服务质量。一类服务包括紧急呼叫服务、主动关怀服务和特殊助急服务；二、三类服务包括"七助"[①]服务、公益服务；服务质量则考察公众满意度和服务商的诚信度，诚信度包含服务的及时性、有效性，数据的真实性、完整性。

表6-14　　　　　杭州市智慧养老评估指标[②]

序号	考核内容	具体项目	评分标准	分值
1	服务内容	紧急呼叫服务处理情况	及时性、规范性	20
2		主动关怀服务完成情况	每月履约率	30
3		特殊助急服务处理情况	及时性、规范性	5
4		二类服务完成情况	有效性	15
5	服务质量	服务满意度 紧急呼叫服务	满意率	10
		主动关怀服务		
		特殊助急服务		
		二类服务		
		服务相关方		

---

① 助急、助洁、助餐、助医、助浴、助行、助聊七项服务。
② 杭州市民政局：《杭州市智慧养老综合服务监管考核暂行办法》2017年。

续表

序号	考核内容		具体项目	评分标准	分值
6	服务质量	平台服务商诚信度	服务终端发放、开通情况	及时性、有效性	20
			售后服务情况		
			签约老人信息质量	真实性、完整性	
			平台日志信息质量		
			紧急呼叫服务数据质量		
			主动关怀服务数据质量		
			特殊助急服务数据质量		
			"七助"服务、走失老人找回服务数据质量		

  安徽省合肥市则规定政府购买养老服务的评估应以服务对象满意度为基础，对服务机构（承接主体）进行综合评估，以提升养老服务质量并让公众满意，第三方评估机构应调查服务机构基本资质、服务对象的需求和满意度、服务投诉及处理情况。[①] 2017年10月，合肥市对政府购买居家养老服务的评估进一步细化[②]，分为服务开展情况调查指标体系（表6-15）、服务投诉指标体系和服务机构评价指标体系。服务开展情况调查指标体系包括服务需求调查、服务真实性调查、改进意见调查及服务项目满意度调查四项，其中满意度调查指标体系十分详尽，采取四级量表的形式，分为非常满意、满意、一般、不满意四个等级，并要求写出不满意的原因。服务投诉指标体系是通过电话回访、上门走访、实地走访和综合调查等方式，了解服务对象的投诉内容，并对投诉原因和处理结果进行后续跟踪。

[①] 合肥市民政局：《合肥市政府购买居家养老服务实施方案》2017年。
[②] 合肥市民政局：《关于做好2017—2018政府购买居家养老服务第三方监理工作的通知》2017年。

表6-15　　　　　　　　合肥市服务开展情况调查

项目	题目	题目类别
服务需求调查	您目前需要的服务项目（新增服务对象）	多选题
	现有项目能否满足需要	单选题
	需新增的服务项目	开放性题目
服务真实性调查	目前正在接受的服务项目（长期服务对象）	多选题
	接受过哪些机构提供的服务	开放性题目
改进意见调查	提供的服务最满意的一些机构	开放性题目
	服务最需要改进的一些机构	开放性题目
	居家养老服务需改进的方面	多选题
服务项目满意度调查	生活照料：配餐、家政维修	四级量表，分为非常满意、满意、一般、不满意四个等级
	医疗保健	
	紧急救援	
	维修服务	
	精神慰藉	

合肥市政府购买居家养老服务机构评价指标体系（表6-16）较为完备，不仅包括对生产者资质的评估，而且包含对人员配备、服务成效的评估。评估结果采取百分制，从指标所占的分值来看，管理制度所占的分值最高，基础条件最低。机构资质所占的权重并不高，但文件规定机构资质不达标者直接取消其申请资格。作为反映生产者提供服务优劣的指标，服务成效的比重并不高。指标更多地还是反映生产者（机构）本身所具备的情况，其对于二级指标服务管理制度（16分）的关注甚至高于三个一级指标，折射出合肥市对于生产者制度规范的重视。

表6-16　合肥市政府购买居家养老服务机构评估指标体系

一级指标	二级指标	分值	一级指标	二级指标	分值
机构资质（12）	经营范围	5	基础条件（10）	机构资产及评估等级情况	4
	与服务内容相关的资质	4		项目业绩服务经验	3
	服务规划	3		服务特色与创新	3
设施设备（20）	固定办公场所	8	人员配备（20）	管理人员及相关资质	5
	服务内容相关场所	7		服务人员及相关资质	10
	办公设备齐全	5		财务人员及相关资质	5
管理制度（25）	13. 服务管理制度	16	服务成效（13）	服务质量	5
	其他管理制度	6		服务投诉处理	4
	机构自检制度	3		服务回访情况	4
总分	100				

从各地富有特色的实践来看，政府购买养老服务的评估在购买服务的全部流程上，建构以合法与有效为特征的基本框架是政府购买养老服务评估实践的走向；在具体指标设计上，既包含购买者和生产者的投入产出比等经济性指标，也包括消费者满意度等社会性指标。各地的评估，根据各自购买养老服务实践的特点，形成了一些特色的指标，如南京市廉洁标准指标，杭州市由信息服务产生的呼叫服务、关怀服务指标，等等。

第三节　政府向社会力量购买养老服务评估的问题

完善的评估应该建立在养老服务购买的全流程上，需要对购买者、生产者和消费者都进行测评，但由于评估机构自身发展桎梏以及购买者和生产者的强势施压，常常出现评估者被服务方俘获或者与利害相关方合谋，导致现评估有效性、公正性、全面性的缺失。

一 政府过度干预

政府向社会力量购买养老服务的监督评估被购买者垄断。[①] 购买者垄断评估权并不是指由购买者全部承担起评估的职责,而是指购买者对评估的绝对控制,可以按照自身意愿操控、干预所有评估过程。是否进行评估、如何进行评估、选择谁来评估、评估结果是否公开等环节问题,购买者在进行项目招投标时全部都可以明文规定,或者不考虑竞争性,直接根据熟悉程度自行选择合作对象。从具体项目评估来看,评估往往在购买者监督甚至"指导"下进行,该机构能否参与评估、参与何种类型的评估以及判断哪些该评估,哪些不该评估也是由购买者拍板,评估过程的规范性易被打破。

评估者的行政倾向严重。在多元评估主体中,以区别于购买者和生产者的第三方机构为典型代表。一般而言,第三方评估机构由购买者直接委托或者购买服务,尽管生产者也可以自行选择第三方评估机构,但介于购买者和生产者的购买服务的这层独特关系,第三方始终不能与政府脱钩,与政府部门有着千丝万缕的联系。除此之外,评估机构可能来自行政系统延伸而来的事业单位或者社会组织,内生的行政渊源更是加剧了评估者的行政化倾向。由于当前评估机构的实力薄弱,政府出于培育的需求,还需要对第三方机构进行资金支持和技术教育,资金以及资源的强大引力加剧了评估机构对政府的依赖性,以及向政府部门靠拢的组织框架构建。

惮于权威压力,整个评估系统还缺乏对购买者行为的评价。当前,购买养老服务评估主要针对生产者,针对购买者自身的评估往往被忽视。这种忽视既有一定的主观性,也存在客观因素。购买者本身是整个购买流程中的重要一环,不同地区、不同层级、不同部门的政府机构其购买意愿、能力、方式以及监督手段也存在差异,进而影响到整个养老服务的成效,针对购买者的评估是对有效性指标的重要呈

---

① 李长远、张会萍:《政府购买养老服务的风险及其防治——基于养老服务链视角》,《经济体制改革》2019年第2期。

现。理论上的重要性与实践的操作性尚未统一起来，购买者在实践中处于明显的权力中心地位，购买者不管是委托生产者进行评估还是第三方进行评估，非政府评估者对购买者所进行的评估量少度轻，政府系统内部缺乏自评的觉醒和力度，导致对购买者自身评估的缺失。

二 评估缺乏公信力

建立以第三方评估为主的多元评估机制已经成为政府购买养老服务评估的共识。除第三方之外，这些评估主体还包括购买者政府、养老行业协会、服务机构、服务对象及家属等利益关系人，另外还包括社会媒体等舆论监督力量。政府购买养老服务的评估一般分为三个部分，一是政府、行业协会等对服务机构承接能力和服务质量的评估，二是行业协会、服务机构对老人养老需求、能力的评估；三是政府、服务机构、第三方对服务对象以及利益关系人满意度的测量。

多元主体评估的初衷本在"专业的人做专业的事"，暂且不论多元主体评估的沟通协调障碍，部分评估主体的专业性依然存疑。当前能够承接第三方测评的单位数量本身就少，除个别专业咨询、评估公司之外，临时组建的政府部门成员、协会代表、高校教师团队较为常见。这些评估者实力参差不齐，其自身的专业性也有待提高。第三方能够较为独立地、专业地参与的环节主要集中在资金审计和硬件配置，针对购买养老服务的购买者效率、消费者满意度的评估工具、评估手段缺乏科学性，损耗了评估成果的可信程度。

除了专业性尚不充足之外，评估过程也缺乏完整性。完整的评估应是事前评估（老人需求能力评估和机构资质评估）、事中评估（服务效率）和事后评估（老人满意度测量和政府效能评价）的完整链。[①] 这是基于客观视角的他评和自评的结合体，但由于第三方全程监管服务项目的难度极大、权力极小，对购买者、生产者的评估往往会演变成对结果以及资金的评估，其他项目的评估就趋向于纯自评。

---

① 黄佳豪：《地方政府购买居家养老服务评估研究——以合肥为例》，《理论与改革》2016年第2期。

生产者作为养老服务的主要提供方，面向生产者的评估是当前评估的主要内容，但出于购买者能力限制和生产者经济成本的考量，评估极易演变成生产者的自评，最后就变成了生产者的年度例行汇报。其次由于存在信息不对称，第三方评估依据的数据和信息来源也可能被生产者操控。在结果评估方面，评估者对于在服务末梢的消费者进行满意度评估时，老年群体对服务的主观感受并不能被充分测量，加之该群体的维权能力有限，导致针对消费者的评估也并不完善。

正因为评估者专业性、系统性的缺失，直接导致政府向社会力量购买养老服务评估指标构建障碍。一方面，评估指标的操作性。涉及购买者和消费者的指标在操作上的难度较大，如对政府购买养老服务的合法性指标、公平竞争性指标进行测量时较难下手，由于群体的限制，服务对象满意度测量会丧失部分精准性。此外，养老服务与政府绩效挂钩，上级政府的指导性评估指标落实到地方，地方政府的惰性思维则会削弱指标修正力度，加大了评估者难度。另一方面，评估指标的统一性与协调性的矛盾。不同省份、市、区县、街道（乡镇）政府、不同政府部门购买养老服务存在着差异性，不同养老服务项目指标也不同，层级越低、服务内容越具体，测量指标越容易设计，因而最基层的政府购买养老服务测量最易操作，层级越高、服务内容较宽泛的测量指标设计难度大，目前比较缺乏高层政府向社会力量购买养老服务评估的统一性测量指标。

三 评估信息非对称

信息非对称存在于政府购买养老服务的全过程[1]，包括评估过程中生产者和评估者、购买者的信息非对称，消费者和评估者、购买者的信息非对称；评估结果上，购买者对社会公众的信息垄断。

政府向社会购买养老服务的评估者和生产者之间的信息不对称，体现在评估者从生产方信息获取困难和购买者对生产者信息传递失

---

[1] 李长远、张会萍：《政府购买养老服务的风险及其防治——基于养老服务链视角》，《经济体制改革》2019 年第 2 期。

真。首先，在评估实践中，第三方对生产者的评估，多需要生产者本身提供相关信息，却难以考察生产者所提供信息的真实性，生产者也未建立公开透明的运营制度，生产者所拥有的专业人员、资金、台账并未实时公开，造成评估者从生产方信息获取的困难；其次，在购买过程中，一些城市或地区将区域范围内购买养老服务的评估外包给一个大型枢纽型组织，它会寻求更为专业的社会组织（机构）做不同类别的评估，层级的增加，使得购买者对生产者信息传递的有效性和真实性降低。

目前，针对老年人有需求评估和满意度评估，但在老年人信息沟通方面还存在以下问题：一是满意度指标带来的理解误区，实践中的满意度指标根据购买养老服务的项目设计，指标项目繁多，考验老年人接受调查的耐力，多数指标涉及服务时长、次数、态度、专业性、收费标准等，老年人很难区分这些指标之间的差异，尤其是服务人员的专业性、收费标准难以进行主观判断。二是沟通不畅产生的信息获取偏差，在生理上，老年人会出现听力损耗、理解力下降、语言功能衰退等现象，在交流过程中老年人往往难以准确地表情达意，评估中研究人员接收的信息亦会产生偏差。三是需求评估未能付诸实践，供给和需求不匹配，根据我国公布的老龄蓝皮书《中国城乡老年人生活状况调查报告（2018）》，我国老年人对于照护服务需求日渐加强，其中上门看病服务、上门家政服务、康复护理服务需求最为强烈，但目前我国政府所提供的服务多为社区服务中心建设、助餐服务、床位设施建设等。

不仅评估过程存在信息不对称问题，评估结果亦存在政府对公众的信息垄断。中央文件规定购买养老服务评估的考核结果应向公众公开[①]，各地制定的政策文本中高度重视中央文件精神，规定考核结果要向社会公开，但实际公开程度远远滞后。以 Y 市为例，其 2017 年公布的政府购买养老服务实施办法规定要建立老年人需求评估、养老

---

① 财政部、发展改革委、民政部、全国老龄办：《关于做好政府购买养老服务工作的通知》，http：//www.gov.cn/xinwen/2014-09/03/content_2744690.htm，2014 年 9 月 3 日。

机构评估和养老服务评估，评估结果向社会公开，但截至 2019 年 7 月，都未曾公布其评估指标体系和考核结果。大多数制定指标体系的城市也未曾在规定的期限内向社会公开其考核结果，公众无法得知评估的进度，更无从了解评估结果。

第七章

政府向社会力量购买养老服务的指标体系构建

在理论篇，我们按照科学的方法、规范的程序构建了政府向社会力量购买公共服务的评估指标，并确定具体指标的权重。但针对不同服务项目，评估不同层级的政府购买行为，其具体评估指标应该有所不同。因此，在共性指标的基础上，结合长三角购买养老服务实践及评估工作，拟对区一级政府购买养老服务评估指标进行构建。一方面，秉持政府向社会力量购买服务理论共性的原则，在构建购买养老服务评估指标的过程中，保留共性指标中的7个评估维度；另一方面，遵循养老服务的个性化内容，修正每个评估维度下的具体指标。下面主要对每一评估维度下的个性指标构建进行详细的说明。

第一节 制度规范的指标构建

在制度规范评估维度下，共有5个评估指标，针对每一个评估指标，结合区政府购买养老服务的实际情况，本研究逐一进行调整，并对每一个指标的评估依据或计算方法进行详细的介绍（见表7-1）。在出台政策法规方面，区政府主要参照执行上级政府的政策安排，但有些区政府会出台相关购买养老服务的具体执行细则或意见在第三方评估制度方面，对购买养老服务评估主要有对老年人需求和能力评估、对养老组织或社区居家养老服务中心的评估以及养老服务评价等常态化工作的制度安排，一般市政府会直接委托第三方去做，在养老社会组织发展很快的一些地区,也会组织各个区自行进行评估,区民政局一般也会委托第三方进行评估。

在信息互动方面,养老方面的信息与购买养老服务信息常常交织在一起。目前,上海市养老服务平台针对长三角地区养老政策、机构查询等进行信息发布,各个地区也会开发自己的养老信息或智慧平台对养老服务信息进行收集或反馈。同时,电话热线也是常规化信息沟通的重要渠道,各个地区都有24小时开通热线。在监督管理方面,政府监督是主力,且加强全过程的监督和管理,其监督和管理的对象不仅包括评估机构,还包括服务机构等。在问责制度方面,政府购买养老服务既需要对承接养老服务的社会力量,又需要对从事购买养老服务政府工作人员的工作进行责任和义务的厘清,并明确相应的奖惩措施。

表7-1　　　　制度规范维度下政府向社会力量
购买养老服务评估指标及评估依据

编号	评估指标	分值	指标解释、评分依据或计算方法	得分
B_1	区政府是否出台购买养老服务政策执行细则、意见等或参照上级政策	4	有关文件,如是否制定出台扶持社会力量参与养老服务的优惠政策	区政府自己出台细则,得4分;参照上级政策,得2分;未出台,得0分
B_2	区政府购买养老服务是否有第三方评估制度	1	有关文件或上级文件细则、内容解读等,如《……购买养老服务绩效评估办法》	区政府自己出台细则,得1分;参照上级政策,得0.5分;未出台,得0分
B_3	区政府购买养老服务信息互动是否常态化	1	是否有专门的渠道收集信息并进行反馈。如养老服务信息平台是否有专门的版本开展此项工作	有渠道且回馈,得1分;有渠道无反馈,得0.5分,无渠道,得0分
B_4	区政府是否加强对政府向社会力量购买养老服务的监督管理机制	1	在事前,政府是否对社会力量进行资质评估、养老服务需求评估等进行监督管理;事中,政府是否对社会力量履行合同情况进行监督管理;事后,政府是否对服务效果进行监督管理	有全过程监督管理,得1分;有部分环节监督,得0.5分;无监督管理,得0分

续表

编号	评估指标	分值	指标解释、评分依据或计算方法	得分
B_5	区政府是否建立问责制度	2	相关部门对其承担养老服务的社会力量和从事购买工作人员承担职责和义务的履行情况，实施并要求其承担责任	对社会力量和政府工作人员都有问责，得2分；对其一方问责，得1分，两方都无问责，得0分

第二节 购买投入的指标构建

在购买投入指标维度下，政府向社会力量购买养老服务投入主要考虑以下几个方面。首先是购买养老服务的投入占养老服务总支出的比例，重要的是需要厘清购买养老服务投入资金主要包括哪些。根据国家财政局、发改委、民政部、老龄办在2014年8月份发布的《关于做好政府向社会力量购买养老服务工作的通知》中对购买养老服务内容的界定，购买养老服务资金主要包括购买居家养老服务资金、购买社区养老服务资金、购买机构养老服务资金、购买养老服务人员培训资金以及养老评估方面的资金构成，各个地区可能略有差异。

其次是购买养老服务支出年增长率，主要考察与过去一年相比，政府向社会力量购买养老服务投入的变化情况，强调养老服务市场化，鼓励社会力量参与政府养老服务体系建设中来。再次是政府购买养老服务预算资金节支率，意在考察购买养老服务实际花费的金额与前期预算金额之间的关系。通过节支率虽然能看到政府购买养老服务是否达到了预期节约目标，但这个数值并不必然越大越好，过大的节支率有可能是规定的业务没有开展造成的。最后是对购买养老服务资金是否列入财政专项资金目录的考察。目前，养老服务资金都进行单独核算，并专款专用。各个地区、购买养老服务财政分担的配比可能会有差异，但都需要根据项目的完成情况进行清算。在购买投入指标维度下，政府向社会力量购买养老服务评估指标及评估依据等详细情况如表7-2。

表7-2　　　购买投入维度下政府向社会力量
购买养老服务评估指标及评估依据

编号	评估指标	分值	指标解释、评分依据或计算方法	得分
B_6	政府购买养老服务支出占养老服务总支出比例	0.3	政府购买养老服务支出/养老服务总支出。数值越大，说明政府向社会力量购买养老服务力度越大	根据调研实际比例，酌情打分
B_7	政府购买养老服务支出年增长率	1.5	与过去一年相比，政府向社会力量购买养老服务支出金额增长情况	根据调研实际比例，酌情打分
B_8	政府购买养老服务预算资金节支率	0.3	（预算资金—实际购买资金）/预算价。数值越大，说明政府购买养老服务达到了预期节约目标	根据调研实际比例，酌情打分
B_9	政府购买养老服务资金是否列入财政专项资金目录	0.9	有无文件或政府财政专项资金公示信息	有列入财政专项资金目录，得0.9分；没有列入财政专项资金目录制定出台，得0分

第三节　承接能力的指标构建

承接能力维度是对选定地区、选定领域社会力量发展及资质的评估。在养老社会力量构成方面，主要包括养老社会组织、企业和事业单位（公益二类和经营型的事业单位），社会组织又包括民非、社会团体和基金会。在这里，养老社会力量统称为养老服务机构，按照性质大体包括公办公营、公办民营、民办民营、敬老院等，各个地区按性质分类的叫法略有差异。在承接能力评估维度下，主要是对养老机构数量和资质进行考核。在养老服务机构数量方面，既要考察区内各种性质养老机构的数量，又要看承接政府养老服务机构的数量。

在承接养老服务机构资质方面，很多地方政府都会委托第三方对养老机构进行评估，尤其是对社会组织的等级评估，3A及以上的社会组织才能承接居家养老服务业务。结合已有对养老机构评估实践，对承接主体的资质评估主要包括专业人员的比例、服务流程、组织规范、财务制度以及资金保障等方面,具体见表7-3。由于养老服务是一项集日常照料、专业医护等身心健康的事业,人员的专业性很重要,因此在对机构评估时,持有专业资格证书的人数比例普遍有硬性指标的规定。养老机构的服务流程是对养老服务项目精细化、透明度、公开性提出的要求;养老机构的组织规范主要是对行政办公、环境、设施、安全等方面提出的标准化建设标准;财务制度以及资金来源是对养老机构长远发展提出的要求,只有财务管理制度规范,机构资金来源多元,才能确保政府和养老机构有机会长期合作,也能为老年人提供相对稳定的服务。

表7-3 承接能力维度下政府向社会力量购买养老服务评估指标及评估依据

编号	评估指标	分值	指标解释、评分依据或计算方法	得分
B_{10}	可承接养老服务社会力量数	0.1	评估区内可承接养老服务的社会力量发展情况	根据调研实际数量,酌情打分
B_{11}	持有专业资格证书人员占社会力量工作人员比例	0.2	专业资格证书人员包括社工、持家政服务资格证、养老护理持证、或取得省有关部门认定的《专项能力证书》。计算方法:专业资格证书人员数/社会力量工作人员总数	具体比例×0.2
B_{12}	养老服务机构能否把握政策精神	0.5	养老机构对政府购买养老服务动因(服务质量的提升、"花更少的钱,做更好的事")、购买政策的意义(政治职能转变、发展社会力量等)等认知程度。如您认为政府购买养老服务政策出台与以往相比有何区别	根据座谈会回答情况酌情打分。能把握政策精神,得0.5分;不能把握政策精神,得0分
B_{13}	养老服务机构服务流程是否标准	0.7	提供具体的服务流程表,有服务项目标准及明码标价,提供具体护理日志等	能提供具体材料证明,得0.7分;不能提供材料证明,得0分

续表

编号	评估指标	分值	指标解释、评分依据或计算方法	得分
B_{14}	养老服务机构组织规范程度	1	主要是对养老机构行政办公制度、人力资源制度、环境及设施管理、服务管理制度、安全管理制度等进行评价	根据实际情况分级打分，总共分为5级，分别为0.2、0.4、0.6、0.8、1
B_{15}	养老服务机构财务制度是否健全	0.4	对养老机构是否严格执行财务管理制度，如对款物发放、报账及时等情况进行评估，应提供相关的财务报表	财务制度健全，得0.4分；财务制度不健全，得0分
B_{16}	养老服务机构资金来源是否多元	0.1	提供资金来源的有关文件或材料	有多项资金来源，得0.1分；单一资金来源，得0分

第四节 公正性的指标构建

在购买养老服务领域，从相关主体来看，公正性评估维度涉及购买养老服务项目对老年人、社会公众、承接主体是否公平公正；从服务内容来看，公正性还要求通过服务项目来体现公益性。具体来看，对老年人而言，一方面是要求广泛收集老年人的养老需求；另一方面是要求符合条件的老年人是否均有享受政府购买养老服务的机会。随着老龄化的步伐加快，养老服务需求越来越大，个性化的养老需求也开始得到重视，各个地区因此都展开了针对老年人的能力和需求评估。因此，各个地区对符合享受政府养老服务的条件会有所不同。但在同一地区同等条件下，老年人均有机会享受购买养老服务是非常重要的。对社会公众而言，他们并不是直接的服务对象，但是对政府购买养老服务享有充分的知情权和建议权。这就意味着政府既要广泛收集社会对养老服务的意见，并作为制定相关养老服务政策和合理配置养老服务资源的依据；又要对相关养老服务政策、购买信息、受益信息等及时向社会公开，建立常规化的信息发布平台并充分地公开是基本的保障。

第七章 政府向社会力量购买养老服务的指标体系构建

对承接养老服务主体而言，评估公正性主要是通过购买程序的公平公正来得以体现的，这也体现过程的公正性。政府购买养老服务的招标公告发布率、公开招标率、合同签署率等都是对政府购买养老服务总体过程规范性的一些要求。最后是从养老服务内容来看，养老服务是保障和改善民生的重点任务，本身体现很强的公益性。在购买养老服务模式中，不仅体现政府对养老服务事业的主导地位，更要发挥市场的主体作用。社会力量在提供养老服务的过程中是否开发公益性岗位，培育及吸纳志愿者从事养老服务行业以及对弱势群体的特殊关怀都是养老服务具体公益性的表现。在公正性评估维度下，政府向社会力量购买养老服务具体评估指标及评估依据见表7-4。

表7-4 公正性维度下政府向社会力量购买养老服务评估指标及评估依据

编号	评估指标	分值	指标解释、评分依据或计算方法	得分
B_{17}	受众机会是否均等	0.2	同等条件下的老年人是否都是服务对象，主要对申请养老服务对象的公示情况进行考核	受众机会均等，得0.2分；受众机会不均等，得0分
B_{18}	是否广泛收集老年人养老需求	0.3	是否广泛收集老年人的刚性需求和一般需求，如是否出台《区养老服务需求评估办法》	广泛征集公众意见，得0.3分；没有征集公众意见，得0分
B_{19}	是否参考公众意见	0.3	1. 收集或评估的公众意见是否作为制定相关养老政策；2. 是否根据养老需求，合理配置养老服务资源	两者皆具备，得0.3分；具备一点，得0.15分；没有参考公众意见，得0分
B_{20}	养老服务信息是否公开	3.6	1. 政府网站是否公开购买养老服信息或建立专门的政府购买服务管理平台；2. 政府是否有专门平台公开养老服务组织（机构）信息	皆具备，得3.6分；具备一项，得1.8分；没有公开养老服务信息，得0分
B_{21}	购买养老服务程序是否公平公正	1.6	政府购买养老服务总体过程的规范性。政府购买养老服务招标公告发布率、公开招标率、合同签署率等	购买程序公平公正，得1.6分，缺乏公平公正，得0分

续表

编号	评估指标	分值	指标解释、评分依据或计算方法	得分
B_{22}	服务是否体现公益性	2	1. 是否开发公益性岗位，培育及吸纳志愿者从事养老服务行业；2. 对弱势群体是否有政策关怀	皆具备，得2分；具备一项，得1分；皆无，得0分

第五节 服务质量的指标构建

服务质量是评估政府向社会力量购买养老服务最直接的维度，也是很重要的一个维度。在服务质量维度下的三个评估指标以及具体说明见表7－5。

表7－5　服务质量维度下政府向社会力量购买养老服务评估指标及评估依据

编号	评估指标	分值	指标解释、评分依据或计算方法	得分
B_{23}	购买养老服务项目覆盖率	14	辖区内各项养老服务内容的覆盖平均情况，如助餐覆盖率90%，助浴覆盖率80%，平均覆盖率为85%	具体比率×14
B_{24}	合同是否按期完成	2	服务项目的进度与合同计划的一致性进行考核	按期完成，得2分；没有按期完成，得0分
B_{25}	服务投诉结案率	4	参考各街道（乡镇）社区（村）投诉上报情况或第三方监理机构调查情况或消费者权益保护委员会受理的投诉数。按流程对投诉事件进行处理，并定期进行跟踪回访	具体比率×4

首先是服务覆盖率方面，目前各个地区政府购买养老服务项目内容基本一致，主要包括助餐、助浴、助洁、助医、助急、助行、家政

服务、精神慰藉、咨询服务、代办服务等，具体见表7-6。有些地区还有助行、助学、助聊、助乐等，有些服务项目在叫法上不一样，但具体服务内容是一样的，如目前精神慰藉主要以助聊服务为主。各个地区政府购买养老服务项目具有差异性，主要是对购买项目的平均覆盖率进行统计。其次是对合同完成率进行考核，承接主体能否按照当初签订合同的计划，推进服务项目的进度，是服务质量的一个基本保障，也是目前政府考核承接主体的重要指标。最后是服务投诉情况，在购买养老服务投诉方面，主要是对各街道（乡镇）社区（村）投诉上报情况或第三方监理机构调查情况或消费者权益保护委员会受理的投诉数进行考察，是否按流程对投诉事件进行处理，并定期进行跟踪回访。

表7-6　　购买养老服务项目覆盖率子指标的具体说明

序号	购买服务项目	指标解释		评分标准和得分
1	助餐	根据营养学、卫生学要求和老年人需求，为老年人提供集中用餐、上门送餐、上门做餐服务		按养老服务需求量与实际购买养老服务量比例计算各项服务覆盖率
2	助浴	按照安全防护要求，为有需求的老年人提供上门助浴和外出助浴等服务		
3	助洁	根据老年人的居住情况和实际要求，为老年人以及居住场所提供清洁卫生服务		
4	助医	应遵照医嘱及时提醒和监督老年人按时服药，或陪同就医；协助开展医疗辅助性工作，应能正确测量血压、体温等		
5	助急	通过安装呼叫器、求助门铃、远红外感应器等安全防护器材，为危及生命的老年人提供紧急救助服务		
6	家政服务	家电、水电维修、开锁修锁、换液化气、管道疏通等家政服务		
7	精神慰藉	精神支持服务	读报，耐心倾听，能与老年人进行谈心、交流	
		心理疏导服务	掌握老年人心理特点和基本沟通技巧，能够观察老年人情绪变化，并通过心理干预手段调整老年人心理状态	

续表

序号	购买服务项目		指标解释	评分标准和得分
7	精神慰藉	尊重并保护老年人隐私	在提供各种服务时应保护老年人的隐私，不向他人谈论老年人的家庭情况或钱物情况	按养老服务需求量与实际购买养老服务量比例计算各项服务覆盖率
8	咨询服务	健康咨询	通过电话、网络及会议报告或老年学校等方式为老年人提供预防保健、康复护理及老年期营养、心理健康等知识教育	
		法律咨询	选派具备法律从业资质的律师或律师事务所为有需求的老年人提供法律咨询服务	
		其他信息咨询	为服务对象配备居家养老智能终端设备，并提供老龄政策、国家大事、就医指南等各种信息咨询服务	
9	代办服务	代购	为老年人代购生活必需品或陪同购物	
		代领	为老年人代领各种物品	
		代缴	为老年人代缴水费、电费、煤气费、电话费等日常费用	
10	其他助老服务	文化娱乐类：协助老年人开展各种类型的有益于身心健康的文化体育娱乐活动，内容包括组织书法、绘画、棋牌、唱歌、戏曲、趣味活动以及健身运动等		

第六节 满意度的指标构建

在满意度评估维度下，根据政府购买养老服务涉及的相关主体，主要考察服务对象的满意度、社会力量的满意度和政府相关工作人员的满意度，具体见表7-7。并根据不同对象，制定三个满意度调查问卷（见附录7）。首先是评估服务对象的满意度，根据老年人享受养老服务的及时性、时长、人员态度、收费等情况，服务对象满意度调查问卷主体由6个题目构成，分别是您对享受养老服务及时性的感受、您对享受养老服务时长的感受、您对提供养老服务的人员态度、您对享受的一些服务收费、您对已享受的养老服务总体感受以及跟政府直接提供养老服务方式相比,您对通过购买方式提供养老服务总的感受。由于部分养老服务对象不能自主填写问卷,可以请老年人的家属代为填写。

其次是评估承接主体的满意度,主要是考察承接养老服务社会力量负责人或工作人员对政府招标、竞标、签订合同等过程的满意情况,以获得承接主体对整个购买过程的认可程度。对此指标,除了通过养老机构座谈会获得访谈资料以外,还通过承接主体满意度纸质和电子的调查问卷获得量化的满意度,其问卷题目询问机构对政府购买养老服务过程总的感受。最后是评估购买主体的满意度,主要是考察民政部、老龄办、财政等部门或相关责任处室的工作人员对社会力量提供养老服务质量的满意情况,以期获得与传统政府直接提供养老服务对比情况,政府方面对通过购买方式提供养老服务质量的看法。这三个满意度调查问卷都采用李克特五级计分,分别是很不满意、不满意、一般、满意、很满意,分值越大,满意度越高。

表7-7　　　满意度维度下政府向社会力量购买
养老服务评估指标及评估依据

编号	评估指标	分值	指标解释、评分依据或计算方法	得分
B_{26}	服务对象对养老服务质量的满意度	19.2	服务对象对服务及时性、公平性、服务提供的人性化、服务提供的可靠性等感受	平均分×19.2/5
B_{27}	服务对象对政府购买养老服务的满意度	6.4	服务对象对通过购买方式获得养老服务的认可情况	平均分×6.4/5
B_{28}	社会力量对购买过程的满意度	3.2	承接养老服务的社会力量对招标、竞标、签订合同等过程的满意情况	平均分×3.2/5
B_{29}	政府工作人员对服务质量的满意度	3.2	民政部门相关工作人员或责任处室工作人员对社会力量提供的养老服务质量的满意情况	平均分×3.2/5

第七节　影响力的指标构建

在影响力评估维度下，首先是考察政府向社会力量购买养老服务所带来的社会效应。在此指标下，不仅是评估购买养老服务的质量，评估满足本地区养老需求的能力，而且在形成本地购买养老服务模式或创新之外还具有跨区域的示范作用和持续性的社会效应，一些做法得到相关媒体的报道、民众的良好反响等。除此之外，按照地方和中央购买政策的精神，都希望通过购买的方式，实现政府职能转变，培育社会力量，事业单位改革等目标。因此，在影响力指标下，还希望评估通过购买养老服务的方式是否有助于推进国家或地方治理能力和治理体系现代化。

由于政府职能转变，尤其是行政成本的变化，很难说明是受政府向社会力量购买养老服务这一行为影响的，也很难去考核到底发生变化的程度。因此，在构建购买养老服务个性指标过程中，删掉了共性指标中政府行政成本占政府支出比例这一指标。关于培育社会力量方面，主要考察养老服务社会组织的变化情况，尤其是比较购买养老服务之前和现在的变化，是否真正有助于培育社会组织。在事业单位改革中，养老服务在购买之前，一直是通过公益一类事业单位来直接提供的，但随着养老服务需求越来越高，国家已不可能通过直接的方式来提供养老服务，尤其是国家鼓励公益二类事业单位向社会组织或企业转型。因此，购买养老服务影响力评估指标还需要考核承接养老服务公益二类事业单位转为社会组织或企业的变化情况，具体见表7-8。

表7-8　　　影响力维度下政府向社会力量购买
养老服务评估指标及评估依据

编号	评估指标	分值	指标解释、评分依据或计算方法	得分
B_{30}	社会组织数量年增长率	2.5	与过去一年相比，承接养老服务的社会组织的增长情况	具体比例×2.5

第七章 政府向社会力量购买养老服务的指标体系构建

续表

编号	评估指标	分值	指标解释、评分依据或计算方法	得分
B_{31}	承接养老服务的事业单位转型的变化率	10	与过去一年相比，承接养老服务公益二类事业单位转为社会组织或企业的变化情况	具体比例×10
B_{32}	政府购买养老服务是否有社会效益	7.5	购买养老服务模式的示范作用及持续性的社会效应，提供荣誉证书、媒体报道、社会影响及民众反响等方面的证明材料	若获得国家级奖励，省市级推广，广泛媒体宣传，依据情况酌情加分

不同类型的指标，具体计算方法不同。根据实际情况，所有指标得分的计算方法主要有以下几种：一是根据划分程度的方式得分，如 B_1 指标区政府是否出台购买养老服务政策执行细则、意见或参照上级政策，如区政府自己出台细则，得这一评估指标的所有分值4分，如果参照上级政策，得2分，两者都没有得0分。类似评定得分的指标还有 B_3、B_5、B_{14} 等。二是根据是与否的方式得分，是即得满分；否即得0分。如 B_2 区政府购买养老服务是否有第三方绩效评价制度依据，有制定得满分1分；未制定得0分。这类评分指标还有 B_9、B_{12}、B_{17} 等。三是根据具体数值（比例）乘以分值（权重）得分，如在购买投入指标下，政府购买养老服务支出占养老服务总支出比例、政府购买养老服务支出年增长率等指标的得分都是根据具体的比例×指标分值的值来确定的。这类指标有 B_6、B_7、B_8、B_{11} 等。四是根据调研的实际情况酌情打分，这类指标没有绝对的标准。如可承接养老服务机构数的指标，就需要根据各个区实际调研情况，才能判断孰高孰低，类似的指标还有 B_{32}。五是转化法，主要是针对满意度评估指标，在满意度调查中，主要采用李克特五级计分，这就需要把调查问卷的得分转化为相对应的指标得分，具体的计算公式是满意度得分/5×分值。

第八章

测评：政府向社会力量购买养老服务评估指标的应用

人口老龄化是长三角地区社会经济发展面临的一个巨大挑战，随着"长三角区域一体化"发展已经上升为"国家战略"，长三角养老一体化恰逢其时。2019年6月12日，上海、江苏、浙江、安徽四地的民政部门在沪签署"合作备忘录"，深度促进长三角地区养老资源共享，激发养老服务市场活力。基于此，本研究将指标应用的范围定位长三角城市。同时，江苏南京市、上海市、浙江杭州市是民政部、财政部联合部署第一批中央财政支持开展居家和社区养老服务试点之一；安徽省合肥市是第二批试点，考核结果为优秀的城市之一。

第一节 南京市A区：政府向社会力量购买养老服务评估

南京市A区老龄化程度高，60周岁及以上老年人口数量位列全市各区首位。2014—2017年统计数据表明，A区老年人口逐步增多，60周岁及以上老年人口占总人口比值逐年上升，老年化程度愈渐加深。截至2017年末，A区户籍人口共925435人，60周岁及以上老年人口为222588人，占总人口的24.05%，其中65周岁及以上老年人口数量为153608，占总人口数的16.60%。在人口年龄结构上，A区老年人口以相对低龄老人为主（81.83%），百岁老人有66人；在人口性别分布上，老年人口男女性别比为95.62（假设女性为100，下

第八章　测评：政府向社会力量购买养老服务评估指标的应用

同），随着年龄段的上升，女性老年人口占比呈现逐渐升高的趋势；在特殊老年人群情况上，A区空巢老人超过3万人，失独老人为1027人，失能、失智与残疾老人数分别为8858人、2571人、4964人，低保、低保边缘及特困供养老人数分别为1236人、127人、23人。① 近年来，在全省或全市范围内，A区率先试点老年人家庭床位服务、养老"喘息服务"、适老化改造，探索构建老年精神关爱工作评价指标体系。

一　基本情况

南京市A区政府购买养老服务的历史悠久，其从2003年起就实行政府购买养老服务，购买方式多采取定向委托形式，并未向社会公开招标，承接主体均为社会组织。在购买居家养老服务方面，A区将辖域分为G和X两个片区，分别委托给T与W两个社会组织负责，这一阶段政府购买养老服务的对象是空巢独居老人，这时购买服务亦是政府对社区民间组织的扶持举措，而与养老相关的社会组织是政府重点扶持对象。②

早在2013年10月，南京市政府印发《南京市社区居家养老服务实施办法的通知》（宁政规字〔2013〕20号），就对政府购买居家养老服务的服务对象、服务内容、承接主体、申请流程、养老评估和监督检查做出规定。该通知把承接主体拓展为企业和社会组织，将购买养老的服务对象更改为"五类老人"③，服务对象根据自理能力分为不同自理等级和失能与半失能老人，前者在申请紧急呼叫终端时，享受政府补助所需费用的80%，后者则享受免费安装服务。此外，南京市养老服务还设立了助老卡，失能半失能老人享有一类助老卡，其他

---

① 2017年南京市A区老年人口信息和老龄事业发展状况报告。
② 南京市民政局：《关于印发关于加强社区民间组织培育发展与登记管理工作的意见的通知》，http://mzj.nanjing.gov.cn/njsmzj/njsmzj/200801/t20080128_1063684.html，2006年2月15日。
③ 五类老人为城镇"三无"人员和农村"五保人员"，低保及低保边缘老人，经济困难的失能及半失能老人，70周岁及以上的计生特扶老人和百岁老人。

老人则为二类助老卡，助老卡可在指定机构享受优惠养老服务，其中一类助老卡可享用政府每年提供的消费额度，但只可购买养老服务项目。① 老年人需填写《南京市养老服务对象评估表》，签署《诚信承诺书（授权书）》，提供相关证明材料并向街镇民政部门提出申请，经审批后可享受政府购买服务。此通知还规定了购买养老服务的评估机构由企业或民办非企业担任，须有事前的老年人能力评估、事后需考察机构的服务质量和满意度，并根据投诉和媒体曝光情况问责养老机构。

2014年1月，南京市民政局出台《购买服务实施办法》，南京市A区政府购买养老服务的方式随之改变，由以往的定向委托为主变为公开竞标为主，承接主体亦扩展为社会力量。2014年11月27日，江苏省印发《关于做好政府购买养老服务工作的通知》（苏财社〔2014〕216号），该通知将购买养老服务的承接主体定义为社会组织、养老机构、企业和公益二类或生产经营性的事业单位，购买内容则分为购买居家养老服务、社区养老服务、机构养老服务、养老服务人员培养和养老评估五个方面。至此，A区制度规范、公开透明的政府购买养老服务全面铺开。2018年南京市进一步细化政府购买居家养老服务的规定，将可申请政府购买居家养老服务的老年人的范围扩大至7类，在原"五类老人"的基础上新增"80周岁以上老人"和"60岁以上独居老人和在二级及以上医院确诊患有走失风险类疾病的老年人"。② 并将购买居家养老服务分为两类，一为照护服务，二为紧急呼叫服务。

目前，南京市A区将社区养老和居家养老结合，统称为社区居家养老，这是A区政府购买养老服务的重点。在政府购买居家养老方面，遵从南京市的规定把政府购买服务分为购买家政服务和购买紧急呼叫服务，服务对象为"五类老人"③，承接主体需为区内AAA级及

---

① 南京市民政局：《关于印发南京市助老服务卡使用管理办法的通知》，http：//mzj.nanjing.gov.cn/njsmzj/njsmzj/201312/t20131227_1063821.html，2013年12月24日。

② 南京市民政局、南京市财政局：《关于印发南京市政府购买居家养老服务实施办法（试行）的通知》，http：//mzj.nanjing.gov.cn/njsmzj/ztzl/njylfw/zfgmfw/201806/t20180604_603875.html，2018年6月4日。

③ 五类老人为城镇特困供养老人、低保及低保边缘老人、经济困难的失能及半失能老人、70周岁及以上的计生特扶老人和百岁老人。

第八章 测评：政府向社会力量购买养老服务评估指标的应用

以上社会力量。在政府购买家政服务上，半失能老人、失能老人的补助分别为每人每月 400 元和 700 元，其他符合条件的服务对象区政府给予每人每月 240 元的补助，[①] 所有补助按人次发放至承接主体，承接主体每周需为老年人提供 2 次并每次不少于 1 小时的服务，且月时长不少于 20 小时。在购买紧急呼叫服务上，A 区将紧急呼叫终端补贴人群调整至 60 周岁以上独居老人，失能半失能老人可享受政府购买的社会力量提供的免费服务，其他服务对象如若购买紧急呼叫服务可享受政府补贴。老年人需按照南京市《政府购买居家养老服务申请办法》提供相关材料，向所属街镇民政部门提出申请，等待评估和审批并与社会力量签订协议，方可享受政府购买居家养老服务，目前 A 区共有购买居家养老服务老人数 816 人。[②]

在购买社区养老服务方面，A 区为老年人购买日间照料服务，社区居家养老服务中心每收养一位日托老人，A 区按每人每月 300 元给予补贴。[③] 此外，在购买社区居家养老服务方面，A 区还做了以下努力：一是构建了社区智慧养老服务体系，建设 PC 版的智慧养老云平台并在微信公众号上嵌入养老云平台，养老云平台不仅可以快速了解 A 区的养老政策，而且纳入了辖区内养老机构照护特色、床位数、入住率、收费标准等信息，并形成了《养老服务电子地图》，地图涵盖辖区内养老机构、助餐点、社区服务站等养老资源并可实时定位，考虑到老年群体的特殊情况，A 区在南京市首发纸质版的《A 区养老机构便民手册》。二是针对政府购买服务老人、失能半失能老人、失智老人创造性地开展了家庭养老床位建设，A 区现有家庭养老床位 3249 个[④]，并无免费对象。三是托底"五类老人"的适老化改造，每户最高不超过 4000 元。[⑤] 四是向重度失能老人提供"喘息服务"，即为他们

---

① 南京市 A 区民政局：《南京市 A 区财政局关于调整养老服务补贴的通知》，2017 年。
② 实地调研。
③ 南京市 A 区人民政府：《区政府关于加快养老服务的实施意见》，2015 年。
④ 实地调研。
⑤ 南京市 A 区民政局、南京市 A 区财政局：《关于调整养老服务补贴的通知》，2017 年。

免费提供一定时间的照护服务，缓解家属压力，让他们得以"喘息"。①

在购买养老服务人员培养方面，南京市购买南京市福利协会上岗培训和初级、中级、高级护理员培训。在购买养老评估方面，A区每年开展包括对新增政府购买服务的老年人能力评估，针对非政府购买的失能、半失能老人的动态评估，紧急呼叫组织评估和社区居家养老服务中心建设评估；每季度一次的养老机构安全评估，以及市区统一组织的养老机构等级评估和政府购买养老服务评估。

二 评估过程

（一）制度规范维度的评估过程

南京市A区制度规范指标总体合格（见表8-1）。B1：A区政府虽有出台《关于加快养老服务发展的实施意见》（苏财社〔2014〕216号），但未曾出台政府购买养老服务的相关政策文件，其政府购买养老服务依照江苏省《关于做好政府购买养老服务工作的通知》和南京市《南京市政府购买居家养老服务实施办法（试行）》（宁民福〔2018〕138号）实行。

B2：A区政府购买服务未有直接的第三方评价制度依据，其制度依据寓于其他相关制度之中，《南京市养老服务评估实施办法》规定了对养老机构和居家养老的评估办法，《关于印发南京市社区居家养老服务中心评定标准（2017版）的通知》（宁民福〔2017〕93号）则是居家养老服务中心等级评定的政策依据。

B3：在信息发布上，A区针对老年人常态化的信息是通过街道社区的公示栏，辅之以微信公众号、智慧养老云平台或社区邻里间的口口相传等方式；针对社会组织的信息发布以公开招标为主，辅之以定向委托或邀标。在信息收集上，居民首先可通过拨打南京市12349养老服务热线或A区84812349养老呼叫热线进行24小时咨询、投诉或

---

① 南京市民政局、南京市财政局：《关于印发养老喘息服务和老年人购买紧急呼叫服务补贴办法（试行）的通知》，http：//mzj.nanjing.gov.cn/njsmzj/ztzl/njylfw/zfgmfw/201806/t20180604_603874.html，2018年6月4日。

提出意见；其次，可在 A 区政府网站上留言；最后，居民还可直接到街道或社区提出意见或建议。在信息反馈上，服务热线会 24 小时回应居民诉求；政府服务网站将在 5 天内回复留言，2018 年南京市政府网站共收到留言 598 条[①]，所有留言全部公开答复且办结；街道社区在工作时间内解答公民问题。

B4：A 区形成了事前、事中、事后的全过程监管体系。事前，A 区进行了老年人能力评估（含需求评估）并依托南京市进行养老机构等级评估；事中，A 区对社会力量进行每季度一次针对服务项目标准、收费项目标准、护理日志、安全情况等的评估并对合同履行情况进行督查；事后，A 区委托第三方对老年人进行回访，全面了解社会力量的服务效果。

B5：A 区建立了对政府机构和政府工作人员的问责机制，南京市将政府购买养老服务纳入对各区的绩效考核，并根据考核情况酌情扣分，影响各区工作人员的绩效薪酬。A 区还未形成对社会力量的问责机制，未曾有养老机构和居家服务中心的考核标准，预计 2020 年建立该体系。

表 8-1　　南京市 A 区制度规范指标测评及依据

评估维度	评估指标	分值	打分依据	得分
A1 制度规范（9）	B1 区政府是否出台购买养老服务政策执行细则、意见等或参照上级政策	4	A 区政府购买养老服务参照上级政策，得 2 分	2
	B2 区政府购买养老服务是否有第三方评价制度依据	1	相关制度涉及对购买养老服务的评估，但未有专门的制度依据，得 0.5 分	0.5
	B3 政府购买养老服务信息互动是否常态化	1	有信息互动渠道，且会反馈，得 1 分	1
	B4 政府是否加强对政府向社会力量购买养老服务的监督管理	1	事前、事中、事后的全过程监管，得 1 分	1
	B5 政府是否建立问责制度	2	建立对政府工作人员的问责制度，得 1 分	1
总分				5.5

---

① 南京市 A 区人民政府：《南京市 A 区政府网站工作年度报表》，2018 年。

(二) 购买投入维度的评估过程

B6：本研究预设政府购买养老服务的总支出是政府购买居家养老服务、社区养老服务、机构养老服务、养老服务人员培养及养老项目评估的总和。2018年A区政府购买养老服务总支出为450.8万元，养老服务总支出为8100万元，所以2018年A区政府购买养老服务支出占养老服务总支出比例约为5.57%。

B7：A区2017年购买养老服务总支出402万元，2018年购买养老服务总支出450.8万元，政府购买养老服务支出年增长数额48.8万元，年增长率约为12.14%。

B8：A区2018年购买养老服务的预算资金500万元，实际购买养老服务支出450.8万元，预算资金节支率为9.84%。

$$节支率 = \frac{预算资金 - 实际购买资金}{预算资金} = \frac{500 - 450.8}{500} = 9.84\%$$

B9：南京市A区政府购买养老服务资金已列入财政专项资金目录，并在其政府网站上有所公布。

表8-2　南京市A区购买投入指标测评及依据

评估维度	评估指标	分值	打分依据	得分
A2 购买投入 (3)	B6 政府购买养老服务支出占养老服务总支出比例	0.3	5.57% × 0.3	—
	B7 政府购买养老服务支出年增长率	1.5	12.14% × 1.5	—
	B8 政府购买养老服务预算资金节支率	0.3	9.84% × 0.3	—
	B9 政府购买养老服务资金是否列入财政专项资金目录	0.9	列入财政专项资金目录，得0.9分	0.9
总分				

(三) 承接能力维度的评估过程

总体而言，南京市A区社会力量的承接能力水平较高（表8-3）。B10：南京市规定可承接政府购买养老服务的社会力量等级需在

3A级及以上，目前南京市 A 区可承接政府购买养老服务的社会力量有 68 家，均为社会组织，其中有 5A 级社会组织 3 家，4A 级 4 家，其余 61 家均为 3A 级。

B11：2017 年，南京市 A 区全年对 660 名养老护理员进行了培训，截至年底，A 区的护理员持证上岗率达到 90%，区内有些社会组织甚至达到 100% 持证上岗率，如 T 组织员工均经过专业培训并达到全部持证上岗，中高级护理员达 60%。

B12：由于 A 区社会力量均为社会组织，他们能够理解政府政策，但却不能认同目前的有些做法。他们认为政府购买养老服务能够提升服务质量，培养和发展社会组织，对多元化的社会力量也表示认同和理解。同时他们也提出疑惑：企业进入市场是好的，但政府购买养老服务不能以企业为主，因为需要公益性，现在社会组织都要企业化了，连锁化是对的，但缺乏统一标准，如何朝外辐射？[①]

B13：社会组织均有规定具体的服务流程、项目时间、项目价格、护理日志等。例如，W 养老服务中心规定了工作日的服务项目情况，每周工作日上午均提供报刊阅览、健康理疗、洗衣洗被、网上冲浪的服务，中午提供就餐、送餐、日托老人休息服务，下午提供下棋打牌、代购代缴、健康理疗、网上冲浪的服务。此外，还提供每日特色服务，周一提供测血糖、血压、爱心理发，周二提供康复护理，周三提供测血糖、血压、健康讲座，周五则提供温馨修脚、老电影播放。在项目价格上，W 组织采取会员制与非会员制不同的价格体系，并列明所有服务项目价格。

B14：A 区社会力量的组织内部规范并没有一个统一的标准，各组织根据自身情况制定行政办公制度、人力资源制度、环境及管理设施。在安全管理制度上，A 区每季度进行一次统一的安全质量检查、评估和整改。在服务管理制度上，A 区对政府购买服务的"五类老人"一周上门至少两日，一日不少于 1 小时，月累计不得低于 20 小时，护理员可通过微信刷卡的方式计入服务时长。但在实际操作过程中，由于政府

---

① 来自访谈资料（20190725NJXTX）。

购买老人补贴少，任务重，护理员往往偷工减料，并未达到规定的服务时长，政府和社会组织往往抱着"只要不出事"的心态。[①]

B15：A区社会力量严格执行财务管理制度，建立台账，详细记录款物发放、报账、预算结算等财务状况。这些均列入南京市养老服务质量提升专项方案中，政府对此进行定期考察。A区每月根据社会力量提交的财务报表发放相应的资金。

B16：A区目前所有的社会力量都已然市场化，除经营政府购买的项目外，还会经营其他养老项目。虽然A区的承接主体均为社会组织，但为了实现规模化、连锁化经营，很多社会组织是大型企业做公益项目的延伸，背后有强大的资金支持。

表8-3　南京市A区承接能力指标测评及依据

评估维度	评估指标	分值	打分依据	得分
A3承接能力（3）	B10 可承接养老服务机构数	0.1	68家	0.1
	B11 持有专业资格证书人员占社会力量工作人员比例	0.2	0.9×0.2	0.18
	B12 养老服务机构能否把握政策精神	0.5	能把握政策精神，得0.5分	0.5
	B13 养老服务机构服务流程是否标准	0.7	提供具体材料证明，得0.7分	0.7
	B14 养老服务机构组织规范程度	1	服务管理制度体系不完善，扣0.2分	0.8
	B15 养老服务机构财务制度是否健全	0.4	财务制度健全，得0.4分	0.4
	B16 养老服务机构资金来源是否多元	0.1	有多项资金来源，得0.1分	0.1
总分				2.78

（四）公正性维度的评估过程

由下表（表8-4）可得，南京市A区政府购买养老服务的公正

---

① 来自访谈资料（20190725NJXTX）。

第八章 测评：政府向社会力量购买养老服务评估指标的应用

性较高。B17：属于A区户籍的，符合政府购买条件的"五类老人"，若有需求，均可向所在街道、社区提出申请，如申请材料齐全且符合规定，街镇民政部门受理后出具受理通知书，如材料不齐则5日内一次性告知申请人所缺材料。街镇民政部门初审后，交由区民政局对老年人自理能力进行复审，审批并录入信息。通过审核的老年人均可享受政府购买养老服务，受众机会均等。

B18：A区广泛收集老年人养老需求，收集途径有以下两种，一是通过老年人能力评估表，表中有一专栏是填写老年人的需求；二是抽样调查，2017年A区通过委托第三方，对500位老年人进行需求的抽样调查并形成了评估报告。

B19：A区参考公众意见，一方面，A区将第三方提供的老年人能力或需求评估报告上传至市平台，南京市以此为依据调整适老化政策；另一方面，根据老年人需求合理配置养老服务，据调查，A区老年人最迫切的需求是助餐、助浴、助医，这些项目也是A区重点提供的领域。

B20：在养老服务信息公开方面，A区政府网站、智慧养老云平台和微信公众号均有公开政府购买服务信息；同时，养老服务组织（机构）的信息公开有纸质版的《2017年A区养老机构便民手册》，移动端的微信地图实时定位的公众号，电脑端的南京市政府网站、A区智慧养老云平台。

B21：南京市A区政府购买养老服务在其政府网站上公开招标并公示中标结果，在网站上搜索"养老招标"所得的结果多为公益创投和适老化项目的招标信息。据调查，A区政府购买养老服务的重点部分——政府购买居家养老服务的承接主体自2003年起未曾更换，一直由4家社会组织负责，两家承接家政服务，两家承接紧急呼叫服务。虽A区政府人员和承接主体负责人都表示自2014年起，双方采取公开招标的方式签订合同，但未曾在政府网站上搜索到相关中标公示信息，承接单位亦不愿提供合同、协议或相关证明材料。A区可承接养老服务的组织有68家，4A级及以上为7家，但长期承接家政服务的W组织为3A级。即使A区购买养老服务有程序公平，其过程和结果也未达到实质公平。

B22：购买服务的公益性体现在两个方面，第一，A区通过"时间银行"项目广泛吸纳和培训志愿者，"时间银行"将志愿时长与日后可免费享受的养老时长相连，2018年10月至今共吸纳志愿者1100人。① 第二，对失能、半失能和失智老人在可享受服务上具有政策倾斜，体现对弱势群体的政策关怀。

表8-4　　　　　　　南京市A区公正性指标测评及依据

评估维度	评估指标	分值	打分依据	得分
A4 公正性（8）	B17 受众机会是否均等	0.2	受众机会均等，得0.2分	0.2
	B18 是否广泛收集老年人养老需求	0.3	广泛征集公众意见，得0.3分	0.3
	B19 是否参考公众意见	0.3	需求或意见作为制定政策相关依据，作为合理配置养老服务依据，得0.3分	0.3
	B20 养老服务信息是否公开	3.6	公开政府购买养老服务信息；公开养老服务组织（机构），得3.6分	3.6
	B21 购买养老服务程序是否公平公正	1.6	具有程序公平，但无实质公平，得0.8分	0.8
	B22 服务是否体现公益性	2	培训及吸纳志愿者；对弱势群体有政策关怀	2
总分				7.2

（五）服务质量维度的评估过程

B23：目前南京市A区为老年人提供的政府购买养老服务项目包括助餐、助洁、助浴、助医、助急、精神慰藉、咨询服务、代办服务。由于助餐服务只需向社区助餐点申请即可享用，所以助餐服务按照目前所覆盖的社区计算，其他服务需向所属街道社区申请，按照申

---

① 南报网：《南京现有三种"时间银行"互助养老模式》，http：//app. njdaily. cn/? app = article&controller = article&action = show&contentid = 1760282，2019年3月20日。

第八章 测评：政府向社会力量购买养老服务评估指标的应用

请服务人次/获得服务人次计算。目前 A 区共有 120 个社区，其中 109 个①社区有助餐点，助餐服务的覆盖率为 91%，其他 7 项服务覆盖率均为 100%，故而，养老服务覆盖率约为 99%。

$$购买养老服务项目覆盖率 = \frac{0.91 + 1 \times 7}{8} \approx 0.99$$

南京市 A 区政府购买养老服务具体项目如下：

助餐服务：A 区虽然对经济困难的失能、半失能老人提供送餐服务，对失能半失能老人提供上门做餐服务，但其助餐服务依然主要通过居家养老服务中心的助餐点集中提供，政府购买服务的"五类老人"可享受中餐每位 2 元补贴。

助洁服务：这项服务是针对政府购买居家养老服务的"五类老人"最主要的服务，包括对老人居所地面、灶台、墙壁、玻璃等的清洁。

助浴服务：针对政府购买服务的失能老人提供的服务，频次为至少每周一次。

助医服务：针对政府购买服务的失能、半失能老人提供生命体征监测服务，包括体温、脉搏、呼吸、血压的监测。

助急服务："五类老人"中的失能或半失能老人自愿购买紧急呼叫服务者，政府应免费为其提供以下服务：设备安装及维护，24 小时在线回复，掌握老人身体状况并每半年更新数据，针对危及生命的紧急呼叫要及时联系 120 并实时跟踪，对空巢独居老人每周至少联系 2 次。② 建立了老年人"一键通"应急援助信息系统。

精神慰藉服务：针对政府购买服务的"五类老人"每周 2 次上门服务时可与老人交流，了解老人心理状态并进行心理疏导。通过 L 心理关爱指导中心开展心理茶话活动。

咨询服务：老人可通过紧急呼叫的智能终端进行咨询。针对政府

---

① 来自访谈资料（20190724NJMZJ）。
② 南京市民政局、南京市财政局：《关于印发南京市政府购买居家养老服务实施办法（试行）的通知》，http://mzj.nanjing.gov.cn/njsmzj/ztzl/njylfw/zfgmfw/201806/t20180604_603875.html，2018 年 6 月 4 日。

购买服务的半失能老人提供安全护理服务,包括安全防护、安全教育和消除安全隐患的服务。

代办服务:针对"五类老人"的代购服务和代领服务,包括代买菜、买药、取药、陪同就医等。

B24:南京市A区政府部门每年对承接主体的服务项目进度进行考核,在项目完成后会对服务效果进行终期考核,项目进度一致且服务效果达标的承接主体方可获得全部的项目经费,故而承接主体都会着力完成签订的合同。

B25:居民可通过拨打南京市12349养老服务热线或A区84812349养老呼叫热线进行投诉,并将投诉频次与养老组织(机构)的降级处理相关联,一年投诉次数达到3次,等级降一级,4次以上则直接降为2A级且3年不得承接政府购买居家养老服务。[①] 2017年A区购买养老服务的投诉"几乎没有"[②],所有投诉案件均由第三方机构K组织进行回访。

表8-5　　　　南京市A区服务质量指标测评及依据

评估维度	评估指标	分值	打分依据	得分
A5服务质量(20)	B23 购买养老服务项目覆盖率	14	0.99×14	13.86
	B24 合同是否按期完成	2	按期完成,得2分	2
	B25 服务投诉结案率	4	1×4	4
总分				19.86

(六)满意度维度的评估过程

由下表(表8-6)可知,A区的满意度水平较高。课题组设计针对服务对象的调查问卷包括服务质量满意度调查和政府购买服务满意

---

① 南京市民政局:《关于印发南京市社区居家养老服务实施办法的通知》,http://mzj.nanjing.gov.cn/njsmzj/njsmzj/201310/t20131021_1063809.html,2013年10月21日。

② 来自访谈资料(20190724NJMZJ)。

第八章　测评：政府向社会力量购买养老服务评估指标的应用

度调查，通过入户调查和委托养老机构发放纸质版问卷，共发放问卷80份，回收77份，剔除无效问卷1份，共得到有效问卷76份，设很满意到很不满意的分值依次为5—1，对问卷进行计数统计并计算其均值如表8-7。

表8-6　　　　　　南京市A区满意度指标测评及依据

评估维度	评估指标	分值	打分依据	得分
A6满意度（32）	B26 服务对象对养老服务质量的满意度	19.2	4.18×19.2/5	16.05
	B27 服务对象对政府购买养老服务的满意度	6.4	4.2×6.4/5	5.38
	B28 社会力量对购买过程的满意度	3.2	4.75×3.2/5	3.04
	B29 政府工作人员对服务质量的满意度	3.2	3.33×3.2/5	2.13
总分				26.6

表8-7　　　　　南京市A区服务对象满意度调查结果统计

指标	问题	均值	很满意	满意	一般	不满意	很不满意
B26	您对服务及时性的感受	4.17	21	48	6	1	0
	您对服务时长的感受	4.03	22	38	14	0	2
	您对服务态度的感受	4.37	33	40	2	0	1
	您对服务收费的感受	4.16	25	38	13	0	0
	您的总体感受	4.16	24	41	10	1	0
B27	跟政府提供养老服务方式相比，您对购买方式的感受	4.20	24	43	9	0	0

B26服务对象对养老服务质量的满意度为4.18，其中服务对象对服务态度的满意度较高，对服务时长的满意度偏低。服务态度满意度

225

高可能受到两方面的影响：首先，承接养老服务的社会组织的护理员专业水平高且经验丰富，能够且善于解决与老人的矛盾冲突，服务能力和水平高；其次，护理员长期与老人接触，两者培养了深厚的感情，形成了信任关系，老人们也一再强调护理员就像他们的儿女一样。①

服务时长满意度较低体现在三个地方：一是服务时长过短，社会组织目前的服务时长一般在每月8—10小时，没有达到现有月时长不少于20小时的标准，护理员在服务过程中存在偷工减料的现象，只是扫地、擦桌子，干完就走②；二是服务时长减少，由原先一周上门3次、一次2小时减为现在一周上门2次、一次1小时③；三是服务时间的随意性较高，护理员虽与老人有约定每周固定上门服务时间，但有不请假、不来的现象④，约定7点到，但9点也没来⑤，护理员则认为老人的空闲时间和在家时间多，一般上门都在家，故而无须告知老人。目前，护理员执行的服务时长是南京市规定的每周最少服务时长即每周2次，一次1小时，但累计后必然达不到月服务时长20小时。导致服务时长短的原因有二：一方面，购买服务补贴远低于市场价。5年来，A区政府购买居家养老服务补贴一直为240元，未曾增长，而现行服务市场为每小时30元。另一方面，政府监管不力。政府对此情况有所了解，但并未问责。

B27：服务对象对政府购买养老服务的满意度为4.20，满意及以上的人数高达88.16%，这表示与政府直接提供养老服务的方式相比，服务对象对购买方式的总体感受较高，因而政府购买对于转变政府职能有正向影响。

B28：通过问卷星向社会力量发放对购买过程满意度调查问卷，共回收问卷8份，社会力量类型均为社会组织，其中6人对政府购买

---

① 来自访谈资料（20190726NJFWDX）。
② 来自访谈资料（20190726NJFWDX1）。
③ 来自访谈资料（20190726NJFWDX2）。
④ 来自访谈资料（20190726NJFWDX3）。
⑤ 来自访谈资料（20190726NJFWDX1）。

过程表示非常满意，2人表示满意，社会力量对购买过程的满意度为4.75分。据调研，南京市A区政府及工作人员认真、敬业，在购买资金上给予支持，与承接服务的社会组织在长期的合作中培养了信任关系。

B29：通过问卷星向政府工作人员发放服务质量的满意度调查问卷，共回收问卷3份，其中1人对社会力量提供的养老服务质量表示很满意，1人表示满意，1人表示很不满意，政府工作人员对社会力量提供养老服务质量的满意度为3.33分。

（七）影响力维度的评估过程

B30：从2013年到2018年，A区社会组织增幅明显，从只有6家社会组织到共有151家社会组织（图8-1），5年社会组织增长近25倍。政府向社会力量购买养老服务有益于培育社会组织，2018年可承接政府购买养老服务的社会组织数为68家，比2017年可承接的社会组织（含等级上升社会组织）增加19家。

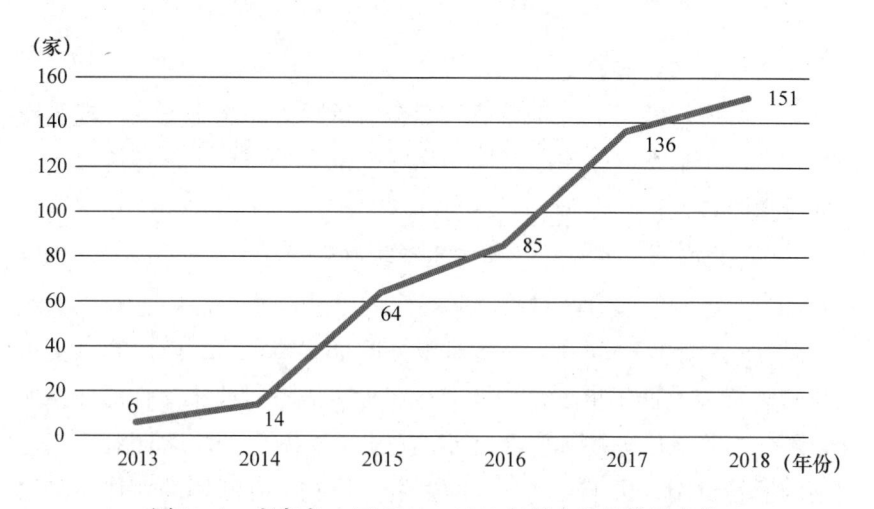

图8-1　南京市A区2013—2018年社会组织数量变化

B31：自2014年A区政府向社会力量购买养老服务起，就未曾有事业单位承接养老服务的情况，故而也并没有承接养老服务公益二类事业单位转为企业或社会组织的现象。

B32：国家级奖励层面，A区连续12年获得全国养老服务示范单位和全国养老服务先进单位，省级奖励层面，2019年获得全省民政工作先进集体。政策支持方面，A区是南京市老年人家庭床位服务、养老"喘息服务"、适老化改造的率先试点地区之一。媒体宣传方面，A区的心贴心模式曾上过中央一套和《新闻联播》，其养老服务获得《扬子晚报》《南京日报》、南报网等多方媒体报道。

表8-8　　　　　　南京市A区影响力指标测评及依据

评估维度	评估指标	分值	打分依据	得分
A7 影响力（20）	B30 社会组织数量年增长率	2.5	具体比例×2.5	2.5
	B31 承接养老服务的事业单位转型的变化率	10	0×10	0
	B32 政府购买养老服务是否有社会效益	7.5	获得国家级奖励，省市级推广，广泛媒体宣传，得7.5分	7.5
总分				10

三　评估结论与讨论

综上所述，南京市A区政府向社会力量购买养老服务在长期实践中形成了"家政服务+紧急呼叫+家庭床位"的特色，但还有以下几个问题值得讨论。

（一）政府作为监督者，如何履行其职责

作为监督者的政府应对政府购买全过程进行监管，目前A区的监管主要存在以下两个问题：一是对服务质量监管不力，政府和承接单位均知晓资金远低于市场价是社会组织提供服务时长未达标的症结所在，可建立养老服务购买资金逐年增长机制；[①] 二是缺乏针对第三方评估的监管机制，由于现代科技的发展，依托于互联网的评估逐步增多，评估手段的发展，扩展了评估范围却减少了评估的实地调查，一些针对老年人的评估甚至没有经过实地考察，可通过后台全面监察以

[①] 吉鹏、李放：《政府购买养老服务满意度指标构建与实证评价——基于江苏三市的调研数据》，《人口与发展》2017年第3期。

及实地抽样调查的方式进行评估，政府亦应对第三方评估机构进行监管。

（二）如何兼顾政府购买养老服务社会力量的竞争性与公益性

自政府购买养老服务的承接主体从社会组织拓展为社会组织、企业和公益二类事业单位以来，多元化的承接主体理论上有益于促进市场竞争、提升服务供给质量，但由于民非条例和工商管理的不同，社会组织和企业在注册资本、融资及运营上也颇具差异。无疑，企业的资金更为雄厚，更有利于发展连锁化、规模化的养老服务，但政府购买的养老服务由于面向老年群体更为特殊，资金支持也远不及市场价位，可以说，购买养老服务本身就具有公益性，企业是以盈利为目的，社会组织是否更具公益性？

（三）如何处理好政府购买养老服务的公平性与持续性的关系

政府购买养老服务的过程应公开透明，采取公平竞争的方式竞标，鼓励多方社会组织参与竞标，结果既需考虑政府满意，也应达到公众自由选择目标。A区政府购买养老服务长期由4家社会组织承接，有失公平性，也的确存在垄断所带来的服务时长缩短、发展动力欠缺、监督管理不力等问题。但不可否认的是，持续性的服务使社会组织护理员和服务对象之间产生了深厚感情、建立了信任关系，有益于社会资本的培育。

第二节　上海市B区：政府向社会力量购买养老服务评估

截至2018年底，B区户籍人口48.92万人，60周岁以上老年人口15.39万人，老年人口比例31.5%，已经远超联合国老年人口比例10%的老龄化社会标准。其中，B区65周岁及以上老年人口数量为10.56万人，占总人口数的21.6%；80周岁以上高龄老年人口2.46万人，占老年人口的16.0%。从全市16个区老龄化程度排名来看，B区60周岁以及65周岁老年人口占总人口的比例都处于全市第十三位，80周岁以上老年人口占总人口的比例位于全市第十。[①] 上海市自21世纪初以来就致力于构建"9073"的养老格局，即90%的老人在社会保障体系和服务体系支持下由家庭自我照顾，7%的老人可由社区提供照料和托老服务，3%的老人可入住养老服务机构。由于各区经济状况以及养老局面差异，郊区养老床位指标较市区镇标准要高，B区分担3.5%的机构养老指标。

一 基本情况

2015年8月，B区开始施行《B区政府购买服务实施办法（暂行）》和《B区本级政府购买服务实施目录》。在购买服务的具体目录中，区政府能够购买的养老服务主要涉及居家养老、社区养老、机构养老，此外也购买养老相关的网络技术、培训和评估。2016年9月，新修订的购买服务实施目录对应增加了政府采购目录，政府集中采购50万元及以上的老年人社区日间照料、居家养老服务，其他20万元以上项目实行分散采购。

表8-9　　B区政府购买养老服务实施目录（2016）

政府购买服务实施目录	对应政府采购目录		
养老服务	备注	集中采购目录	方式
居家养老服务（为符合条件的老年人购买助餐、助浴、助洁、助急、助医、护理等上门服务）	已有国家文件依据	社会服务	50万元以上（含）集中采购
			20—50万元分散采购
老年人购买社区日间照料	已有国家文件依据	社会服务	50万元以上（含）集中采购
			20—50万元分散采购
老年康复文体活动	已有国家文件依据		20万元以上（含）分散采购

---

① 实地调研资料。

第八章 测评：政府向社会力量购买养老服务评估指标的应用

续表

政府购买服务实施目录		对应政府采购目录	
养老服务	备注	集中采购目录	方式
为"三无"老人、低收入老人、经济困难的失能半失能老人购买机构供养、护理服务	已有国家文件依据		20万元以上（含）分散采购
为养老护理人员购买职业培训、职业教育和继续教育	已有国家文件依据		20万元以上（含）分散采购
老年人能力评估和服务需求评估的组织实施、养老服务评价	已有国家文件依据		20万元以上（含）分散采购
养老服务网络信息管理与维护	已有国家文件依据		20万元以上（含）分散采购

2015年9月开始，B区开始推进居家养老服务工作，为需要服务的老人购买居家养老服务项目。居家养老提供"十助"服务：生活照料、家政服务、心理咨询、日间托老、文娱活动、信息支持、医疗护理、康复保健、紧急援助和临终关怀。有照护服务需求符合补贴政策的老人，经过老年照护等级评估后，可以申请获得居家养老服务补贴，其中还涉及收入核对、审批、派工、制订服务计划等，流程比较复杂。审核通过后，老人可以用服务券的形式兑换养老服务。老人享受到的养老服务补贴由照护等级确定，由市区镇三级对应进行财政投入。市区两级为社区居家养老服务中心提供财政补贴，镇级一般支付委托运营管理费。截至2018年底，B区有907名助老员为4600多名老人提供政府托底的居家养老服务。① 在资助范围上，B区较全市口径较大，从限定为低保低收入家庭，扩大到劳模、有突出贡献的个人也可享受，B区2019年享受政府补贴的居家养老服务对象有6986多名。

---

① 上海市B区人民政府：2018年上海市B区统计公报。

居家养老和社区养老相伴随,为居家养老补贴对象提供服务的一般是社区服务机构。社区养老服务设施包括社区综合为老服务中心、长者照护之家、老年人日间照护机构、社区老年人助餐点、社区睦邻点。截至2017年底,B区虽有规划但实际尚未建成一所社区综合为老服务中心,建设进度在上海市垫底。2018年,B区紧锣密鼓地展开了社区养老服务设施建设。截至2018年底,共建成125家社区老年人日间服务中心、22个社区老年人助餐点、262个市级标准化老年活动室。[①] 到2019年上半年,社区居家养老服务中心运营承接方有21家服务组织,其中第三方组织10家,分布在各个街镇,既有民非也有企业。其余11家依然是政府部门或者相关组织直接提供服务,其中非正规就业劳动组织从2017年开始也逐渐全部转制为民办非企业单位。

B区机构养老起步晚、发展快。2017年6月,Q区将一所公建养护院公开招标第三方运营服务,开启了养老机构公建民营的步伐。2018年B区享受政府补贴的机构养老服务人数1855名,较上年增加47名。截至2019年8月,B区共有两家公办养老机构通过招投标的方式委托第三方运营,另外三家镇级养老院也已招投标完毕,等待二次装修后正式运营,区级福利院虽在建设中但也确定了公建民营的方向。到2020年,B区公建民营养老机构的总量预计能达到60%—70%。[②] 2017年,上海市发布了《关于本市公建养老服务设施委托社会力量运营的指导意见(试行)》(沪民福发〔2017〕29号)。2019年7月,B区民政局召开会议,在这一框架上出台了区级公建民营养老院规范指导意见,细化了政府和第三方的约定责任、违约处理,确定了收住对象为本区户籍老人,以托底、保基本为主基调。如果养老机构床位饱和度达到90%,必须预留10%给托底老人入住,社会寄养的老人也必须出一个进一个。公建民营养老机构收费,相较于江苏省、浙江省而言,上海市比较严格,机构收费需要

---

① 上海市B区人民政府:2018年上海市B区统计公报。
② 来自访谈资料(20190730SHMZJ)。

第八章 测评：政府向社会力量购买养老服务评估指标的应用

发改委审批，通过定价的方式，不能超出收费范围。在全区范围内，目前有六家单位具备参与资质，后期将继续通过公开招投标确定运营方。

在购买养老服务需求评估方面，相较于其他长三角城市而言，上海市B区的鲜明特征是在试点长期护理保险制度中构建起了老年人养老服务需求评估体系，医养结合趋势明显。2016年6月，上海市被确定为长期护理保险制度试点城市。当年年底，上海市出台了试点办法，并选择了三个区，用一年时间先行先试。各区在2017年探索建立老年照护统一需求评估体系，将其作为后续推进长期护理保险制度的基础。在这一背景下，B区2017年开始进行老年照护统一需求评估。统一需求评估主要是解决老年人的资源分配问题，评估分为一级至六级以及不提供服务。需求评估后享受的服务对应四个项目：一是民政系统的居家养老服务，一级至六级皆可享受；二是养老机构，特别是公办养老机构，要求四级才能入住公办养老机构；三是符合医保高龄老人护理计划的老人，评估等级一级至六级皆可享受；四是老人入住老年医疗机构——护理站，必须达到六级。B区以及街镇两级都搭建了老年照护统一需求评定信息管理平台，老人申请后，街镇平台受理，委托第三方机构上门评估，并将结果反馈到区平台。

2018年，在全面实施老年照护统一需求评定的基础上，B区进一步整合民政和卫计的资源，试点长期护理保险制度。需求评估以前由民政主导，长护险开始之后，评估转到卫计委下面的医保单位。一般申请流程如下：享受职工医保人员以及居民医保的老人，携带户口本和社保卡到社区受理中心申请长护险。申请必须符合医保关系在上海，户籍开放，并且全市通办。申请之后，大约10个工作日会有第三方评估机构派评估员上门评估。B区现在有三家评估机构，系统随机分配两位评估员。评估员分A类和B类，A类一般是民政提供的日常生活类，比如能不能自行吃饭、洗澡，B类一般是有医疗背景的医生，必须具备医师资格证，一般评估疾病、测量身体情况。两位评估员评分综合起来，评定一级至六级。享受长护险必须达到二级，由长护险定点医疗机构提供服务。服务包含由社区托养服务机构提供的社区居家照护、由养老机构提供的照护、基层医疗卫生机构以及部分承担老年护理的二级（及以上）医疗机构提供的住院医疗照护。长护险是基础，民政养老服务补贴是补充。由于民政条口的养老服务和医保长护险还没有打通网络，已经享受长护险的老人如果还要申请居家养老补贴，依然需要到民政部门提交身份证再次申请。

除此之外，社区还有公益创投项目也涉及养老服务，每年用于养老公益项目招投标的金额超过一亿元。[①] 例如，上海市老年基金会以及B区社会老年慈善基金会都是以项目招标的形式购买为老服务，老龄事业发展中心、社团等也都积极从事养老相关工作。在购买人员培训方面，B区政府也为养老护理人员购买职业培训、职业教育和继续教育。

二 评估过程

（一）制度规范维度的评估过程

上海市B区制度规范总体合格，并在进一步完善中（表8-10）。B1：截至2019年8月底，上海市还未专门出台购买养老服务政策，各区购买养老服务处于先行先试的探索期。B区购买养老服务政策主要以购买公共服务政策为框架依托，结合老龄工作相关领域政策展开。例如，2014年9月，上海市B区六委局联合发布了《B区养老设施项目建设补贴实施意见》，明确了新增养老床位、已有养老设施、街镇建设社区养老服务设施、社区卫生服务中心养护床位的建设补贴。在社区居家养老服务方面，B区在"全市社区居家养老服务规范实施细则（试行）"出台后，于2015年9月开始实施区级《关于全面推进居家养老服务工作实施意见》，通过市区镇三级财政投入为需要服务的老人购买居家养老服务。此外，B区2016年出台了《关于开展B区老年照护统一需求评估工作的实施方案》，2018年出台了《关

---

① 来自访谈资料（20190730SHMZJ）。

第八章 测评：政府向社会力量购买养老服务评估指标的应用

于印发B区长期护理保险试点工作实施方案的通知》和《关于本区开展长期护理保险试点进一步调整养老服务补贴政策的通知》等文件。2019年，B区民政系统拟定了公建民营养老机构改革的实施意见细则，但还未通过区政府发布。

B2：在机构评估方面，所有社区居家养老和机构养老中的养老机构或者社会服务组织都要接受评估，这些组织既有来自政府内部系统的，也有市场企业等社会力量。B区每年都会邀请第三方开展养老服务提供方的评估，并形成评估报告。整个评估是针对所有机构的"地毯式"测评，不单单面向承接政府购买养老服务的单位。在具体评估标准上，养老机构评估指标体系较社区服务组织完善，委托市养老福利行业协会制定标准，已经形成了全市统一的养老机构等级划分和评定标准；在服务需求评估方面，上海市卫生健康委员会（原上海市卫生和计划生育委员会）下属的一个事业单位研发了一套评估系统，包括评估的标准、参数等，区民政主要提供评估人员的培训平台。B区于2016年实行老年照护统一需求评估，根据评估结果分为照护一级至六级，对应社区居家养护中的社区居家养老服务、高龄老人居家医疗护理服务，以及机构照护中的基本养老机构照护服务、老年护理机构照护服务。长护险出台之后，B区各街镇社区事务受理中心开始受理长护险申请，然后由定点评估机构提供A类和B类两名评估员上门评估。除此之外，2019年下半年，B区即将开展委托第四方进行针对第三方评估机构的检查。

B3：购买信息公开上，B区主要依托市政府招投标平台。超过20万元的养老服务项目要通过上海市采购平台或招投标平台等财政平台。此前，B区已经通过采购平台招标了两家机构承接养老服务。服务信息公开方面，上海为老服务平台囊括了全市所有的养老设施、养老机构、日间照料中心、长者招呼之家、助餐点、老年活动室、睦邻点等养老设施。B区所有的养老设施都可以在平台上查询，受众可以了解该设施的具体方位、电话、照片等，网站信息保持每月更新。从承接养老服务组织内部来看，老人们可以通过助老员、社区工作人员、养老机构或者社区服务组织等设施负责人进行服务反馈，遇到问题时也可以直接拨打12345进行投诉。

B4：B区政府对社会力量的监管存在着主体差异。民政、卫计部门的监管主要是业务上的指导，工商的监管主要是对生产活动安全的监管。B区民政局目前尚未建立起制度化的养老社会力量的监管机制，但已经确立了监管的大致方向。首先，派驻政府人员到地方养老机构，全程、专职掌握养老机构财务收支、床位收住以及机构运营情况。以BH镇为例，镇政府专门派政府人员到镇养老院中，机构的收住对象还有财务报表要通过政府人员上报，使得政府部门能够及时发现重大问题。而且政府人员也应在机构理事会中任职，具备绝对的决策权。其次，依托全市社会力量诚信体系的建立，B区将对承接养老服务机构进行诚信打分，如果该机构屡教不改，则会被扣分或者列入黑名单，失信机构将在长三角地区平台公示。最后，政府对社会力量购买养老服务还有一个熔断机制。承接单位一旦发生重大危险，购买方可以立即中断该机构提供的服务。B区所有街镇制定预案，储备临时服务机构，以防止发生熔断后老人不能享受相应服务的情况。

B5：根据B4指标得分描述可以看出，B区对于养老服务的购买方和承接方都具有非常严格的管理标准。对于政府机构和政府工作人员的问责，主要是在行政系统内部，结合日常考核机制，进行问责。对社会力量的问责机制，主要是依赖诚信体系的建设和熔断机制的建立。针对长期护理保险制度试点中出现违法违规行为，造成长期护理保险基金发生损失的定点评估机构、护理服务机构、经办机构、参保以及其他人员，区人社局有权向上级部门提出行政处理建议，若涉嫌犯罪则依法追究刑事责任。此外，包括B区在内的整个上海市，在积极倡导社会力量承接养老服务的同时，也规划着不合格社会力量的退出机制，及时清理服务质量不佳的机构，从而构建高效的养老服务供给市场。

第八章 测评：政府向社会力量购买养老服务评估指标的应用

表8-10　　　　上海市B区制度规范指标测评及依据

评估维度	评估指标	分值	打分依据	得分
A1制度规范（9）	B1 区政府是否出台购买养老服务政策执行细则、意见等或参照上级政策	4	B区政府尚未出台专门购买养老服务实施细则，但部分政策高度相关，得2分	2
	B2 区政府购买养老服务是否有第三方评价制度依据	1	相关制度涉及对购买养老服务的评估，第四方评估仍在酝酿中，得1分	0.5
	B3 政府购买养老服务信息互动是否常态化	1	有信息互动渠道，且会反馈，得1分	1
	B4 政府是否加强对政府向社会力量购买养老服务的监督管理	1	事前、事中、事后的全过程监管，得1分	1
	B5 政府是否建立问责制度	2	建立对社会力量和政府工作人员的问责制度，得2分	2
总分				6.5

（二）购买投入维度的评估过程

B6：2018年，B区养老服务总支出6500万元，购买养老服务总支出4760万元，购买养老服务支出占养老服务总支出的比例为73.23%。

B7：B区2017年购买养老服务总支出3681.3万元，2018年为4760万元，年增长率为29.30%。具体来看（见表8-12），政府购买居家养老服务支出增幅显著，2018年较上一年增长了40.96%，购买社区养老方面的支出则出现负增长，购买机构养老服务、培训、评估支出变化不大。

B8：按照公式，预算资金节支率（购买养老资金节约额与预算金额的比率）=（购买养老预算金额—实际采购金额）÷购买养老预算金额×100%，2018年B区购买养老服务的预算资金4567万元，实际支出4760万元，预算资金节支率=（4567-4760）÷4567×100%=-4.2%，节支率为负数，实际为超支状态。

B9：上海市B区政府购买养老服务资金已列入财政专项资金目

237

录，并在其政府网站上有所公布。以居家养老服务为例，镇（街道）居家养老服务工作实行市场化运作，向社会购买服务，列入政府购买服务目录清单，所需资金列入财政预算。

表8–11　上海市B区购买投入指标测评及依据

评估维度	评估指标	分值	打分依据	得分
A2 购买投入（3）	B6 政府购买养老服务支出占养老服务总支出比例	0.3	73.23%×0.3	—
	B7 政府购买养老服务支出年增长率	1.5	29.30%×1.5	—
	B8 政府购买养老服务预算资金节支率	0.3	−4.2%×0.3	—
	B9 政府购买养老服务资金是否列入财政专项资金目录	0.9	列入财政专项资金目录，得0.9分	0.9
总分				

表8–12　上海市B区2017—2018年购买养老服务支出

购买养老服务年度支出（万元）	2017年	2018年	年增长率（%）
购买居家养老服务	2855.4	4025	40.96
购买社区养老服务	570.9	480	−15.92
购买机构养老服务	85	85	0
购买养老服务人员培养方面	40	40	0
购买养老各类评估	20	20	0
购买老年康复文体活动	30	30	0
购买养老服务网络信息建设	80	80	0
购买养老服务总支出	3681.3	4760	29.30

资料来源：由B区民政局整理提供。

（三）承接能力维度的评估过程

B10：B区可承接养老服务的机构总数为21个，11家为第三方机构，第三方机构既包括民办非企业单位，也包括企业。值得关注的

第八章 测评：政府向社会力量购买养老服务评估指标的应用

是，由于政策导向要扶持社会组织的发展，因而养老公司采取注册民非的方式来提供社区居家和机构养老服务，直接以工商登记企业来提供服务的所占比例不高。由于B区购买养老服务起步很晚，承接养老服务的组织尚未积累足够工作经验，2018年有四家养老机构申请等级评估落选。依照全市标准，养老机构等级评定分为一级到三级（三级等级最高），B区现拥有一家三级养老机构，五家一级养老机构。总体来看，B区可承接养老服务的社会力量的数量还有待提高。

B11：为促进当地就业，公建民营养老机构中除了专业的护工之外，机构内还有将近一半的后勤工作人员，从事保安、清洁工等物业岗位，这些岗位一般都直接招聘当地职工，并不是专业人员，机构内从事护理工作的人员百分之百持证上岗，但流动性较强。一般来说，区级平台也会提供培训。由于本区从事社区居家养老的社会力量数量较少，工作人员专业性也还有待提高。

B12：上海市整体老龄化程度颇高，也是国家养老服务政策改革的先行示范城市。在政府购买养老服务方面，服务机构本身也是政策的受惠方，积极抓住政策红利，发展壮大机构。随着长期护理保险制度等新政策的推进，由于老年群体的接受程度和理解能力较低，养老服务机构不仅自身要消化承接服务的注意事项，还需要向老年人提供政策解释，从把握政策精神向传递政策精神转变。总体而言，养老服务机构对当前养老社会化的趋势持肯定和支持的态度，与政府部门也保持着友好的合作关系。

B13—B16：由于承接养老服务的社会力量大多具有企业背景，因而承接方一般具备连锁化、品牌化的特征，组织规范程度较高，服务流程严格、标准，可以提供医疗、生产、销售、服务、培训等养老一条龙服务。经济来源上，相较于社会组织而言，渠道更为广阔，不局限于政府部门补贴。在财务制度上，配备有专职财务人员，并与政府部门进行汇报沟通。当地政府也倾向于向规模化的组织抛出购买服务的橄榄枝，感觉社会组织难成规模，一个实体点就一两个人，还可能是兼职的。购买的审计服务主要来自专业事务所，规范程度也较高。社会组织因为非营利的特征，承接的养老服务项目大多为公益性质，除了直接提供养老服务之外，也会参与评估培训等过程，服务流程以及组织规范程度因个体而异，资金来源则主要为政府部门的项目资金。

表8–13　　　　上海市B区承接能力指标测评及依据

评估维度	评估指标	分值	打分依据	得分
A3 承接能力（3）	B10 可承接养老服务机构数	0.1	社会力量10家	0.05
	B11 持有专业资格证书人员占社会力量工作人员比例	0.2	整体专业性比例为3/4	0.15
	B12 养老服务机构能否把握政策精神	0.5	能把握政策精神，得0.5分	0.5
	B13 养老服务机构服务流程是否标准	0.7	提供具体材料证明，得0.7分	0.7
	B14 养老服务机构组织规范程度	1	社会组织服务管理制度体系不完善，扣0.4分	0.4
	B15 养老服务机构财务制度是否健全	0.4	财务制度健全，得0.4分	0.4
	B16 养老服务机构资金来源是否多元	0.1	有多项资金来源，得0.1分	0.1
总分				2.3

（四）公正性维度的评估过程

B17：随着长期护理保险制度的推广，无论是否为上海户籍，医保关系在上海的60周岁以上、经评估失能程度达到二级至六级的老人，都可以根据服务需求获得相应的社区居家照护、养老机构照护或者住院医疗照护。有意向的老人只需要到社区事务受理中心提供申请，等待评估人员上门评估，根据评估等级享受服务，程序规范、覆盖范围广，受众机会均等。居家养老服务的申请与之类似，不过B区在照顾到一般性群体的同时，也纳入了劳模等特殊性服务对象，实现了合理范围内的更大公平。

B18：B区自2017年开始推行老年照护统一需求评估，区平台委

第八章 测评：政府向社会力量购买养老服务评估指标的应用

托第三方评估机构，对申请老人的失能程度、疾病状况和照护情况等进行评价，了解老人所需要的照护等级。评估人员都经过培训，上门评估的团队中至少有一人具备医疗康复护理的专业背景，并且诚信记录良好，需求评估人员的专业程度可以保证，有利于更精准地获取老人的服务需求。

B19：一是有服务需求的老人。申请人若对老年照护统一需求评估有异议，可在收到评估结果30天内申请原评估机构复核，复核结果仍不满意，还可向街镇受理平台申请市级评估机构指定的其他机构进行终核。在试行长护险过程中曾遇到过这样一个情况：一位90多岁的老人，本身没有疾病，但是已经丧失行动能力，只能躺在床上，等级评定可能一级都没有，什么服务都不能享受，老人的家属反应很大。区政府获悉后，积极协调上报，长护险指标2.0版本上线，提高了生活自理能力方面的参数，降低了疾病的参数。二是普通社会公众。B区购买养老服务的相关政策与养老信息都能通过网络平台获得，居民也可以通过社区事务受理中心、养老服务机构、政府部门以及12345热线提出意见和建议，政府部门也会积极采纳合理意见。

B20：通过B3指标可大致了解到，B区养老服务信息具备专门的网络平台。除此之外，政府以及养老服务承接方也会通过公示栏和微信等平台进行养老信息公开。在各个社区，居民也可以便捷地获取养老服务宣传单页，掌握当前养老政策以及辖区内养老机构简介。

B21：B区购买养老服务做到了程序正义。街镇养老机构公建民营都是通过招标的方式，获取合格的养老服务供应商。社区类服务项目50万元以上全部需要招投标，50万元以下可以通过议价、询价。与南京市A区不同的是，B区政府直接补贴需方，老年人可以通过"服务券"或者直接获得现金，去购买自己需要的服务。长护险推出之后，老人分配到哪个机构就由该机构提供服务。由于上海市长护险和养老服务补贴可以叠加申请，而这涉及两个部门，为了避免为老人增添麻烦，B区尽量通过议价机制选择服务机构，避免出现一个老人有两个机构上门服务的情况。

B22：公益性岗位方面，街镇中每年都会充实社工岗位，不是事业编制，也不是公务员编制，但比较稳定，有级别之分，时间久了可能工资比事业编人员高。志愿者方面，比较有名的是"老伙伴计划"，按照1∶5的比例，即一个低龄老人（50—69周岁）可以服务五个高龄老人（70周岁以上）。B区每年大致有1200名志愿者，6000名老人。志愿者中还分为核心志愿者，主要由街镇的科长、老龄干部担任，他们有自己的志愿者团队，并负责培训、联系上门服务。志愿者服务的一般内容是每周要给老人打四次电话，上门两次，并不参与打扫卫生等家政服务，只是陪老人聊天，提供关怀和精神慰藉。

表8-14　　　　上海市B区公正性指标测评及依据

评估维度	评估指标	分值	打分依据	得分
A4 公正性（8）	B17 受众机会是否均等	0.2	受众机会均等	0.2
	B18 是否广泛收集老年人养老需求	0.3	广泛征集公众意见	0.3
	B19 是否参考公众意见	0.3	需求或意见作为制定政策相关依据，作为合理配置养老服务依据	0.3
	B20 养老服务信息是否公开	3.6	公开政府购买养老服务信息；公开养老服务组织（机构）	3.6
	B21 购买养老服务程序是否公平公正	1.6	公开招投标，程序公平	1.6
	B22 服务是否体现公益性	2	培训及吸纳志愿者，对弱势群体有政策关怀	2
总分				8

（五）服务质量维度的评估过程

B23：B区购买养老包括机构养老、居家养老和社区照料，以及购买培训类、养老活动类、管理、检查、审计、评估类养老服务相关项目。在具体服务内容上，居家养老服务助理员每月可以提供30小时的上门服务，具体有助餐、助洁、助急、助浴、助行、助医、康复

第八章 测评：政府向社会力量购买养老服务评估指标的应用

辅助、助谈、洗涤、生活护理"十助"服务内容。其中，助洁覆盖率较高，为老人洗衣服、扫地比较受欢迎，有的助老员也会提供买菜等代办服务，以及亲自下厨烧饭等助餐服务。B区现有20个助餐点，2019年计划再建10个。助餐设施分为两种类型，一种是规模比较大的社区长者食堂，包含加工、配置。长者食堂分三档，服务150—500人，市里提供10万元建设补贴，区里1∶1配套；服务500—800人，市和区两级分别补贴30万元；服务800人则是分别补贴50万元。社区长者食堂一般由第三方运营，B区XY街道2018年建设了三家长者食堂，就餐分为9元、10元、11元三类标准，HX镇自行备餐需要7元。还有一种类型是配送中转站性质的助餐点，一次性建设补贴1万元。若行政村中设有助餐点，则会针对低保、独居、高龄、困难、计划生育特殊家庭的老人给予就餐补贴。长护险主要是针对生活和医疗护理，涉及助医、康复辅助、生活护理等服务内容。"老伙伴计划"等项目组织起来的志愿者提供助谈等精神慰藉活动。当前关于助急方面的服务内容覆盖并不广泛。在咨询服务上，除了传统的社区卫生服务中心可以为老年人提供健康咨询，社区护理站以及第三方运营的养护院等也加入咨询行列。除此之外，全市根据《老年人权益保护法》为符合条件的老人提供法律咨询服务。养老活动的举办会因为位置布局等因素导致参与人数偏少。总体而言，服务内容提供会根据老人需求进行设置，整体覆盖率基本满足老人需求。

B24：B区政府购买养老服务合同服务时长有一年、三年、五年、十年，三年期限较多，整体上来看，承接服务方都没有达到合同约定时间，项目仍在进行中。

B25：居民可以直接前往社区服务中心，也可以拨打上海市12345投诉电话和区消费者投诉热线，也可以采取写信的方式，政府相关科室有法制科、信访部门，必须在一定时间内进行意见答复，一般通过线上答复或直接打电话给老人。关于服务质量的投诉肯定存在，例如刚推出长护险时评估员评估不及时，或者老人对评估等级不满意。居家养老考核第三方报告显示，老人针对服务的满意度超过95%。2019年，B区从养老机构建设、服务、规范上都做了相关努力，养老设施逐步完善，两会提案逐渐减少，从之前多于20件，到2019年只有3件。不过，部分投诉、信访并不符合要求，老人及家属对于居家养老政策以及长护险政策并不了解。

表8-15　　　　上海市B区服务质量指标测评及依据

评估维度	评估指标	分值	打分依据	得分
A5 服务质量（20）	B23 购买养老服务项目覆盖率	14	整体覆盖率60%×14	8.4
	B24 合同是否按期完成	2	仍在进行中，得1分	1
	B25 服务投诉结案率	4	整体结案率95%×4	3.8
总分				13.2

（六）满意度维度的评估过程

满意度问卷主要以线下为主、线上为辅的方式，向B区享受政府购买养老服务的老人（监护人）发放问卷。问卷由六家承接养老服务的社会力量代为采集，共回收45份有效的服务对象满意度问卷，线下42份，线上3份。问卷分析得出，B26服务对象对养老服务质量的满意度平均数为4.24，标准差为0.5289；B27服务对象对政府购买养老服务的满意度平均分为4.13，标准差为0.6252。

B28：在B区21家养老服务组织中抽取10家，包括4家工商登记以及6家民非登记单位。在与这些社会力量负责人访谈后，发放了纸质问卷并现场回收。问卷结果显示，社会力量对于政府购买的整个过程全部持满意或者非常满意观点，满意度平均得分为4.5分。

B29：选取三位B区民政部门从事养老服务的工作人员，对他们进行现场服务质量的满意度问卷调查。问卷结果显示，政府工作人员对服务质量全部持满意的观点，当前发展情况符合预期，满意度平均得分4分。

表 8-16　　　　　上海市 B 区满意度指标测评及依据

评估维度	评估指标	分值	打分依据	得分
A6 满意度（32）	B26 服务对象对养老服务质量的满意度	19.2	4.24×19.2/5	16.30
	B27 服务对象对政府购买养老服务的满意度	6.4	4.13×6.4/5	5.29
	B28 社会力量对购买过程的满意度	3.2	4.5×3.2/5	2.88
	B29 政府工作人员对服务质量的满意度	3.2	4×3.2/5	2.56
总分				27.03

（七）影响力维度的评估过程

B30：B 区养老类社会组织在 2018 年经历了一次增长潮，2017 年养老类社会组织 32 个，2018 年养老类社会组织数量增长到 43 个，年增长 34.38%。

B31：市区福利院是事业单位，2019 年开始全部转为民非，但 B 区并没有养老的事业单位，2018 年新建的区级福利院属于民非性质。

B32：由于 B 区政府养老服务尚未成形，因而并未获得国家级的奖励以及省市级的推广。从上海市范围内来看，B 区购买养老服务整体上还处于滞后梯度。不过，作为长三角养老一体化的重要区域，B 区在养老一体化建设上具有战略地位，也有部分新闻报道。

表 8-17　　　　　上海市 B 区影响力指标测评及依据

评估维度	评估指标	分值	打分依据	得分
A7 影响力（20）	B30 社会组织数量年增长率	2.5	根据与其他区对比情况	1.5
	B31 承接养老服务的事业单位转型的变化率	10	尚无事业单位转型	0
	B32 政府购买养老服务是否有社会效益	7.5	未获国家级奖励，省市级推广，媒体宣传一般，得 1.5 分	1.5
总分				3

三 评估结论与讨论

综上所述，上海市 B 区在统一照护需求评估体系的基础上，形成了政府购买养老服务"老人申请—第三方评估—政府购买—社会力量服务"的基本架构。B 区购买养老服务流程规范，基本形成养老服务供应商采取招投标程序，卫生部门负责采购医疗保健和服务供应商、人社部门负责采购长护险服务，供应商、民政部门负责采购居家养老服务供应商。但在整个评估过程中，也有几个方面还有待讨论。

（一）如何处理好政府购买养老服务政策创新性与衔接性的关系

上海是中国各类改革的先行试验田，政策频繁更迭在创造新机遇的同时，也可能出现与现有政策不协调、部分居民对新政策不理解甚至抵触的情况。长期护理保险制度的原型是重度老龄化的日本社会，上海市在试点该政策时虽然也践行从点到面的扩散路径，整合了部分居家养老服务功能，但与原先购买养老服务的政策还处在磨合阶段，居家养老服务评估与长护险评估分属于两套政府系统，医保系统和居家养老服务系统尚未打通，老人在享受长护险后需要居家养老服务，仍然需要再次提出申请并接受评估。此外，由于服务对象理解程度有限，这就需要政府部门以及服务承接方付出更大的政策阐释成本。

（二）政府购买养老服务中社会组织的发展方向

从政府角度来看，社会组织不成气候[①]，社会组织资金少、规模小，促使政府部门偏好具备企业背景的服务供应商。政策导向是扶持社会组织发展，从登记性质上来看，社会组织数量确实增加了，但资本操控的民办非企业单位，其非营利取向经常被质疑。当然，并不排除民办养老机构一心一意从事公益事业的可能性。不过，反观那些逐步建立的社会组织，他们必须不间断地参与养老类文娱活动项目、志愿者项目、小型评估类项目、培训类项目等，项目成为这个行业的生存法则。如何在竞争性市场中，通过政府向社会组织购买养老服务，培育壮大社会组织才是更加棘手的问题。

---

① 来自访谈资料（20190730SHMZJ）。

（三）如何破解长三角地区养老一体化现有困境

上海是长三角地区的龙头城市，在长三角地区养老一体化进程中地位不言而喻。从服务对象来看，养老一体化框架的完全建立必须建立在区域养老服务非排他基础上，在冲破户籍制度限制的同时，还需要在社保制度上达到高度统一，而这些都是根深蒂固的现实阻碍。由于人口的流动性特征，省域交界地带在养老一体化进程中首当其冲，但遗憾的是交界地带可能不仅仅只有地缘劣势，还极有可能处于购买养老服务的边缘结构，一体化进程变得更加缓慢。从服务承接方来看，在允许养老服务机构跨省参与投标的同时，也需要共享本机构服务资质、诚信评估等信息，养老机构连锁、规模化是否成为必经之路？

第三节　杭州市C区：政府向社会力量购买养老服务评估

杭州市政府早在中央部署前就开始探索向社会力量购买公共服务的研究和实践，在政府购买养老服务上呈现智能化、普惠化的趋势。近年来，杭州市老龄人口、高龄人口及失能、半失能人口比重不断加大。按户籍人口统计，截至2018年底，全市60岁及以上老年人口174.44万人，占总人口数的22.53%，比上年增加7.25万人，增长4.34%。截至2018年，杭州市C区60岁及以上老年人口128480人，占总人口比例17.84%；65岁及以上老年人口数为88105人，占总人口比例12.23%；80岁及以上老年人口数达24427人，占老年人口比例19.01%；百岁老人46人，其中男性21人，女性25人；纯老年人家庭人口数26337人，失能老人数2369人，半失能老人4842人。[①]对比近些年老年人口数据可知，C区人口快速老龄化、老年人口高龄化、老年人家庭空巢化、部分老年人失能化的"四化叠加"趋势明显。杭州市C区通过开展政府购买养老服务，出台相关支持政策，已

[①] 中共杭州市委、杭州市人民政府：杭州市2018年老龄事业统计公报。

形成"733"工作机制,为辖区内老年人提供丰富、专业的养老服务。

一 基本情况

随着改革开放的不断深化,培育社会组织、转变政府职能已是政府变革的题中之义。在社会组织发展迅速,政府提供公共服务能力疲乏的状况下,2003年杭州市率先探索向社会组织购买公共服务,并逐渐从单个领域向多个领域尝试实施购买活动。为了细化与深化政府购买的内容、方式、监管等方面,杭州市于2010年11月出台了《关于政府购买社会组织服务的指导意见》,次年市相关部门、各区也出台相关配套文件,杭州市政府正式将政府向社会组织购买公共服务引上制度化、规范化轨道。

杭州市C区自2001年起建设街道社区自我管理的"星光老年之家",率先探索涵盖紧急援助、日间照料、家政服务,满足文体娱乐需求的社区养老服务。并于2007年开展居家养老"金夕工程",设立多个养老服务站点,服务覆盖"四级救助圈"老人[①]、60周岁及以上的重点优抚对象、老劳模、经济困难的老居(村)干、区离休干部(包括异地安置在我区的离休干部)。2011年,C区以"金夕工程"为基础,利用居家养老服务需求评估、服务标准、服务券、喘息服务等更多政策工具完善居家养老服务体系,推动城乡养老服务建设一体化进程。C区为满足多层次的养老服务需求,一方面深化公办养老机构改革,另一方面积极引入社会力量参与养老机构建设,对社会力量兴办养老机构给予运行补贴、建设补贴。

杭州市C区为全面建成以居家为基础、社区为依托、机构为支撑,功能完善、布局合理、规模适度、覆盖城乡的养老服务体系,提出设立区、镇街、村社三级养老服务工作网络。从区级层面来看,C区建立了民政、财政、发改等多部门联合参与的养老服务工作领导小组,在民政局形成养老服务指导中心,确定重点工作、整合各部门资

---

① "四级救助圈"老人是指失能(残疾)、孤寡、高龄(80周岁及以上)、空巢(独居)等。

第八章　测评：政府向社会力量购买养老服务评估指标的应用

源，按照中央部门定调和省市机关指导的方向，颁布和实施一系列政策制度，协调和指导街镇、社区开展养老工作。从街镇层面来看，C区最初以点带面建立综合性养老服务中心，近年来则推进街镇级居家养老服务中心提档升级工作，要求街镇级社会化运营的示范型居家养老服务中心全覆盖，并对养老中心面积、功能、消防安全等做出细致规定。新建立的居家养老服务中心将集合生活、康复护理、日托、家庭支持、社会工作、心理疏导、康复辅助用具租赁等服务，对周边社区起到更强的辐射带动和指挥引导作用。从村社层面来看，C区先在老龄人口密集的地区建立居家养老服务站，提供服务需求受理、评估、服务券发放工作；在省政府出台《浙江省关于加快推进政府购买养老服务的意见》后，更加鼓励规模化、网络化、品牌化的社会组织参与养老服务行业，建立社区内的嵌入式养老服务微机构，形成"15分钟步行养老服务圈"，提高基础养老服务供给能力。目前，杭州市C区已基本形成"9643"的养老服务总体格局，即96%的老年人接受居家服务，4%的老年人接受养老机构服务，不少于3%的老年人享有养老服务补贴。

在政府购买居家养老方面，C区居家养老服务设施包括居家养老服务照料中心、老年食堂、养老机构和嵌入式微机构。全区有日间照料中心139家，包括区级和镇街级居家养老服务中心12家，社区级的日间照料中心共有127家，老年食堂共有91家。① 日间照料中心和老年食堂采用委托给社会组织的方式来运营，委托率为80%。政府每年依托杭州市智慧养老监管平台对第三方运营的居家养老服务设施及其服务进行综合性考核，按照因素分配法给予最高10万元的运行补贴和最高10万元的星级评定补助，除此之外，针对新建或改建养老服务设施给予最高50万元的建设补贴。另外，C区为低保家庭困难的老年人以及一些有特殊贡献的老年人提供"重阳分"和"金夕分"两类养老服务补贴。金夕工程为C区自设的养老服务补贴，一年投入大致在1400万元左右。以低保家庭为例，养老服务惠及家庭只需凭

---

① 部分老年食堂和日间照料中心存在合建情况。

借低保证去社区申请，经社区核实后，就可获得补贴，一户一人补贴325元，一户两人及以上符合条件补贴450元，一户持证家庭一年能获4000元以上补贴。经过今年调整，政府每月将养老服务补贴以"金夕分"的形式，充入市民卡养老专户，老人不需要再用社区发放的纸质券，仅凭一张市民卡即可消费，既方便老人使用，也便于工作人员进行统计。而服务补贴可以用于老年食堂、居家养老服务中心的日托、全托服务、理发店、超市等。值得一提的是，杭州市级层面每年投入2000多万元为低保和低保边缘家庭、失能老人提供"重阳分"养老服务补贴。应浙江省"最多跑一次"改革的要求，重阳分的申领需经过区级层面的"一窗受理"和服务需求评估来确定该补贴等级。重阳分按25元/小时的标准，设置2小时、8小时、16小时、32小时、60小时5个层级的重阳分服务。居家养老服务扣款顺序为重阳分、金夕分、一般账户余额。每季度任何一个月份充值的"重阳分""金夕分"都将在下季度末清零。除重点人群、特殊群体的老人之外，C区针对70岁以上的老人有免费订一份老年报，每年做一次免费健康体检和每年的100元服务体验券。

  在政府购买机构养老方面，C区在资金、场地、人员等方面，进一步降低社会力量兴办养老机构的门槛，加大投资者收益分配支持力量和税费优惠支持力度。对养老机构的星级标准给予不等的床位建设和运营补贴。目前C区有养老机构15家，区级公建公营的养老机构1家，街道级公办养老机构3家，公建民营养老机构10家，民建民营养老机构1家。杭州市C区养老生态很丰富，从规模上来说有社区嵌入式的微机构，也有航空母舰级的大型养老机构，硬件设施具备低中高端养老机构。许多专业型的机构涵盖居家社区养老和机构养老功能，或开拓医疗场所，向医养结合方向发展。根据上级部门深化公办养老机构改革的意见，C区要求公建民营的养老机构要优先接收基本养老服务保障对象和优先养老服务保障对象，一般接收比例不低于10%。大力推进公办养老机构社会化和集团化运营，推行其他保障服务对象均应实施准入评估和公开轮候，保证公办养老机构以非营利性原则定价。另外，C区每年会投入100万元资金，开发10个左右的公

第八章 测评：政府向社会力量购买养老服务评估指标的应用

益创投项目，吸引第三方力量加入到社会养老服务体系中。

在购买养老服务人员培养方面，首先，C区按照《养老护理员国家职业标准（试行）》，对各类养老服务机构从业人员开展职业技能培训和考核，给予培训补助，推行持证上岗制度。其次，鼓励职业院校开设养老服务专业，吸引高校毕业生进入养老服务行业，给予用工、社会保险、住房、入职补助。最后，落实"4050"时间银行政策，加快培育养老服务志愿者队伍，鼓励医疗、教育、法律等领域专业技术人员参与，并形成规范常态化的志愿者联动工作机制。

在购买养老评估方面，C区既对杭州市服务对象的养老服务需求展开评估，也对服务机构的养老服务质量进行评估。杭州市2019年6月1日起实施新的《杭州市老年人能力评估管理办法（试行）》，废除2013年出台的《杭州市养老服务需求评估管理办法》。新的需求评估管理办法将评估服务委托给专业的第三方机构，明确了全市统一的评估机构和评估规范，加强对评估工作管理，建立统一完善的老年人能力评估标准。例如原来主要评估参数只是"生活自理能力"，现在完善为"生活活动能力评估""认知能力评估""精神状态与社会交流能力评估"三个评估维度，对每个维度设置不同的能力评估子指标，赋予一定的分值，评估结果为三个维度综合评估结果，达到评估结果更加科学的效果，为老年人提供更加精准服务提供保障。

表8-18　　　　　　杭州市需求评估各维度分级

评分维度	维度分级	能力状态	评分情况
日常生活活动能力 （总分100分）	0级	能力完好	100分
	1级	轻度受损	65—95分
	2级	中度受损	45—60分
	4级	重度受损	0—40分

续表

评分维度	维度分级	能力状态	评分情况
认知能力 （总分16分）	0级	能力完好	16分
	1级	轻度受损	13—15分
	2级	中度受损	9—12分
	4级	重度受损	≤8分
精神状态与社会 交流能力（总分22分）	0级	能力完好	22分
	1级	轻度受损	15—21分
	2级	中度受损	7—14分
	4级	重度受损	≤6分

除了评估标准精细化以外，C区依托"互联网+养老"的模式通过手机App上门定点评测，直接将评估数据实时上传至智慧养老平台，实现评估程序简约化、数据的节点留痕，利于监管。第三方评估后，经过镇街审批、民政局审核，最后确定评估等级。目前承接需求的第三方通过公开招标入围，年限为两年或三年一次，承接主体既有镇街级社会组织、专业化养老企业，也有事业单位。

服务机构的养老服务质量评估。评估主体为各级民政部门、街道（乡镇）、社区（村）、养老服务实体和居家养老评估机构，由此共同建立四级居家养老服务工作的管理体制。杭州市民政局于2011年出台了《杭州市社区（村）居家养老服务标准（试行）》和《居家养老服务与管理规范》（浙江省地方标准db33/t837—2011）。C区按照全过程预算绩效管理制度要求，加强对政府购买养老服务项目的绩效评价，对项目的任务实施、目标实现、政策效能、透明程度、专业化水平以及资金使用进行综合、客观评价，建立健全由购买主体、服务对象及第三方参与的综合性绩效评价机制。绩效评价以合同约定为基础，原则上以购买主体评价、专家评估和服务对象满意率为主。评价结果要向社会公开，并作为以后年度编制政府购买养老服务资金预算和选择承接主体的重要参考依据。绩效评价结果优秀的承接主体，在同类项目的采购中同等条件下可以优先考虑。绩效评价结果不合格的，该承接主体两年内不得承接政府购买养老服务项目。

第八章　测评：政府向社会力量购买养老服务评估指标的应用

二　评估过程

（一）制度规范维度的评估过程

杭州市 C 区制度规范指标总体合格（表 8-19）。B1：C 区政府虽出台了《关于推进政府购买社会组织服务的实施意见（试行）》，但未曾出台政府购买养老服务的相关政策文件，其政府购买养老服务依照浙江省《关于加快推进政府购买养老服务的意见》（浙财社〔2015〕193 号）和杭州市《关于政府向社会力量购买服务的指导意见》（杭政办函〔2014〕161 号）、《关于鼓励社会力量兴办养老服务机构的实施意见（试行）》（杭政办〔2014〕3 号）、《关于深化我市公办养老机构改革的意见》（杭民发〔2016〕223 号）、《关于进一步提升我市居家养老服务照料中心建设和服务水平的指导意见（试行）》（杭民发〔2016〕417 号）等政策文件。

B2：C 区政府购买服务没有专门出台政府购买养老服务第三方评价制度，但其第三方评价制度体现在其他养老服务改革等政策文本内。一方面，浙江省以及杭州市建立了养老服务行业标准体系，完善了《浙江省养老机构服务与管理规范》（省级地方标准 db33/t926—2014）和《居家养老服务与管理规范》（浙江省地方标准 db33/t837—2011），对居家社区养老服务供应商和养老机构的服务全过程监督给予星级评定，星级评定结果和绩效考核结果挂钩，直接影响养老机构的服务补贴。另一方面，建立由购买主体、服务对象及第三方参与的综合性绩效评价机制。绩效评价以合同约定为基础，原则上以购买主体评价、专家评估和服务对象满意率为主。民政部门联合物价、建设、消防、国土等多个部门保证机构运营资金、服务收费、建设合规、消防安全。区、县（市）要组建养老服务质量监管员队伍，聘请热心养老服务事业的老年人担任质量监管员，定期开展监督检查。同时，将绩效评估结果与养老服务补贴、目标考核挂钩，健全工作绩效激励机制。

B3：在信息互动常态化方面主要考察区政府是否有专门的信息收集渠道并处理与反馈信息与意见。C 区养老服务对象的渠道多样，既可以向所在社区或街道、养老服务供应商反馈意见，也可以通过拨打

12345市民热线、登录浙江省政务服务网投诉咨询板块或者在第三方开展阶段性绩效考核评估时以及城调队调查时反馈意见。目前，老年人的信息反馈若是社区街道可解决的，则当场及时解决，无法解决的，转交给区民政局，经过实地调查了解情况后及时解决。民政局会及时解决12345、政务服务网派发的工单，根据城调队、第三方评估报告所反映的问题做针对性的回复。另外杭州市有96345100全市养老服务热线功能，提供紧急呼叫、需求受理、派单、服务跟踪、质量回访、政策咨询、投诉建议等功能。

B4：C区形成了事前、事中、事后的全过程监管体系。事前，C区委托专业的第三方服务机构对申领养老服务的老年人进行需求能力评估，并录入智慧养老服务平台；事中，C区会联合其他部门不定期地对养老服务机构的资金管理、环境卫生、消防安全、服务收费、护理日志等多个方面进行督查；事后，C区通过养老服务机构星级评估考核和委托第三方依据合同管理内容中的老年人满意率、服务时间准确率、服务项目完成率、有效投诉结案率、服务档案完善等[①]对养老服务实体进行服务质量评价，其中老年人满意率必须达到90%以上。

B5：C区建立了对政府机构和政府工作人员的问责机制，杭州市将政府购买养老服务纳入对各区的绩效考核，并根据考核情况酌情扣分，影响各区工作人员的绩效薪酬。C区对社会力量的问责机制体现在绩效评价结果不合格的，该承接主体两年内不得承接政府购买养老服务项目。

表8-19　　杭州市C区制度规范指标测评及依据

评估维度	评估指标	分值	打分依据	得分
A1制度规范（9）	B1区政府是否出台购买养老服务政策执行细则、意见等或参照上级政策	4	C区政府购买养老服务参照上级政策，得2分	2
	B2区政府购买养老服务是否有第三方评价制度依据	0.5	相关制度涉及对购买养老服务的评估，但未有专门的制度依据	0.5

---

① 杭州市民政局：《杭州市社区（村）居家养老服务标准（试行）》。

第八章 测评：政府向社会力量购买养老服务评估指标的应用

续表

评估维度	评估指标	分值	打分依据	得分
A1 制度规范（9）	B3 政府购买养老服务信息互动是否常态化	1	有信息互动渠道，且会反馈，得1分	1
	B4 政府是否加强对政府向社会力量购买养老服务的监督管理	1	事前、事中、事后的全过程监管，得1分	1
	B5 政府是否建立问责制度	2	建立对政府工作人员、服务机构的问责制度，得2分	2
总分				6.5

（二）购买投入维度的评估过程

B6：2018年C区政府购买养老服务总支出为2488.977万元，养老服务总支出为7640.146万元，所以2018年C区政府购买养老服务支出占养老服务总支出比例约为32.58%。

B7和B8指标由于没能采集到具体数据，故而没办法对其进行计算。

B9：根据《杭州市养老服务补贴制度实施意见》（杭民发〔2013〕329号），各区、县（市）应将养老服务补贴及开展养老服务需求评估所需资金列入财政预算。

表8-20　　杭州市C区购买投入指标测评及依据

评估维度	评估指标	分值	打分依据	得分
A2 购买投入（3）	B6 政府购买养老服务支出占养老服务总支出比例	0.3	32.58%×0.3	—
	B7 政府购买养老服务支出年增长率	1.5	—	—
	B8 政府购买养老服务预算资金节支率	0.3		
	B9 政府购买养老服务资金是否列入财政专项资金目录	0.9	列入财政专项资金目录，得0.9分	0.9
总分				

(三) 承接能力维度的评估过程

总体而言，杭州市C区社会力量的承接能力水平较高（表8-22）。B10：杭州市规定可承接政府购买养老服务的社会力量均为社会组织，根据2018年度杭州市社会组织等级评估结果可知，5A级养老行业的民办非企业单位（社会服务机构）3家，4A级养老行业的民办非企业单位（社会服务机构）11家，3A级养老行业的民办非企业单位（社会服务机构）12家，共有26家。

B11：由于目前承接养老服务机构专业化程度较高，且尤其注重岗前培训，培训不合格不予上岗。因此，除去志愿者外，目前直接为老年群体提供专业护理服务的工作人员上岗率为100%。

B12：杭州市C区养老服务机构充分把握了政策精神。经过调研，首先养老服务科人员表示目前承接养老服务的机构在养老服务供给上的积极性比较高，对于政策或整改意见的理解和吸收能力较好，相较街道直接提供公共服务来说，更容易提出整改要求，且整改要求的落实程度较强。[①]

B13：目前C区居家养老服务照料中心四星及以上共有14家，具体见表8-21。有4家社会组织承接居家养老服务，分别为杭州市C区巾帼西丽老人服务中心（5A）、杭州钱江养老服务中心、杭州市健康社区服务中心、杭州市C区夕阳红居家养老服务中心。其中在各个街道已建立14家居家养老服务照料中心。C区政府专门出台《失能老人居家照护规范》《居家养老服务》，且社会组织均有规定具体的服务流程、项目时间、项目价格、护理日志等。例如，J老年服务中心出台了《居家养老服务流程及投诉监管制度》《员工职业守则及职业道德》和《服务承诺》（见附录3中的图2）规定了工作日的服务项目情况，保证居家养老服务质量的规范性，为老年群体提供舒适贴心的养老服务。

[①] 来自访谈资料（20190731HZMZJ）。

第八章 测评：政府向社会力量购买养老服务评估指标的应用

表8-21　杭州市C区居家养老服务照料中心等级及分布

1	蒋村街道椿龄荟居家养老服务中心	五星
2	府苑社区居家养老照料中心	五星
3	双浦镇综合性居家养老服务照料中心	五星
4	新沙社区居家养老服务照料中心	五星
5	龙池村居家养老服务照料中心	五星
6	三墩镇居家养老服务照料中心	五星
7	星洲社区居家养老服务照料中心	五星
8	求智社区居家养老服务照料中心	四星
9	南都社区居家养老服务照料中心	四星
10	和家园社区居家养老服务照料中心	四星
11	古东社区居家养老服务照料中心	四星
12	周家埭村居家养老服务照料中心	四星
13	仕林社区居家养老服务照料中心	四星
14	香樟社区居家养老服务照料中心	四星

B14：杭州市C区规定只有经民政部门注册登记（依法登记的社会团体或民办非企业单位和基金会）或在区民政局备案，且年检合格的社会组织才有资格承接公共服务。其中，获得市社会组织评估3A级及以上等级的社会组织可以优先接受政府转移职能事项。自居家养老服务开展以来，C区始终注重养老服务中心的组织运行规范建设，从2012年《关于统一使用居家养老服务标识的通知》发布以来，浙江省、杭州市及C区不断提升居家养老服务中心的建设和服务水平，出台一系列用房配建规范、助餐送餐服务体系建设、居家（机构）养老服务标准、失能老人统一的长期照护服务操作流程标准等规定，并于2018年提出打造示范型居家养老服务中心，与社区居家养老服务照料中心错位发展、相互补充，做细落实15分钟居家养老服务圈。

B15：C区社会力量严格执行财务管理制度，建立台账，详细记录款物发放、报账、预算结算等财务状况。C区每月根据社会力量提交的服务时数等情况汇总、审核后报区财政局拨付相应的资金。以J

老年服务中心为例，该社会力量制定《财务管理制度》和《信息化资产管理办法》规范养老服务方面的收入、支出、固定资产等财务制度。

B16：养老服务发展社会化与产业化已是必然趋势。C 区目前承接养老服务的社会组织都不是纯民非组织，绝大部分都是公司集团、基金会等。比如说万科作为国内知名房地产开发公司进驻养老产业，发展万科随园品牌，形成长者公寓、医疗机构、居家养老、养护机构四大类服务产品。承接养老服务的社会组织市场化的趋势是利大于弊的，通过市场机制的调节，种类繁多的养老服务产品衍生出来，又通过竞争机制淘汰不适应产品、调节产品价格、提升服务质量，逐渐塑造丰富多样的养老生态。

表 8–22　　杭州市 C 区承接能力指标测评及依据

评估维度	评估指标	分值	打分依据	得分
A3 承接能力（3）	B10 可承接养老服务机构数	0.1	26 家	0.05
	B11 持有专业资格证书人员占社会力量工作人员比例	0.2	100%×0.2	0.2
	B12 养老服务机构能否把握政策精神	0.5	能把握政策精神，得 0.5 分	0.5
	B13 养老服务机构服务流程是否标准	0.7	提供具体材料证明，得 0.7 分	0.7
	B14 养老服务机构组织规范程度	1	服务管理制度体系不完善，扣 0.2 分	0.8
	B15 养老服务机构财务制度是否健全	0.4	财务制度健全，得 0.4 分	0.4
	B16 养老服务机构资金来源是否多元	0.1	有多项资金来源，得 0.1 分	0.1
总分				2.75

（四）公正性维度的评估过程

由下表（表 8–23）可知，杭州市 C 区政府购买养老服务的公正性较高。B17：属于 C 区户籍且在政府购买养老服务对象范围内

第八章 测评：政府向社会力量购买养老服务评估指标的应用

的老年人可通过两种方式申请养老服务补贴。第一种是直接凭低保证向所在社区申领C区"金夕分"，另一种是通过浙江省"最多跑一次"改革中的"一窗受理"申领杭州市"重阳分"的养老补贴。符合政府购买养老服务条件的老年人在通过审核后均可享受政府购买养老服务。

B18：C区政府会对所有申领政府购买养老服务的老年群体做个性化的需求能力评估测评。此项测评为第三方专业社会组织上门实时测量，测量数据将汇总到智慧养老服务平台，政府根据智慧养老服务平台的总数据调配养老服务需求，做到老有所需，需有所应。如果服务群体有应急需求或临时需求可通过紧急呼叫、特殊助急的方式拨打服务热线。除了服务内容需求，如果服务群体想表达养老服务意见也可通过热线、网站、手机App、社区等线上线下的多种渠道进行反映。政府也会按照季度对养老服务机构进行抽查，或委托评估第三方做好服务对象满意度测评等方面工作。

B19：C区依据浙江省财政厅等三部门《关于加快推进政府购买养老服务的意见》建立了由购买主体、服务对象及第三方参与的综合性绩效评价机制。确定了绩效评价以合同约定为基础，以购买主体评价、专家评估和服务对象满意率为主的总原则。同时也将政府采购信息、政府绩效评价结果向社会公开，接受社会监督。

B20：在养老服务信息公开方面，C区政府民政局、政府采购网和微信公众号均有公开政府购买服务信息；同时杭州已开发专门的养老服务专页，内含养老政策法规、公办或民办养老机构信息、养老机构杭州分布图等其他动态信息。

B21：杭州市C区严格按照《中华人民共和国政府采购法》的规定开展购买工作。为进一步提升全区居家养老服务水平，确保居家养老上门服务规范、有序、健康发展，C区首创建立居家养老上门服务名录库，为各镇街、各村社筛选出更优质的服务机构，也便于区政府加强监督指导。除了招标方式公开以外，C区在购买智慧养老服务时规定"招标采取一年合同期限，合同期满后，根据平台服务商服务情况可续签一年，最多可续签两次（1+1+1）"[①]。此类规定给予机构更多的竞争性与公平性，防止垄断的产生。

B22：购买服务的公益性体现在两个方面。第一，C区通过"时间银行""4050""银龄互助"项目广泛吸纳和培训志愿者，另外目前有许多其他公益性组织积极参与老龄关怀，上门慰藉或在照料中心举办文娱、教育等有意义的活动。比如，省级社会组织草根堂义工社组织经常去各地巡回服务，满足残障人士、老年群体的剪发需求。同时，C区在全区建设了100多个"社区特色工作室"，吸引近3000名六老人员参与，其中有为弱势群体展开帮扶救助的服务。[②] 第二，对经济困难的失能、半失能和失智老人、低保家庭在可享受服务上具有政策倾斜，体现对弱势群体的政策关怀。

表8-23　　　　杭州市C区公正性指标测评及依据

评估维度	评估指标	分值	打分依据	得分
C4 公正性（8）	B17 受众机会是否均等	0.2	受众机会均等，得0.2分	0.2
	B18 是否广泛收集老年人养老需求	0.3	广泛征集公众意见，得0.3分	0.3
	B19 是否参考公众意见	0.3	需求或意见作为制定政策相关依据，作为合理配置养老服务依据，得0.3分	0.3
	B20 养老服务信息是否公开	3.6	公开政府购买养老服务信息；公开养老服务组织（机构），得3.6分	3.6
	B21 购买养老服务程序是否公平公正	1.6	具有程序公平且实质公平，得1.6分	1.6
	B22 服务是否体现公益性	2	培训及吸纳志愿者；对弱势群体有政策关怀	2
总分				8

[①] 杭州市民政局：《杭州市财政局印发关于开展杭州市智慧养老综合服务转型提升工作的实施方案的通知》，2016年。

[②] 邵胜等：《城市社区社会组织在社会管理中的地位》，中国社会组织公共服务平台，http://www.chinanpo.gov.cn/700101/92585/index.html，2015年12月29日。

第八章　测评：政府向社会力量购买养老服务评估指标的应用

（五）服务质量维度的评估过程

B23：目前杭州市 C 区为老年人提供的政府购买养老服务项目包括紧急呼叫、主动关怀、特殊助急、"七助"服务、其他公益服务（具体见附录5）。2018 年 C 区助餐服务 104 万人次，共有 95 家助餐点，助餐服务村社覆盖率100%；紧急呼叫服务 6 人次；主动关怀服务 16.29 万人次；生活类服务 1.5 万人次；咨询类服务 4.83 万人次。总覆盖率为 100%。

B24：杭州市 C 区民政部门、乡镇（街道）在签订养老服务协议后，对相关养老机构、服务企业或组织的服务质量进行跟踪检查和测评，对年度服务满意度达不到85%的，停止续签购买服务协议。政府部门依托智慧养老服务平台对养老服务供应商每半年考核一次。根据平台服务商提供服务的内容、质量两个维度计算每半年考核得分除以考核总分即为当期支付比率，再乘以当期合同核定金额，得出当期应付政府购买服务费用。目前，承接养老服务供应商的合同履行能力较强，合同履行效果较为满意，2018 年供应商总体回访满意率达 97.63%。[①]

表 8 - 24　　　　杭州市 C 区服务质量指标测评及依据

评估维度	评估指标	分值	打分依据	得分
C5 服务质量（20）	B23 购买养老服务项目覆盖率	14	100% ×14	14
	B24 合同是否按期完成	2	按期完成，得2分	2
	B25 服务投诉结案率	4	1×4	4
总分				20

指标 B25：居民可通过拨打杭州市市长热线 12345 投诉，也可通过直接去社区、街道、民政局反映问题。目前投诉反映的问题集中在政策不理解、服务人员态度不好、养老服务补贴发放时间等，例如为

---

① 数据来源于调研。

什么困难家庭在享受养老服务补贴后不能重复享受残疾人补贴等，一般来说，政策解释清楚就没有不断上访的问题了。① 每次投诉都会得到及时解决，投诉结案率为100%。

（六）满意度维度的评估过程

B26：相对来说，及时性、服务人员态度和服务时长是其中满意程度较低的。其原因主要体现在以下几个方面。第一，持证上岗护理人员的数量低于市场需求预期，且时薪较少，于是存在部分护理员追求过多的服务单数来达到预期薪酬的现象。由此引发护理员将时间安排的过于紧凑，没有弹性时间来保证应急性服务需求，削减了及时性。同时，通过压缩服务时长，承接更多服务单，产生服务时长不足的现象。由于及时性欠缺和对服务市场的不满，容易引发服务人员和服务对象的争吵，服务人员也没有精力照顾到所有服务人群的感受，直接降低了服务质量。第二，由于C区重阳分与金夕分采取阶段性清零的形式，如若未在规定时段内消费完所有的分数也无法累计到下一个计算周期。这对长期外出的养老服务兜底对象来说，不够友好，容易产生利益削损的感受。

表8-25　　杭州市C区服务对象满意度调查结果统计

指标	问题	均值	很满意	满意	一般	不满意	很不满意
B26	您对服务及时性感受	3.62	5	35	20	3	0
	您对服务时长感受	3.70	6	37	18	2	0
	您对服务态度感受	3.60	2	36	24	1	0
	您对服务收费感受	3.75	4	42	16	1	0
	您的总体感受	3.68	4	40	16	3	0
B27	跟政府提供养老服务方式相比，您对购买方式的感受	3.75	3	43	15	2	0

---

① 来自访谈资料（20190731HZMZJ）。

B27：服务对象对购买养老服务质量的满意度平均分为 3.82。据调查，大部分服务对象对政府购买养老服务质量都表示满意，有些服务对象提出老年食堂数量分布不够均匀，希望自己所在社区也有食堂。据了解，2019 年 C 区将新建 7 个养老食堂，2 个镇街级养老服务综合体，6 个示范型居家养老服务中心来满足多样化的养老服务需求。从目前情况来看，老年食堂的建设成本与补贴成本不小，却是最受老年群体诟病的地方。因为体量的关系，大部分老年食堂是助餐点或者是几个窗口，菜色、菜量、口感、搭配众口难调，而老年群体希望能选择种类更丰富的老年食堂。这对政府财政来说也是一个大的挑战。

B28：通过问卷星向社会力量发放对购买过程满意度调查问卷，共回收问卷 9 份，社会力量类型为社会组织 4 份、企业 3 份、事业单位 2 份，其中 3 人对政府购买过程表示非常满意，4 人表示满意，2 人表示一般，社会力量对购买过程的满意度为 4.11 分。据调研，杭州市 C 区政府及工作人员对承接购买养老服务单位给予工作指导、资金、场地帮助并及时督查，建立了稳定和谐的合作关系。

B29：通过纸质问卷向政府工作人员发放服务质量的满意度调查问卷，共回收问卷 6 份，其中 3 人对社会力量提供的养老服务质量表示很满意，3 人表示满意，政府工作人员对社会力量提供养老服务质量的满意度为 4.5 分。

表 8-26　　　　　杭州市 C 区满意度指标测评及依据

评估维度	评估指标	分值	打分依据	得分
C6 满意度（32）	B26 服务对象对养老服务质量的满意度	19.2	3.69×19.2/5	14.17
	B27 服务对象对政府购买养老服务的满意度	6.4	3.817×6.4/5	4.89
	B28 社会力量对购买过程的满意度	3.2	4.11×3.2/5	2.63
	B29 政府工作人员对服务质量的满意度	3.2	4.5×3.2/5	2.88
总分				24.57

（七）影响力维度的评估过程

B30：2013年杭州市C区可承接政府购买养老服务的社会组织数为1家，2018年可承接的社会组织数增加至68家，社会组织增幅明显，近两年增速较快，仅2017年3C级及以上社会组织就增加19家。

B31：自2014年C区政府向社会力量购买养老服务起，未曾有事业单位承接养老服务的情况，故而也并没有承接养老服务公益二类事业单位转为企业或社会组织的现象。

B32：国家级奖励层面，C区被评为全国老龄工作先进单位、全国养老服务示范单位；省级奖励层面，C区荣获浙江省首批老年友好城区、浙江省"十佳民生工程"、杭州市政府创新奖。政策支持方面，C区不断完善和深化社会养老服务体系建设，率先推出失能老人家庭"喘息服务"，建立居家养老服务照料中心第三方托管和居家养老上门服务实体名录库，成为杭州市"两标准两办法"[①] 试点单位，成为助推养老服务水平提升的中坚力量。媒体宣传方面，C区在养老方面的经验做法曾获新华网、人民网、《杭州日报》、杭州网等多家网媒、纸媒报道。

表8-27　　　　杭州市C区影响力指标测评及依据

评估维度	评估指标	分值	打分依据	得分
C7 影响力（20）	B30 社会组织数量年增长率	2.5	根据与其他区的对比情况	2.5
	B31 承接养老服务的事业单位转型的变化率	10	0×10	0
	B32 政府购买养老服务是否有社会效益	7.5	获得国家级奖励，省市级推广，广泛媒体宣传，得7.5分	7.5
总分				9

三 评估结论与讨论

综上所述，杭州市C区政府向社会力量购买养老服务在长期的实践中形成了"智慧养老+医疗"的特色，但还有以下几个问题值得

---

① 指居家养老服务标准和需求评估办法，养老机构服务和国办养老机构准入评估办法。

讨论。

（一）硬性指标与市场需求如何匹配

杭州市的社区居家养老服务发源于十年前的星光老年之家，以文化娱乐、心理咨询为主要功能。之后，学习发达国家养老的先进经验，日托功能成为居家养老服务中心每年考核的硬性条件。但从市场来看，老年群体利用日托床位的占比并不大，市场需求量较低，政府持续投入但入住率低，导致年年考核结果不尽如人意。

（二）老年群体消费意愿如何调动的问题

养老产业近年来被认为是朝阳产业，大量资本涌入，以知名企业为依托的养老产业逐渐占领中高端市场，也直接拉高了服务成本与价格。然而，除了政府兜底的老年群体以外，其他收入水平一般的老年群体确有大量的服务需求，但消费意愿比较低。目前的老年群体是出生于1960年之前，经历过贫困的年代，勤俭节约的思想根深蒂固，改变消费心理，撬动消费需求成为难题。目前，部分养老企业因为前期试水情况较差，及时更改战略计划，缩减养老服务机构布局点。

（三）居家养老服务功能失调的问题

杭州市在居家养老服务上提出"七助"，但根据此次对政府购买养老服务对象的调研情况来看，大部分老年群体只是将居家养老服务时长用于家政服务、代办服务这两项，一般护理员上门负责的主要工作就是打扫卫生、烧饭、买菜、测血压和血糖，其他护理需求并不高。"七助"功能并未得到较为合理的利用与普及。

第四节　合肥市D区：政府向社会力量购买养老服务评估

合肥市是民政部、财政部联合部署第二批中央财政支持开展居家和社区养老服务试点之一。合肥市D区是安徽省经济、文化、金融中心。D区老龄化程度高，60周岁及以上老年人口数量位列全市各区前位。

一 基本情况

为做好政府购买居家养老服务工作,应对老龄化社会养老问题,按照合肥市统一部署,D区于2013年10月正式开展政府购买居家养老服务工作,通过政府出资向服务商购买服务的形式,为符合条件的辖区老人提供居家养老服务。2013年,合肥市民政局、财政局、老龄办联合下发《合肥市政府购买居家养老服务实施方案》(合老龄办〔2013〕8号),对政府购买居家养老服务对象、服务标准、服务内容、申请流程等做了详细规划。

在服务对象方面,要求政府购买居家养老服务保障对象为具有合肥市市区户籍的70岁以上低保老人、70岁以上空巢(无子女)老人、90岁以上高龄老人。在服务标准方面,规定符合条件的老人每月可享受600元政府购买居家养老服务,所需资金由市、区财政按1∶1比例分担。在服务内容方面,提出生活照料服务、医疗保健服务、家政服务、紧急救助服务、精神慰藉服务和其他项共6大类、29小项服务项目。在申请流程方面,规定了申请—审核审批—提供服务—结算的具体流程。符合条件的三类老人可由本人或家属〔无家属或有困难的可以委托社区(村)或其他相关组织〕向户籍所在地的社区(村)提出居家养老服务登记申请,并填写《合肥市居家养老服务申请表》,同时提交身份证复印件、户口簿复印件,低保对象须提供低保证。社区(村)接到申请后,应对申请对象是否属于政府购买服务保障范围进行初审,对符合标准的,将老年人的基本情况在社区予以公示,公示期为3个工作日。街道(乡镇)在5个工作日内对社区(村)的初审结果进行审核并上报区(开发区)民政、老龄部门,区(开发区)在5个工作日内进行审批。审批完毕后向申请人发放《合肥市居家养老服务告知书》,确定政府购买服务起始时间,并将相关情况及时登记入档,定期报市民政局、市老龄办备案。对于确定为政府购买服务的服务对象,在发放《合肥市居家养老服务告知书》后3天内,在服务对象所在社区(村)监督下由居家养老服务实体与服务对象约定服务内容,明确服务地点,签订居家养老服务协议,提供服务。居家养

第八章 测评：政府向社会力量购买养老服务评估指标的应用

老服务资金结算以居家养老服务信息平台根据服务记录生成的服务月报（季报）作为结算依据，市级补助资金直接拨付至区财政。2017年印发的《合肥市政府购买居家养老服务实施方案》（合民〔2017〕136号）对相关规定进行了完善与优化。

此外，《合肥市政府购买居家养老服务实施方案》（合老龄办〔2013〕8号）提出了居家养老服务外包的方案。2013年10月14日，合肥市民政局在市招投标中心进行统一招标，"合肥市X老年护理院"成为D区中标服务商。按照要求，D区民政局每三年招标一次，每年和中标服务商签订一份合同。从2013年起，合肥市D区的政府购买居家养老服务承接主体一直是合肥市X老年护理院。

在服务设施方面，2016年，《合肥市居家养老服务条例》第十条，指出居家养老服务设施包括居家养老服务中心、老年日间照料中心、老年活动中心、呼叫中心、互联网平台、助餐点、助浴点、农村幸福院、老年学校等，进一步指导居家养老服务工作的深入推进。

在服务目标方面，2016年底，D区发布了《D区加快养老服务业发展实施意见的通知》（D政〔2016〕31号），提出到2020年全面建成居家为基础、社区为依托、机构为补充、医养相结合的社会养老服务体系，加强养老服务供给侧结构性改革，打造统一管理、分散布局、覆盖辐射、功能完善、服务优良的"1+1+X模式"养老服务品牌。到2020年，区级建成一所500张床位的公建示范性护理型养老机构；每个街镇至少建成1个"嵌入式"社区养（为）老服务综合体，老年人口数量多、占比高的老城区街道可适当增加，支持社会力量投资、运营，由社会力量承接运营比例达到100%。根据《关于印发合肥市社会养老机构财政扶持资金使用管理办法（试行）的通知》（合财社〔2015〕1018号），合肥市D区社会办养老服务机构补贴包括一次性建设补贴和运营补贴，一次性建设补贴方面，社会办养老服务机构投入使用正常运营满一年，按核定的床位给予一次性开办床位建设补贴，床位数在300张以内的每张床位补贴2000元；床位数在300（含300）张以上，每张床位补贴5000元；运营补贴方面，养老服务机构收住服务对象是具有本市户籍的60周岁以上老人的给予日常运营补贴。在正式申报前（每年11月）正常运营满两年，按提交申请当月接收本市户籍老年人入住人数及老年人失能失智的程度给予日常运营补贴。收住自理型老年人每年每张床位补贴2400元；收住失能失智老年人的，按照其失能失智轻、中、重度程度，分别给予每张床位每年3600、4800、7200元运营补贴。

在监督方面，2014年，合肥市就下发了《合肥市政府向社会力量购买服务项目监理实施办法（试行）》（合政办〔2014〕38号），提出对中标服务商进行履约监理、资金监理、质量监理和投诉监理。2017年，合肥市民政局正式下发《关于做好2017—2018政府购买居家养老服务第三方监理工作的通知》，经公开招标，合肥市M评估指导中心为2017—2018年度D区服务监理机构。

目前，合肥市D区政府购买养老服务主要包括居家养老和社区养老。2013年10月，D区享受政府购买养老服务的老人为991人，截至2019年8月，享受服务保障对象为2407人，其中70周岁以上低保老人357人，占比15%；70周岁以上空巢（无子女）老人173人，占比7%；90周岁以上高龄老人1877人，占比78%。截至2019年7月，全区服务总人次达229.5346万人次，已结算服务费用总计7275.6974万元。①

在政府购买居家养老服务方面，2013年老人使用服务券（卡）消费、不得兑换现金，目前已发展成使用实名制服务卡（包含实名制金融预付卡、实名制二维码服务卡）按月结算，符合条件的三大类老人每月可享受600元政府购买居家养老服务。② 在承接主体方面，合肥市D区政府购买居家养老服务主体仅为"合肥市X老年护理院"一家，即由一家提供合肥市D区符合政府购买居家养老服务的三大类老人的各项服务。在服务内容方面，根据统计数据显示，合肥市D区目前还是以基本生活需求为主要服务项目。服务对象主要选择家政和送餐两项服务，两项服务总数达225.4294万人次，其中家政42.407

---

① 合肥市民政局：《关于D区政府购买居家养老服务工作情况的汇报》。
② 合肥市老龄办：《合肥市政府购买居家养老服务实施方案》，2013年。

第八章　测评：政府向社会力量购买养老服务评估指标的应用

万人次，送餐183.0224万人次，服务资金合计占比约93%，其中家政资金占比约45%，送餐资金占比约48%。维修、保健、精神慰藉等其他服务合计为4.1052万人次，其中精神慰藉服务人次最低，仅819人次。[①] 在服务价格方面，家政服务为25元/小时，助餐为15元/顿。在服务时间方面，D区并未出台服务人员每周、每月服务时间的硬性规定，通过服务人员与服务对象之间的协调，完成相关服务。目前，D区正探索新的居家养老服务项目，如选取80户家庭进行适老化改造；通过安装呼叫设施、搭建智慧养老综合信息平台等进行智能化改造。

在政府购买社区养老方面，目前D区共有59个社区，其中37个社区已配备社区食堂，形成37个助餐点，覆盖率在65%左右，并计划于2020年实现全覆盖。此外，基本每个社区配有老年活动中心，为社区老人提供了活动场所。

在购买养老评估方面，D区通过外包第三方监理M评估指导中心，调查服务对象综合满意度；调查服务对象基本需求、服务投诉及处理；评估政府购买居家养老服务机构等。[②]

据统计，目前合肥市D区每年用于养老方面的资金在3000万元左右，合肥市X老年护理院近两年的政府购买养老服务项目资金预算约1500万元。

二　评估过程

（一）制度规范维度的评估过程

合肥市D区制度规范指标总体不合格（表8-28）。B1：2016年，D区政府虽然下发《关于加快养老服务业发展实施意见的通知》（D政〔2016〕31号），但不曾出台政府购买养老服务的相关政策文件，其政府购买养老服务的运行主要参照《国务院关于加快发展养老

[①] 合肥市民政局：《关于D区政府购买居家养老服务工作情况的汇报》。
[②] 合肥市D区人民政府：《关于做好2017—2018政府购买居家养老服务第三方监理工作的通知》。

服务业的若干意见》（国发〔2013〕35号）、《合肥市政府购买居家养老服务实施方案》（合老龄办〔2013〕8号）。

B2：D区政府购买养老服务并未出台直接相关的文件、细则等，只是参照2017年合肥市民政局发布的《关于做好2017—2018政府购买居家养老服务第三方监理工作的通知》，以此作为第三方绩效评价制度的依据。

B3：在信息收集上，D区居民可通过12345、12349热线电话进行咨询、反馈。虽然合肥市于2019年6月已建立智慧养老综合信息平台，但目前仍处于发展初期，手机App并未开放，相关网站还未对社会公众开放。因此，目前居民无法通过智慧养老综合信息平台进行反馈。

B4：目前，D区仅落实了事后监管，即委托第三方监理机构M评估指导中心对服务对象满意度、政府购买居家养老服务机构进行评估。事前的老年人能力评估（含需求评估）仅针对需入住养老机构的老人展开，由养老机构自行评估，评估结果分为自理、轻度、中度、重度四个等级。事中评估仅在口头上有所体现，并未落到实处。①

表8-28　　合肥市D区制度规范指标测评及依据

评估维度	评估指标	分值	打分依据	得分
A1制度规范（9）	B1 区政府是否出台购买养老服务政策执行细则、意见等或参照上级政策	4	D区政府购买养老服务参照上级政策，得2分	2
	B2 区政府购买养老服务是否有第三方评价制度依据	1	相关制度涉及对购买养老服务的评估，但未有专门的制度依据，得0.5分	0.5
	B3 政府购买养老服务信息互动是否常态化	1	有信息互动渠道，但反馈渠道单一，得0.5分	0.5
	B4 政府是否加强对政府向社会力量购买养老服务的监督管理	1	仅事后监管，得0.5分	0.5
	B5 政府是否建立问责制度	2	问责制度并未真正落实，得0.5分	0.5
总分				4

① 来自访谈资料（20190809HFMZJ）。

第八章　测评：政府向社会力量购买养老服务评估指标的应用

B5：D区虽然建立了对政府购买养老服务机构的问责制度，但并未产生具体的问责结果，问责较为模糊。①

（二）购买投入

由下表（表8-29）可得，合肥市D区政府购买养老服务的投入情况较好。B6：由数据显示，近两年合肥市D区政府购买养老服务每年支出约1400万元，养老服务总支出每年约3000万元②，政府购买养老服务支出占比约47%，发展状况良好。

B7：2017年合肥市D区政府购买养老服务支出共计约1339万元，2018年支出共计约1488万元③，年增长率约11%，发展状况良好。

B8：从政府网站合肥市D区购买养老服务的招投标结果可知，2017年D区购买居家养老服务项目预算为1332万元④，实际购买资金约1339万元，预算资金节支率约为-0.5%；2018年项目预算约1500万元，实际购买资金约1487万元，预算资金节支率约为0.8%，由数据可得，D区购买养老服务正从超支向节约优化发展。

表8-29　　　　合肥市D区购买投入指标测评及依据

评估维度	评估指标	分值	打分依据	得分
A2购买投入（3）	B6 政府购买养老服务支出占养老服务总支出比例	0.3	47%×0.3	—
	B7 政府购买养老服务支出年增长率	1.5	11%×1.5	—
	B8 政府购买养老服务预算资金节支率	0.3	0.8%×0.3	0.2
	B9 政府购买养老服务资金是否列入财政专项资金目录	0.9	列入财政专项资金目录，得0.9分	0.9
总分				

---

① 来自访谈资料（20190809HFMZJ）。
② 同上。
③ 同上。
④ 合肥市D区人民政府：D区2017年政府购买居家养老服务。

271

B9：合肥市 D 区政府购买养老服务资金已列入财政专项资金目录，并在政府相关网站上公布使用情况。

（三）承接能力维度的评估过程

总体而言，合肥市 D 区社会力量的承接能力处于中上水平（表 8-30），然而，承接主体单一也是不可忽视的事实。B10：目前，合肥 D 区社会力量运营的养老服务中心数量为 15 家，而可承接政府购买养老服务的主体仅五六家，占比不足 40%。因此，D 区可承接养老服务的社会力量发展仍处于初期阶段，有很大的提升空间。

B11：目前，承接合肥市 D 区政府购买养老服务的合肥市 X 老年护理院有员工 822 人，其中有专业资格证书的员工数量为 482 人，占比 59%。①

B12：合肥市 D 区养老服务机构在政策精神把握方面，始终跟随政府政策方针指引。他们认为政府购买养老服务不仅可以提升服务质量，也可以促使满足条件的服务对象享受更多照顾，是一件有利于社会发展的好事。政府购买养老服务政策出台以后，三大类老人受到了更多关注，促进了企业自身的转型，推动了政府职能向服务型政府转变。②

B13：在服务流程方面，合肥市 X 老年护理院作为合肥市 D 区政府购买居家养老服务的唯一承接主体，有一定的标准化流程。在家政服务方面，首先由公司在社区站点的站长与老人取得联系，确认老人的需求；其次，根据老人需求安排服务人员；接着，服务人员与老人取得联系，预约服务时间；最后，上门服务、扫码开始、服务结束、扫码结束。然而，目前合肥市 D 区并未有出台政策以规定服务流程，每周或每月必须服务的时间，在实际操作中存在一定随意性，主要靠服务人员与服务对象的内部协调。

B14：作为全国养老行业排名前五的合肥市 X 老年护理院，是一家发展良好的综合型企业，在行政办公制度、人力资源制度、环境及

---

① 来自访谈资料（20190809HFMZJ）。

② 同上。

第八章　测评：政府向社会力量购买养老服务评估指标的应用

设施管理、服务管理制度、安全管理制度等方面都有着严格要求。在人力资源管理与服务管理方面，"五统一"即统一培训、统一管理、统一服务标准、统一服装标识、统一餐饮配送是合肥市X老年护理院的服务理念。在安全管理制度方面，D区每季度进行一次统一的安全质量检查，并将结果进行反馈。

B15：合肥市X老年护理院始终按照政府文件[①]，严格执行财务管理制度，建立台账，详细记录款物发放、报账、预算结算等财务状况。这些均列入合肥市养老服务质量提升专项方案中，政府对此进行定期考察。D区每月根据社会力量提交的财务报表发放相应的资金。

表8-30　　　合肥市D区承接能力指标测评及依据

评估维度	评估指标	分值	打分依据	得分
A3 承接能力（3）	B10 可承接养老服务机构数	0.1	五六家	0
	B11 持有专业资格证书人员占社会力量工作人员比例	0.2	0.59×0.2	0.12
	B12 养老服务机构能否把握政策精神	0.5	能把握政策精神，得0.5分	0.5
	B13 养老服务机构服务流程是否标准	0.7	服务流程存在随意性，得0.35分	0.35
	B14 养老服务机构组织规范程度	1	规范，得1分	1
	B15 养老服务机构财务制度是否健全	0.4	财务制度健全，得0.4分	0.4
	B16 养老服务机构资金来源是否多元	0.1	有多项资金来源，得0.1分	0.1
总分				2.47

B16：合肥市X老年护理院是一家集医养结合医院、培训学校、居家养老服务等于一身的综合型企业，资金来源多元，其开办的居

---

① 《安徽省政府向社会力量购买服务流程规范》（财综〔2014〕235号）、《合肥市政府购买居家养老服务资金管理暂行办法》（合财社〔2018〕378号）等。

273

民自费养老院，收费标准为2500—4000元/月，家政服务为35元/小时①。此外，培训学校也是其重要业务，培训学校不仅通过向养老机构输送优秀的服务人才，而且得到不错的收益。

（四）公正性维度的评估过程

由下表（表8-31）可知，合肥市D区政府购买养老服务的公正性较一般。B17：由2013年合肥市民政局、财政局、老龄办联合下发的《合肥市政府购买居家养老服务实施方案》（合老龄办〔2013〕8号）可知，政府购买居家养老服务保障对象为具有合肥市市区户籍的70岁以上低保老人、70岁以上空巢（无子女）老人、90岁以上高龄老人。因此，目前合肥市政府购买养老服务对象不存在受众机会均等，更多的是硬性条件规定。

B18：合肥市D区广泛收集老年人养老需求，收集途径主要通过政府委托第三方即合肥市M评估指导中心进行服务对象基本需求调查及综合满意度调查。此外，目前合肥市正致力于创建智慧养老综合信息平台，旨在通过平台，更便捷、更真实地收集公众的需求。

B19：合肥市D区广泛参考公众意见，一方面，公众可以将意见反馈至社区，由社区向政府传达；另一方面，公众也可以通过热线电话12345、12349直接进行意见反馈，政府做出回复。政府目前提供的养老服务内容也可以体现对公众意见的参考，公众最为需要的家政服务和助餐服务覆盖率最高，全区59个社区共有37家社区食堂②，并计划于2020年覆盖率达100%。

B20：在养老服务信息公开方面，合肥市D区政府网站、中国政府购买网等均公开了政府购买服务信息，包括承接主体、购买服务预算资金等信息。目前，合肥市正在创建的"智慧养老综合信息平台"也会在后期录入相关信息，公众可以通过手机App、微信公众号、门户网站、12349热线四种方式查询信息，真正做到信息公开化、透明化。

B21：从2013年合肥市D区开展政府购买养老服务起，承接D区

---

① 来自访谈资料（20190809HFMZJ）。

② 同上。

第八章 测评：政府向社会力量购买养老服务评估指标的应用

政府购买养老服务的主体仅合肥市 X 老年护理院一家。五年来，每三年进行一次招标，每一年签一次合同，政府网站也公开了招标信息与中标结果，购买养老服务的程序是相对公平的。然而，D 区可承接购买服务的养老机构有五六家，单一主体中标五年的结果实在无法体现结果公平。

B22：目前，合肥市 X 老年护理院暂无公益性岗位，但与周边的安徽中医药大学、安徽城市管理职业学院、安徽三联学院等建立了长期稳定的志愿服务协议，每周稳定志愿服务 50 人次。[①]

表 8-31　　　　合肥市 D 区公正性指标测评及依据

评估维度	评估指标	分值	打分依据	得分
A4 公正性（8）	B17 受众机会是否均等	0.2	仅对三大类老人提供，得 0.1 分	0.1
	B18 是否广泛收集老年人养老需求	0.3	广泛征集公众意见，得 0.3 分	0.3
	B19 是否参考公众意见	0.3	需求或意见作为制定政策相关依据，作为合理配置养老服务依据，得 0.3 分	0.3
	B20 养老服务信息是否公开	3.6	公开政府购买养老服务信息；公开养老服务机构，得 3.6 分	3.6
	B21 购买养老服务程序是否公平公正	1.6	具有程序公平，但缺乏真正公平，得 0.8 分	0.8
	B22 服务是否体现公益性	2	无公益性岗位；与周边大学建立长期稳定志愿服务协议，得 1 分	1
总分				6.1

（五）服务质量维度的评估过程

由下表（表 8-32）可知，合肥市 D 区政府购买养老服务质量较

[①] 来自访谈资料（20190809HFMZJ）。

好。B23：目前，合肥市D区为满足条件的三大类老人提供的政府购买养老服务项目包括六类：生活照料服务、医疗保健服务、家政服务、紧急救助服务、精神慰藉服务和其他项。D区政府购买养老服务主要集中于家政服务和助餐服务。（1）生活照料服务包括助餐服务、起居服务、助浴服务、卫生清理服务和代办服务。目前，合肥市D区在生活照料服务方面，主要集中于助餐服务，2017年助餐服务人数为1161人，占购买居家养老服务人数的58%；2018年助餐服务人数为1387人，占购买居家养老服务人数的61%。① 目前，D区共有59个社区，其中，37个社区有助餐点，助餐服务覆盖率为63%。截至2019年7月，送餐服务人次达183万人次，占全区服务总人次的80%，服务资金合计占比48%。② 其他服务的覆盖率较低。（2）医疗保健服务包括医疗协助服务、康复护理服务和健康咨询服务，覆盖率较低。（3）家政服务包括安装维修家具、家电；清洗服务；疏通服务等。截至2019年7月，家政服务人次达42.407万人次，占全区服务总人次的18%，服务资金占比45%③。2017年家政服务人数为988人，占购买居家养老服务人数的49%；2018年家政服务人数为1027人，占购买居家养老服务人数的45%。④ 目前，D区家政服务的覆盖率较高。（4）紧急救助服务：包括安装呼叫器、求助门铃、远红外感应器等安全防护器材。2019年，D区选取了一些居户进行了智能化和适老化改造，进一步完善紧急救助服务。目前，该项服务的覆盖率还不高。（5）精神慰藉服务包括精神支持服务、心理疏导服务等。截至2019年7月，精神慰藉服务人次仅819人次⑤，仅占全区服务总人次的0.3%。目前，该项服务的覆盖率还比较低。（6）其他包括文化体育服务、法律咨询服务等。目前，D区59个社区均有社区活动中心，含乒乓球馆、阅览室、观影区、麻将馆等一些娱乐活动场所。文化体

---

① 来自访谈资料（20190809HFMZJ）。
② 合肥市民政局：《关于D区政府购买居家养老服务工作情况的汇报》。
③ 同上。
④ 来自访谈资料（20190809HFMZJ）。
⑤ 合肥市民政局：《关于D区政府购买居家养老服务工作情况的汇报》。

第八章 测评：政府向社会力量购买养老服务评估指标的应用

育服务的覆盖率很高，达90%以上。

B24：五年来，合肥市X老年护理院每年都能如期完成合同要求。合肥市D区政府部门每年对承接主体的服务项目进度进行考核，考核达标的承接主体可获得全部项目经费，政府与承接主体每年签订一次合同。此外，第三方监理机构对承接主体进行监管，对政府购买居家养老服务机构进行评估。但目前，D区第三方监理机构的监管只局限于结果性监管，并未达到全过程监管。

B25：居民可通过拨打12345、12349养老服务热线进行投诉。居民投诉率很低，结案率基本为100%。

表8-32　　合肥市D区服务质量指标测评及依据

评估维度	评估指标	分值	打分依据	得分
A5 服务质量（20）	B23 购买养老服务项目覆盖率	14	家政服务、助餐服务覆盖率较高，其他服务覆盖率较低，得 $0.6 \times 14 = 8.4$ 分	8.4
	B24 合同是否按期完成	2	按期完成，得2分	2
	B25 服务投诉结案率	4	1×4	4
总分				14.4

（六）满意度维度的评估过程

由下表（表8-33）可得，合肥市D区政府购买养老服务的满意度较高。B26：服务对象对养老服务质量的满意度包括及时性满意度、服务时长满意度、对服务人员态度满意度、对服务收费满意度和对养老服务总体满意度。由于三大类服务对象年龄较大，使用问卷星发放问卷存在困难，因此使用传统方式，通过发放纸质问卷收集信息，共收回问卷60份。

在及时性满意度方面，有35人表示非常满意，21人表示满意，1人表示一般，2人表示不满意，另有1人放弃作答，满意度平均得分为4.47分；在服务时长满意度方面，有35人表示非常满意，23人表示满意，1人表示一般，1人表示不满意，满意度平均得分为4.53

分；在对服务人员态度满意度方面，有38人表示非常满意，20人表示满意，1人表示一般，1人表示不满意，满意度平均得分为4.58分；在对服务收费满意度方面，有33人表示非常满意，20人表示满意，3人表示一般，1人表示不满意，另有3人放弃作答，满意度平均得分为4.49分；在对养老服务总体满意度方面，有36人表示非常满意，22人表示满意，1人表示一般，另有1人放弃作答，满意度平均得分为4.59分。综上，服务对象对养老服务质量的满意度平均得分为4.53分。

B27：共收回问卷60份，其中，40人对政府购买养老服务表示非常满意，17人表示满意，3人表示一般，无人表示不满意或非常不满意，服务对象对政府购买养老服务的满意度平均得分为4.62分。

B28：通过问卷星向社会力量发放对购买过程的满意度调查问卷，共收回问卷2份，2人均对政府购买过程表示很满意，因此，社会力量对购买过程的满意度为5分。

B29：通过问卷星向政府工作人员发放对服务质量的满意度调查问卷，共收回问卷4份，其中4人均对社会力量提供的养老服务质量表示很满意，因此，政府工作人员对社会力量提供养老服务质量的满意度为5分。

表8-33　　　　　合肥市D区满意度指标测评及依据

评估维度	评估指标	分值	打分依据	得分
A6 满意度（32）	B26 服务对象对养老服务质量的满意度	19.2	4.53×19.2/5	17.40
	B27 服务对象对政府购买养老服务的满意度	6.4	4.62×6.4/5	5.91
	B28 社会力量对购买过程的满意度	3.2	5×3.2/5	3.2
	B29 政府工作人员对服务质量的满意度	3.2	5×3.2/5	3.2
总分				29.71

（七）影响力维度的评估过程

由下表（表 8-34）可得，合肥市 D 区政府购买养老服务的影响力一般。B30：2013 年，合肥市 D 区开展政府购买养老服务时，可承接的社会组织数量为 1 家，2017 年可承接的社会组织数量为五六家，相比其他城市，增长速度并不快，社会组织发展也一般。

B31：自 2013 年 D 区政府向社会力量购买养老服务起，未曾有事业单位承接养老服务的情况，因此也不存在承接养老服务公益二类事业单位转为企业或社会组织的例子。

B32：国家级奖励方面，合肥市 D 区荣获国家级养老示范区；省级奖励方面，D 区荣获省养老先进单位；媒体宣传方面，D 区创新性的"15 分钟服务圈""1+1+X"嵌入式养老模式等被多家媒体报道。

表 8-34　　　　合肥市 D 区影响力指标测评及依据

评估维度	评估指标	分值	打分依据	得分
A7 影响力（20）	B30 社会组织数量年增长率	2.5	根据与其他区对比情况	1
	B31 承接养老服务的事业单位转型的变化率	10	0×10	0
	B32 政府购买养老服务是否有社会效益	7.5	获得国家级奖励，省市级推广，广泛媒体宣传，得 7.5 分	7.5
总分				8.5

三　评估结果与讨论

综上所述，合肥市 D 区政府向社会力量购买养老服务在长期实践中形成了"家政服务+助餐服务"为主的模式。目前，D 区政府购买养老服务还有几个问题值得讨论。

（一）如何协调公建民营型养老机构和民营型养老机构之间的关系

公建民营型养老机构和民营型养老机构之间无疑是存在竞争关系

的，政府给予公建民营型养老机构房屋硬件设施、房屋租金等补贴，而民营型养老机构未有此受益。政府对公建民营型养老机构和民营型养老机构的收费标准有着统一而严格的管理，因此，对民营型养老机构来说，更高的成本使其平稳运营增加了难度。

公建民营型养老机构和民营型养老机构之间的竞争与协调关系是养老服务领域不可忽视的重要内容。公建民营型养老机构作为政府更多照顾的一类，应提供更多惠民的服务，比如：针对80岁以上的高龄老人提供一些优惠政策、便宜的家政服务、开辟更多老年人活动场所等。民营型养老机构应在提升自身发展品质的同时，探索养老行业的可持续发展路径，寻找更多发展机会，如开辟符合更多人群的养老床位，实现私人定制；推进养老机构的多元化与综合化发展，实现医养结合发展。公建民营型养老机构和民营型养老机构应在政府政策的指引下，在竞争中合作，在竞争中协调发展。

(二) 如何发展家政服务、助餐服务以外的服务项目

根据合肥市D区政府购买居家养老服务的数据显示，目前服务对象选择家政服务和送餐两项服务占比达90%以上，其他如维修、保健、精神慰藉等服务合计占比不足10%，其中精神慰藉服务人次最低。从数据可看出，目前服务对象的服务需求还停留在基本物质需求上，对一些高层次的精神需求还无暇顾及。

如何发展除家政服务、助餐服务以外的服务项目是政府购买居家养老服务目前需重点思考的问题。居民主要选择家政服务、助餐服务的原因是什么？一是这两项服务最贴近生活，最为需要。对老年人来讲，行动不便是其主要困难，因此购买家政服务、助餐服务很大程度上可以解决他们的日常生活困难。二是购买服务资金有限。在有限的资金范围内，服务对象无暇顾及基本生活以外的其他服务，因此如果政府购买居家养老服务的补助可以适当提升，使服务对象在满足基本生活需求的前提下还有所剩余，其他项目的服务情况应有所改善。三是政府购买养老服务发展不完善。家政服务和助餐服务相对而言覆盖率较高，其他服务的覆盖率较低，服务对象甚至不了解该项服务的存在，更不用说使用该项服务。

第八章 测评：政府向社会力量购买养老服务评估指标的应用

因此，全面、综合发展各项服务首先需要政府进一步完善购买养老服务的相关体系，提升家政服务和助餐服务以外的其他服务的覆盖率，提升服务质量；其次，政府应适当增加购买服务的补助资金，满足服务对象基本生活需求之外，还能有更高层次的服务保障；最后，居家养老服务承接方应随时保持与居民联系，了解居民需求，顺时而变，使服务项目更细致、更完善。

（三）如何发展社会组织，增强其竞争能力

目前，合肥市 D 区政府社会力量运营的养老服务中心共 15 家，其中，12 家是民办非企业，3 家是企业；D 区能承接政府购买养老服务的企业有五六家。然而，从 2013 年合肥市 D 区开展政府购买养老服务起，承接 D 区政府购买养老服务的主体仅为合肥市 X 老年护理院一家。单一主体运营的局面对政府购买养老服务来说是不利的。只有多个运营主体互相竞争，形成良性的竞争，才能促进合肥市 D 区政府购买养老服务的优化发展。因此，如何发展社会组织，增强其竞争能力是一个重要问题。

首先，对社会组织而言，壮大其团队建设是关键。与全国养老行业排名前五的合肥市 X 老年护理院竞争不是易事，社会组织首先应从外部条件入手，建造良好的运营设施、发展团队建设，为承接奠定物质基础。其次，社会组织应提升内在品质，增强企业文化竞争力，形成自己的优良品牌，打造特色化的养老服务牌子，为承接服务奠定精神基础。最后，社会组织应加强自身学习能力，不断更新、反馈，做最应时的养老服务，做最适合大众的养老服务。

当前，合肥市 D 区政府购买养老服务仍处于发展初期，虽然已构建起运行框架，但具体内容还未真正实施，以"智慧养老综合信息平台"为依托的智能化养老服务，离真正做到手机 App、微信公众号、门户网站、12349 热线四线同步，监管全面完善，信息全面共享还有一段摸索的过程。此外，合肥市 D 区在把握信息化大潮流的同时，也应探索多元化服务，发展医养结合的新型养老模式，创新政府购买养老服务形式，形成特色化的养老服务品牌。

第 九 章

政府向社会力量购买养老服务评估分析

第一节 四地区人口老龄化对比情况

在上一部分，本研究分别对四个地区老年人数及占比情况进行了详细的介绍，本部分主要对四个地区的老年人情况进行对比呈现，有助于直观了解四个地区老龄化差异情况。表中南京 A 区的数据是截至 2017 年末，其他城市数据截至 2018 年末（见表 9-1）。从已有的数据来看，长三角地区人口老龄化是比较严重的，尤其是一线发达城市，如上海，60 岁及以上、65 岁及以上、80 岁及以上人口的占比都是最高的，可见养老的形势最为严峻。总的来说，这四个地区的养老挑战都比较大，但老龄化程度各有高低，在后续对比分析中，我们应该谨记这一基本事实，一定是在此基础上，评价四地区政府向社会力量购买养老服务现状。

表 9-1　　　　　　　　四地区人口老龄化对比情况

比例 地区	户籍人口 （万）	60 岁及以上 老人占比（%）	65 岁及以上 老人占比（%）	80 岁及以上老人 占比（%）	百岁老人 （个）
南京市 A 区	92.54	24.05	16.6	—	66
上海市 B 区	48.92	31.5	21.6	16	—
杭州市 C 区	72	17.84	12.23	19	46
合肥市 D 区	68.25	—	—	—	—

第九章 政府向社会力量购买养老服务评估分析

第二节 四地区政府向社会力量购买养老服务评估对比情况

在上一部分，本研究已经对四个地区七个评估维度的得分情况根据调研给出评分的依据。在本部分主要是对四个地区的评估结果进行汇总（表9-2），并对四个地区政府向社会力量购买养老服务做一个简要对比分析。在此有几点需要提前说明：一是由于政府向社会力量购买养老服务个性问卷删掉共性问卷的一个评估指标，以及缺乏制度规范维度下的评估数据，故在去掉这个维度的基础上，四个地区评估总分是在满分92分的前提下得出来的。二是对购买投入维度数据缺失的说明。一方面由于购买投入下的指标数据采集困难，在调研过程中个别区没办法提供；另一方面是目前实务界对购买养老服务资金与养老服务资金的理解还存在不同。本研究在调研过程中，虽然对此进行了解释和说明，但实际操作层面及对资金范围更细致的划分还没有得到明确的统一，故不好对此维度进行分析，这不得不说是研究的一大缺憾，希冀后续的研究能够对其澄清。三是在影响力维度下，指标B30社会组织数量年增长率的分值是2.5，对这四个地区进行评分一方面是依据各个地区实际情况，另一方面是对四个地区进行比较，所以该指标下的得分是相对分值，并划为四个等级，分别为2.5分、2分、1.5分、1分。如果是对同一个地区不同时间段开展情况进行评估，建议采用绝对值。在此考量下，A区的社会组织基数大，增幅明显；C区养老类社会组织从2013年的1家增长到2018年的68家，增幅也很显著，这两个地区都得到满分。B区在2018年也经历一次增长潮，但增幅明显没有A区和C区那么明显，且与这两个地区增幅有一定的差距，经课题组讨论打1.5分。D区在这四个地区中是表现最差的，到2017年可承接的社会组织数量也才只有五六家，建议打1分。B31指标承接养老服务的事业单位转型情况在这四个地区都不存在。B32指标政府购买养老服务是否有社会效益可参考前面各个地区的具体分析，这里不做进一步对比分析。四是对这四个地区的评估主要基于实地调研数据，其客观性、公正性可以保证，但有些定性指标不可避免存在打分的主观性，希望读者能够辩证并带着批判的眼光来阅读，有兴趣者可在后续的研究中加以完善。

表9-2 　　　　四地区政府向社会力量购买养老服务评估对比结果

评估维度	评估指标	分值	A区	B区	C区	D区
制度规范	区政府是否出台购买养老服务政策执行细则、意见等或参照上级政策	4	2	2	2	2
	区政府购买养老服务是否有第三方评估制度	1	0.5	0.5	0.5	0.5
	政府购买养老服务信息互动是否常态化	1	1	1	1	0.5
	政府是否加强对政府向社会力量购买养老服务的监督管理机制	1	1	1	1	0.5
	政府是否建立问责制度	2	1	2	2	0.5
	总分	9	5.5	6.5	6.5	4
购买投入	政府购买养老服务支出占养老服务总支出比例	0.3	—	—	—	—
	政府购买养老服务支出年增长率	1.5	—	—	—	—
	政府购买养老服务预算资金节支率	0.3	—	—	—	—
	政府购买养老服务资金是否列入财政专项资金目录	0.9	0.9	0.9	0.9	0.9
	总分	—	—	—	—	—
承接能力	可承接养老服务机构数	0.1	0.1	0.05	0.05	0
	持有专业资格证书人员占社会力量工作人员比例	0.2	0.18	0.15	0.2	0.12
	养老服务机构能否把握政策精神	0.5	0.5	0.5	0.5	0.5
	养老服务机构服务流程是否标准	0.7	0.7	0.7	0.7	0.35
	养老服务机构组织规范程度	1	0.8	0.4	0.8	1
	养老服务机构财务制度是否健全	0.4	0.4	0.4	0.4	0.4
	养老服务机构资金来源是否多元	0.1	0.1	0.1	0.1	0.1
	总分	3	2.78	2.3	2.75	2.47

续表

评估维度	评估指标	分值	A区	B区	C区	D区
公正性	受众机会是否均等	0.2	0.2	0.2	0.2	0.1
	是否广泛收集老年人养老需求	0.3	0.3	0.3	0.3	0.3
	是否参考公众意见	0.3	0.3	0.3	0.3	0.3
	养老服务信息是否公开	3.6	3.6	3.6	3.6	3.6
	购买养老服务程序是否公平公正	1.6	0.8	1.6	1.6	0.8
	服务是否体现公益性	2	2	2	2	1
	总分	8	7.2	8	8	6.1
服务质量	购买养老服务项目覆盖率	14	13.86	8.4	14	8.4
	合同是否按期完成	2	2	1	2	2
	服务投诉结案率	4	4	3.8	4	4
	总分	20	19.86	13.2	20	14.4
满意度	服务对象对养老服务质量的满意度	19.2	16.05	16.3	14.17	17.4
	服务对象对政府购买养老服务的满意度	6.4	5.38	5.29	4.89	5.91
	社会力量对购买过程的满意度	3.2	3.04	2.88	2.63	3.2
	政府工作人员对服务质量的满意度	3.2	2.13	2.56	2.88	3.2
	总分	32	26.6	27.03	24.57	29.71
影响力	社会组织数量年增长率	2.5	2.5	1.5	2.5	1
	承接养老服务的事业单位转型的变化率	10	0	0	0	0
	政府购买养老服务是否有社会效益	7.5	7.5	1.5	7.5	7.5
	总分	20	10	3	10	8.5
	总得分	92	71.94	60.03	71.82	65.18

从四个地区总体得分来看，南京市A区得分最高，紧随其后的是杭州市C区，再次是合肥市D区，情况最差的是上海市B区。对此结果必须有一个客观的认识。首先，四个地区的总得分整体都偏低，最高分都没有超过72分，其中最大的拉分项是指标B31承接养老服务

285

事业的单位转型的变化率，这一指标的分值是 10 分。但在调研过程中才发现，这四个地区并不存在养老事业单位转型情况，这也与养老服务项目本身有很大的相关性。公益事业单位改革是分类进行的，一般是针对公益二类事业单位向企业转型，承接养老事业单位主要是公益一类事业单位，如福利院、敬老院，一般会认为这还是传统政府直接养老服务方式，而不是购买，同时公益一类事业单位是保留的对象，还没有进行事业单位改革，导致四个地区在这一指标没有分值。鉴于此，针对政府向社会力量购买养老服务的评估指标，可以考虑删除，如果是用来评估其他购买服务项目，可根据实际情况进行取舍。

其次，上海市 B 区的总得分是最低的，其主要差距在于社会效益上。由于 B 区是上海市的郊区，通过购买方式实施养老服务事业才刚刚起步，不太可能产生社会效益，但 B 区发展潜力巨大。同时，上海市正在实行的长护险制度，可为长三角地区，甚至全国进行探路。通过对 B 区购买养老服务的评估，有的放矢对后续工作进行完善，促进养老服务事业的良性发展。

最后，从四个地区总得分可以看出四个地区政府购买养老服务事业的总体情况，并得出孰优孰劣的结论。但在不同维度下，四个地区的表现情况又有所不同，因此除上述对购买投入和影响力维度进行特别说明外，还需要对制度规范、承接能力、公正性、服务质量和满意度五个维度做进一步分析，加强对比的严谨性。

一 制度规范维度下的对比分析

在制度规范评估维度下，B 区和 C 区做得最好，D 区与其他三个地区略有差距。B 区和 C 区之所以在制度规范上的得分最好，主要在于问责制度上表现得尤为突出。由于政府购买服务的过程涉及主体主要包括政府、社会力量和服务对象。相对于传统直接提供服务的方式而言，政府在整个过程中扮演的角色发生了转变，但这种转变并不意味着责任的消失。而通过购买，政府从直接提供服务的主体变成间接主体，很容易导致责任转移，尤其是对服务对象的投诉或服务效果的问责，主要都针对社会力量。通过调研也会发现，通过购买方式提供养老服务的问责主要体现政府对承接主体的监督和问责,毋庸置疑这是非常必要的。但针对政府或工作人员的问责机制却相对缺乏,至少在调研的四个地区,有两个地区表示目前针对政府方面的问责或考核机制还不够明确。B区和C区对于养老服务的购买方和承接方都有非常严格的管理标准,对政府或工作人员是结合日常考核机制进行问责。B区对承接方的问责体现在诚信体系建设或熔断机制的建立,并在积极倡导建立不合格社会力量退出机制。D区在购买养老服务信息互动、对社会力量的监督管理和问责机制上都表现一般。相对于其他三个地区,D区的智慧信息平台刚刚建立,手机App尚未开放,相关网站未对社会开放;对购买养老的监管缺乏过程性,只注重事后监管;政府自身的问责及对承接方的问责不够清晰,虽建立对承接方的问责机制,但并没有落到实处。在制度规范其他指标方面,四地区情况类似,区政府主要参照落实上级政策。第三方评估正在稳步推进,目前主要针对机构评估和老人需求能力评估,未来期待评估第三方的第四方力量的发展。

二 承接能力维度下的对比分析

在承接能力维度下,指标B10可承接养老服务机构数也是根据四个地区对比情况进行相对值的打分,该指标满分0.1分,对其分成三等份,分别为0.1分、0.05分、0分。根据A区可承接养老服务机构68家、B区可承接养老服务机构21家、C区可承接养老服务机构26家、D区可承接养老服务机构6家,分别给予0.1分、0.05分、0.05分、0分。总的来说,在此维度下,A区和C区的情况表现较好,D区的情况最差。四个地方的差异主要体现在可承接养老服务机构数、持有专业证书人员占社会力量工作人员比例、养老服务机构服务流程标准及养老机构组织规范程度这四个具体指标上面。目前,南京市A区共有可承接政府购买养老服务的社会力量68家,而D区可承接养老服务数量仅为6家,二者差距较大。同时,在持有专业资格证书人员比例方面,D区也远低于其他地区,只有59%,而C区除去志愿者外,目前直接为老年群体提供专业护理服务的工作人员上岗率为

100%。但在调研的过程中也发现，虽然专业人员持证上岗的比例在逐渐提升，但流动性问题成为亟待破解的困境。在服务流程标准方面，D区承接主体由于并未出台明确的服务流程，实际操作中存在一定随意性。在养老服务机构组织规范程度方面，A、B、C三区都稍有扣分，主要是源于社会力量的组织内部规范标准并没有统一，实际操作与管理规定存在差异等。总的来说，目前社会力量承接能力基本满足社会养老需求，但还有很大的拓展空间，主要表现在硬件和软件两大方面。硬件上主要是培育和发展社会养老机构，增加养老选择；软件上是提升养老机构内部的管理，提升现有养老质量。

三 公正性维度下的对比分析

在公正性评估维度下，四个地区的主要差异体现在购买养老服务程序是否公平公正这一指标。目前，A区和D区自公开招标以来，其承接主体一直未变。A区自2003年购买养老服务以来，先是定向委托，到2013年开始公开招标，但一直由四家社会组织负责养老服务相关业务；D区自2013年公开招标以来，一直由一家企业承接养老服务。但在这两个地区，可承接养老服务的社会力量数远不止这些。在实地调研中，政府工作人员和承接方负责人都表示之所以一直由固定的几家养老机构在做，是因为养老服务需要集中，既有利于服务的连续性，又有利于培养护工。而一直更换养老机构，可能存在一些风险，如政府对养老机构不够了解、老人与护工关系难建立等。这些因素确实会影响政府与其他社会力量建立合作关系，但从培育社会力量的初衷考虑，固定的服务主体不利于其他养老机构公平参与竞争，实难达到实质公平。除此之外，D区在受众机会是否均等指标上得分相对较低，主要在于D区主要是针对三大类老人，受益老人覆盖面还有待拓展。在其他指标上，四地区并没有差距且得分与实际分值一致。总的来说，政府向社会力量购买养老服务在需求收集、信息公开、政策关怀等方面都达到理想的期望值，养老事业本身的公益性质得到很好的体现，但在公平公正方面还存在一些不足。在社会力量参与养老服务事业的发展趋势下，如何鼓励和推动社会力量的参与，发挥社会资源优势，亟须政府的积极作为，至少要从完善自身购买程序做起。

四 服务质量维度下的对比分析

在服务质量维度下，B区在这一维度下的三个指标得分都偏低，主要由于助急服务覆盖面并不广泛，承接服务方都没有到合同约定时间，项目仍在进行中。至于服务投诉情况是由于上海长护险政策出台随之而引发评估滞后以及政策宣传还需要时间的保障。在购买服务项目覆盖面方面，D区也存在明显的不足，目前，D区在生活照料服务方面，主要集中于助餐服务，占购买居家养老服务人数的60%左右，助餐点服务覆盖率为63%，其他服务的覆盖率也偏低。总的来看，服务质量的评估还偏重通过服务覆盖率来考查，而影响服务覆盖率的因素很多，不仅仅与政府购买养老服务行为有关，而且与经济发展、地区差异、人口结构等客观因素有很大的关联。因此，我们只能从覆盖率的结果来相对把握这四个地区政府购买养老服务情况，而不能下绝对的结论。

五 满意度维度下的对比分析

在测量满意度指标方面，我们主要是通过四个具体指标来进行衡量，四个地区的四个指标的总分分别是26.6分、27.03分、24.57分、29.71分，按得分高低依次是合肥市D区、上海市B区、南京市A区、杭州市C区。分别从各个指标来看，服务对象对养老服务质量的满意度的高低依次是D区、B区、A区、C区；服务对象对政府购买养老服务的满意度的高低依次是D区、A区、B区、C区；社会力量对购买过程的满意度的高低依次是D区、A区、B区、C区；政府工作人员对服务质量的满意度的高低依次是D区、C区、B区、A区。从总的得分和各个指标得分来看，D区的满意度是最高的，C区满意度最低，只有在政府对工作人员满意度这一指标下得分仅次于D区。从不同主体的满意度来看，四个地区服务对象对养老服务质量的满意度原始得分均值为4.16；服务对象对政府购买养老服务的满意度原始得分均值为4.19；社会力量对购买过程的满意度原始得分均值为

4.59；政府工作人员对服务质量的满意度原始得分均值为 4.2。以上可见，在政府购买养老服务过程中，社会力量对其满意度是最高的，其次是政府工作人员，最后是服务对象。因此，急需提高服务对象对购买养老服务的满意度。

第三节　四地区政府向社会力量购买养老服务特色分析

　　南京市 A 区政府向社会力量购买养老服务起步较早，2003 年就开始实行政府购买居家养老服务。经过十几年的探索和发展，已经形成别具特色且形成一定社会效应的政府购买养老服务模式，尤其是在家庭床位以及助餐服务项目上遥遥领先。

　　机构养老功能下移。目前，南京市很多区已经进入"深度老龄化社会"，且失能、半失能及失智、急需专业照护的老人越来越多，而养老机构的床位远远不能满足需要，供需严重失衡。南京市为进一步完善养老服务体系建设，加快发展养老服务事业，2017 年南京市民政局和财政局发布了关于印发《南京市家庭养老床位试点实施办法（暂行）》的通知，对家庭养老床位的建设标准、服务内容、服务流程、基本要求等进行明确的规定。A 区率先试点老年人家庭床位服务，并于 2018 年 9 月，A 区出台了《A 区家庭养老床位管理细则（试行）》。通过把养老床位搬到家中，把机构养老的功能向家庭养老下移，一方面为养老机构床位减轻了很大压力，另一方面老人在家就能享受养老院的所有服务，缓解了户籍失能失智、半失能老年人的居家照护的一大困境，这是南京 A 区政府购买养老服务模式的一大特色。目前，南京 A 区家庭养老床位有 3249 个。

　　助餐服务实现全覆盖。"民以食为天"。南京 A 区针对高龄、独居、空巢等老年群体用餐需求，积极支持社会力量进驻社区开展助餐服务。A 区在执行省、市专项补贴外，还专门对助餐补贴进行规定。2015 年在《A 区关于加快养老服务发展的实际意见》中规定，"社区居家养老服务中心对 A 区籍'五类'人群开展助餐服务，按每人每餐（只限每天一餐）给予2元补贴，对A区户籍独居困难老人开展助餐服务，按每人每餐（只限每天一餐）给予1元补贴。"目前A区有120个社区，截至2018年末，助餐点的覆盖率达到90.83%。在调研的过程中，A区民政局表示今年将会要求全覆盖，相对于其他三个地区，这是一个很高的覆盖率。同时，对于没有助餐点的社区，其他社区可以覆盖，也可以提供送餐服务，在助餐服务项目上，基本满足老年人的用餐需求。

上海市B区虽然人口数在四个地区是相对最少的，但是老龄化的压力却不是最低的，60岁和65岁以上的老人占比都是最高的。虽然B区政府购买养老服务起步较晚，直到2015年才开始推行居家养老购买服务工作，社区养老服务紧随其后。但B区在短短的几年里发展很快，并形成个性化的政府购买养老服务特色。

公建民营养老主旋律。政府通过公建民营的方式进行养老服务事业的探索早在十几年前就已开始，2013年国务院35号文件《国务院关于加快发展养老服务业的若干意见》明确了公建民营的发展方向，这一养老方式得到进一步推广。虽然B区开启公建民营的步伐较晚，2017年6月才将一所公建养护院通过公开招标的方式委托第三方运营服务，但这几年公建民营的步伐迈的很快，2019年7月，B区民政局在上海市公建养老服务设施委托社会力量运营框架基础上，出台本区公建民营养老院规范指导意见，并严格收费标准。截至2019年8月，B区已有五家公办养老机构通过招投标的方式委托社会力量运营，区级福利院也确定了公建民营的方向，预计2020年，B区公建民营养老机构总量能达到60%—70%。通过公建民营的养老方式，上海市B区政府养老服务重心向监管、指导转移，有效减轻政府养老压力，同时也激发社会各方资源优势，收获社会公益和市场运营的倍增效应。

养老需求评估再升级。上海市各区在购买养老服务需求评估方面，主要是民政部门主导组织老年照护统一需求评估。2016年6月，上海市被确定为长期护理保险制度（以下简称长护险）试点城市，并于年底出台试点办法。2018年B区在老年照护统一需求评估的基础上，融入长护险制度，精准评估老年人身体和生活状况。意味着B区不仅对老人日常生活能力进行评估,而且派出具有医师资格的专业人员对身体情况进行测量,二者综合意见决定老人享受几级长护险,进而影响享受服务类型。B区老人需求或能力评估工作逐渐以民政部门主导向民政和卫计委合作转移,医养结合趋势明显。党的十九大报告中明确指出要推进医养结合,加快老龄事业和产业发展。B区通过推进长护险制度,逐步推进医养结合养老服务模式,B区政府购买养老服务事业未来可期。

杭州市C区根据省市养老服务、老龄工作的目标和任务,要求加强养老服务信息化建设,完善智慧养老服务等。C区还注意依托省市互联网技术优势,结合本区内老年人的实际情况,继续发挥居家养老"今夕工程"的优势和不断探索创新大数据提升养老新技术。

居家养老"今夕分"。早在2007年,杭州市C区就出台《关于印发C区居家养老服务"今夕工程"实施意见的通知》。2011年,C区又出台了《C区居家养老"金夕工程"服务券发放和使用规定》,这一规定对服务券发放范围进行扩大,并对服务券发放、使用、结算等工作进行了规范和完善。"金夕工程"为C区自设的养老服务补贴,以往是发放纸质服务券,经过调整,今年政府每月将养老服务补贴以"金夕分"的形式,充入市民卡养老专户,老人持卡消费,既方便使用,又便于统计。服务补贴可以用于老年食堂、居家养老服务中心的日托、全托服务、理发店、超市等。C区民政局在"今夕分"上的投入大致在1400万元左右。除为低保家庭困难老人以及一些有特殊贡献老人提供"重阳分"和"金夕分"养老服务补贴外,C区还实施"金夕养老十个一工程",即为80岁以上老人提供"一次健康体检、一个免费呼叫器、一件助老器具、一份生活保障、一支服务队伍、一张健康报、一套助老服务券、一项法律维权服务、一次讲座、一份长寿补贴",为高龄老人提供高品质的服务帮助。

云技术提升智慧养老。杭州市智慧养老最早开始于2011年,2016年在《关于开展杭州市智慧养老综合服务转型提升工作的实施方案》中明确指出杭州市智慧养老综合服务项目,是以社区居家养老服务为核心,通过政府购买服务的方式,由平台服务商为老年人派发

第九章 政府向社会力量购买养老服务评估分析

服务终端,并利用云计算、大数据等先进手段及时高效地为老年人提供各类服务。目前杭州各城区都已建立各自范围内的智慧养老服务平台,C区智慧养老服务系统主要由助老呼叫中心、养老服务信息管理系统、智慧养老云服务网站等构成。通过智慧养老服务系统,老年人足不出户就可以获取养老信息、办理预约挂号、心理咨询、法律帮助等,还可以实现老年人身体状况评估、养老服务提供和反馈跟踪、养老机构管理等基本业务的全过程数字化管理。截至2018年10月,C区政府已向2万余名老年人发放"智慧养老终端",鼓励服务商开展一批"按绿键便民上门服务"活动,推动线上线下活动相融合。C区智慧养老技术还在不断扩大应用,对失能老人上门照护的电子签到,对服务内容、服务时间进行线上监督;助餐识别结算电子化等。同时,C区政府每年还依托杭州智慧养老监管平台对第三方运营的居家养老服务设施及其服务进行综合性考核,根据考核结果给予运行补贴和星级评定补助。

合肥市D区政府最早向社会力量购买养老服务是从2013年购买居家养老开始的。目前,D区政府购买养老服务主要以居家养老和社区养老为主,积极打造"社区+机构+居家"的"嵌入式"养老模式。同时,依托市级第三方监理工作,不断提升政府向社会力量购买养老服务项目管理水平。

"嵌入式"养老模式持续发力。目前,嵌入式养老正在全国部分地区进行试点,并取得积极的效果。"嵌入式"养老模式即以社区为载体,通过竞争机制在社区内嵌入一个市场化运营的养老方式,通过整合周边养老服务资源,为老年人就近提供养老服务,这种养老模式可谓集中了传统家庭养老、社区居家养老和机构养老三者的优势。同时,这种养老模式因小规模优势、地缘优势、情感优势、运营效率优势等备受关注,各地也在积极探索。2011年D区某街道在借鉴上海等地社会养老创新理念的基础上,结合合肥老城实际,打造出全省首个"社区+机构+居家"的"嵌入式"养老模式。在这里,"机构"是指街道养老服务中心,老人可以24小时在这里,由中心照顾;"社区"免费为老人们提供活动室硬件设施开展活动;"居家"是街道养老中心为需要的老人提供上门服务，如送餐等。2016年，合肥市D区发布了《D区加快养老服务业发展实施意见的通知》，提出到2020年每个街镇至少建成1个"嵌入式"社区养（为）老服务综合体，继续发挥"嵌入式"养老优势。

第三方监理完善购买养老服务监管。早在2014年，合肥市就下发了《合肥市政府向社会力量购买服务项目监理实施办法（试行）》，提出政府要委托具备资质的监理机构，对服务进行全过程监管。为进一步推动合肥市社会服务监理组织发展，2017年合肥市民政局正式出台《关于做好2017—2018政府购买居家养老服务第三方监理工作的通知》，规定新的监理年度（自2017年11月1日至2018年10月31日）将引入竞争机制，通过划片监理的方式，引入3家监理机构。第三方监理分为三个主要部分，一是由服务对象满意度、新增对象需求分析和服务真实性调查三个指标体系构成的综合性调查问卷。二是针对服务投诉的调查及处理情况表。三是第三方监理机构对相关服务机构进行综合评价表。市民政局适时组织各区民政部门对监理报告进行集体审议，共同分析政府购买居家养老服务项目运行情况及监理工作本身进展情况，商讨下一步工作措施，不断优化完善各项工作制度，进一步提升项目管理水平。同时，服务机构综合评估表，为各区选择服务机构提供参考。

第十章

结　语

总的来说，全国养老需求越来越大，养老服务要求也越来越高，通过政府向社会力量购买养老服务已经是大势所趋，且在未来养老服务事业中扮演着越来越重要的角色。长三角地区通过积极的探索和长期的努力，已经取得显著成效。南京市 A 区政府向社会力量购买养老服务已经形成"家政服务+紧急呼叫+家庭床位"的特色；杭州市 C 区形成"智慧养老+医疗"的特色；合肥市 D 区形成"家政服务+助餐服务"为主的模式等。但通过实地调研和细致的评估，政府向社会力量购买养老服务还有一些问题值得思考。

第一，政府在通过购买方式提供服务的过程中，其作为与不作为的界限如何把握？有些地方政府已经出台了一些负面清单，明确不能通过购买方式提供服务的项目，但还有很多地方并没有出台这样的清单，在购买项目上还存在很多模糊性，未来各个地区应该根据国家整体要求，并结合地方特色，尽快出台购买清单和购买负面清单。对于养老服务项目而言，更难以把握的是虽然有文件对其购买范围进行界定，但更具体的是购买养老服务费用与直接负责养老服务费用。在调研中，多次有政府相关工作人员对购买养老服务费用范围表示并不是很清楚，这是否可以说对于养老服务事业，其考量的重点应该放在结果层面，如满意度、投诉率等，这值得进一步深入研究。

第二，政府在购买行为中职责相对于传统政府的变化情况？如何把握竞争性与公益性，公平性与持续性，政策创新性与衔接性，硬性指标与市场需求等之间的关系？政府在购买服务行为中，其显著变化就是从传统直接生产者、提供者的功能向购买者、监督者功能的转变，与服务对象的联系增加了一个主体，这在一定程度上缓和了服务需求的多元压力，但也拉开了政府和服务对象之间的联系和信任关系，这不得不说是一个挑战，即政府如何满足群众服务需求的同时，又能增强政府的权威和公信力。

第三，政府购买养老服务中社会组织发展方向？如何增强其竞争力？公建民营型养老机构与民营型养老机构之间的关系？发展社会力量是政府购买的一个很重要的初衷，但同时也增加了社会力量对政府的依赖性，尤其是对于公建民营机构来说，政府的"照顾"是其生存的主要支撑，这从长远来看是非常不利于企业的发展。同时，从购买养老服务来看，很多承接政府养老的业务并不是企业的赢利点，甚至说是亏损的业务，但促使企业积极来竞争此项业务动机来源于希望与政府建立合作关系，从而为企业其他业务谋利，这对企业和政府来说，在一定程度上是"公开的秘密"，也可以说是一种"共谋"行为。但这种行为对购买初衷激发市场活力是不利的。

第四，如何破解老年群体消费意愿低于市场预期困境？如何发展家政服务、助餐服务以外的服务项目？这是在整个调研中，四个地区政府普遍反映的一个问题。具体而言，可能与老年群体的消费观有很大的关系，毕竟老一辈经过物质比较匮乏的艰难岁月，养成了勤俭节约的生活习惯，还不太可能一下子转变观念。为此，政府购买养老服务应该有一个循序渐进的过程，首先应该满足老年人的基本生活照料服务，然后再慢慢过渡到精神照料或预防服务业务。针对一些特别需求或物质基础较好的群体提供灵活的服务方案，给予老人更多的人文关怀，让其安度晚年。同时，政府在养老政策宣传方面，也要注意对相关养老意识的培养。

第五，如何加快发展长三角地区养老一体化，更好实现资源共享和优势互补？长三角地区经济发展、老年人口等情况还存在差距，虽然养老一体化有助于实现资源和信息的共享，尤其是带动较落后地区养老服务事业的发展，但在各个地区开展购买养老服务过程中，还应该有所不同，从前述评估情况可见一斑。因此，在未来养老服务事业

第十章 结语

发展过程中,各个地区在加强业务交流、学习经验外,还要依据地方发展优势,因地制宜确定养老服务计划。当然,这仅仅是一些浅显的思考。以上这些问题还急需在理论和实践上给予积极回应。本研究也希望以此为契机,引发更多关于政府向社会力量购买服务及评估的思考。

附 录

附录1 南京市民政局购买服务项目绩效评估量化指标体系

整个评价指标体系包含三个部分。一是项目绩效评估概况表,二是民政局购买服务项目绩效评估自评表,三是服务对象满意度量表。

支撑材料:是用来证明三级指标得分的合理性;按照指标先后进行整理归档。

权重:总权重为100分,主观评价占40分,其余指标占60分,实施等权重法。

得分:两项值的项目得分为0和1,如果是三项制得分为1、0.6和0。然后与权重值相乘积,加权综合就获得该项目的绩效评估值。自评时只做表2和表3。第三方评估指标体系与自评表基本一致,增加了责任处室的评价以及监察室的反馈意见。

各责任处室可以决定是否增加四五级指标。

表1　　南京市民政局购买服务项目绩效评估概况

项目名称	
项目承接单位	
项目主持人	
项目实施周期	
项目经费总额(元)	
经费执行总额(元)	

续表

项目名称	
项目受益对象	
责任处室审核结论	1. 超额完成　2. 完成　3. 基本完成　4. 未完成
监察室结论	1. 达标　2. 不达标
第三方评估结论	1. 优　2. 良　3. 合格　4. 不合格
社管局结论	

表2　　　　南京市民政局购买服务项目绩效评估自评表

一级指标	二级指标	三级指标	支撑材料	权重	得分
（一）服务能力	项目人力配备	1. 主持人或负责人的稳定性：A 达标　B 不达标	出席各阶段项目检查证明；如果换人，需要书面材料		
		2. 项目专职人数：A 达标　B 不达标	名单、联系方式、出勤记录、角色分工		
		3. 团队成员执业资格或高级职称数量：A 达标　B 不达标	中高级职称、社工师、相关专业学位等资格证明		
	财务条件	4. 财务人员资格：A 达标　B 不达标	会计资格证书，服务合同		
	项目设施条件	5. 服务实施场所：A 达标　B 不达标	提供照片、证明等使用记录		
		6. 项目硬件设备：A 达标　B 不达标	设施实物证明材料		
（二）服务质量	服务数量	7. 服务对象人数及分布：A 达标　B 不达标	服务对象简表材料（姓名、地址、联系方式）		
		8. 服务数量（人/次或天）：A 达标　B 不达标	服务次数记录（对象、服务时间、内容）		
	服务水平	9. 服务针对性：A 达标　B 不达标	提供服务同意书或需求调查报告		
		10. 项目信息保密性：A 有制度保证　B 无制度保证	服务信息保密责任制度；外包服务签订保密责任书		

299

续表

一级指标	二级指标	三级指标	支撑材料	权重	得分
（三）项目管理	服务管理	11. 项目进程与立项书吻合度：A 达标 B 不达标	项目进程表，非乙方原因的书面滞后说明		
		12. 服务方案策划书：A 详细合理 B 不完整	方案策划书		
		13. 服务对象意见反馈机制或公共信息平台：A 有 B 无	服务对象意见反馈机制，如邮箱、信箱、投诉电话、公众信息平台等		
		14. 是否建立应急机制：A 有 B 无	针对项目潜在风险的应对预案		
	档案管理	15. 项目执行档案：A 达标 B 不达标	针对前述方案策划书的活动或服务归档资料		
		16. 中期报告或结项报告：A 完整 B 缺失	中期或结项报告		
	财务管理	17. 财务报销规范性：A 达标 B 不达标	提供财务报销流程和发票管理制度		
		18. 经费执行状况：A 达标 B 不达标	票据齐全或财务决算书或项目审计报告；与预算有重大差别需要有变动说明		
（四）服务成果	量化目标	19. 合同履约率：A 完成 B 基本完成 C 未完成	从合同		
	项目评价	20. 服务对象满意率：	第3类不需要，10%随机抽样调查，总数不超过30人		
（五）服务作风	法律操守	21. 腐败现象：A 无 B 有	服务过程中吃拿卡要，取消评优资格		
		22. 弄虚作假：A 无 B 有	服务、财务等方面的虚假行为。取消评优资格		
	道德操守	23. 服务对象投诉行为属实：A 无 B 有	由于损害自尊心、隐私信息泄露、资源分配不公等，取消评优资格		
		24. 商业推销行为：A 无 B 有	如有核实的举报，取消评优资格		

续表

一级指标	二级指标	三级指标	支撑材料	权重	得分
附加：服务创新	实务创新	25. 政策或咨询贡献：A 市级及以上 B 区县级 C 没有	政府采纳或获奖证书，主管领导肯定，评优指标		
		26. 品牌创新：A 形成品牌 B 没有品牌	品牌具体内容，评优指标		
	知识创新	27. 方法创新：A 形成新专利、标准 B 无	带证明材料，评优指标		
	社会影响	28. 社会效应：媒体报道、社会影响及民众反响等方面	提供证明材料，评优指标		

注：合同目标指标常见类别：会议、社会调查、咨询报告、服务、数据库、达标比率或数量、政策建议或标准、评估结论、组织建设、宣传产品等。

表3　　　　南京市民政局服务对象满意度评价量表

单项测评指标	满意度评价
1. 项目开展的内容符合需要	A 非常满意　B 比较满意　C 一般　D 不太满意　E 不满意
2. 项目开展的形式易于接受性评价	A 非常满意　B 比较满意　C 一般　D 不太满意　E 不满意
3. 项目服务的可靠性评价	A 非常满意　B 比较满意　C 一般　D 不太满意　E 不满意
4. 项目实施过程中的个人信息安全性评价	A 非常满意　B 比较满意　C 一般　D 不太满意　E 不满意
5. 项目实施所带来的效果评价	A 非常满意　B 比较满意　C 一般　D 不太满意　E 不满意

附录 2

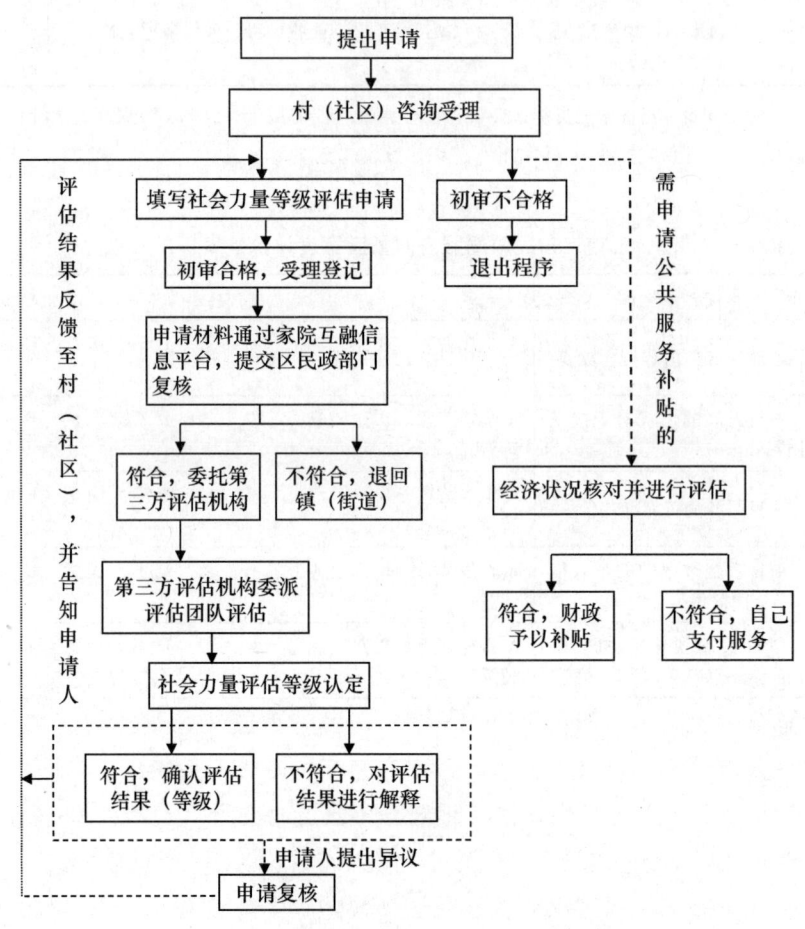

```
                          ┌──────────────┐
                          │   提出申请   │
                          └──────┬───────┘
                                 ▼
                       ┌──────────────────┐
                       │ 村（社区）咨询受理 │
                       └──────┬───────────┘
                              │
       ┌──────────────────────┼──────────────────────┐
       ▼                      ▼                      ▼
┌──────────────┐       ┌──────────────┐
│填写社会力量   │       │ 初审不合格   │
│等级评估申请   │       └──────┬───────┘
└──────┬───────┘              ▼
       ▼              ┌──────────────┐
┌──────────────┐      │  退出程序    │
│初审合格，受理 │      └──────────────┘
│登记          │
└──────┬───────┘
       ▼
┌──────────────────┐
│申请材料通过家院互│
│融信息平台，提交区│
│民政部门复核      │
└──────┬───────────┘
       │
   ┌───┴────┐
   ▼        ▼
┌────────┐ ┌──────────┐              ┌──────────────────┐
│符合，委│ │不符合，退│              │经济状况核对并进行│
│托第三方│ │回镇（街道）│            │评估              │
│评估机构│ └──────────┘              └────┬─────────────┘
└───┬────┘                                │
    ▼                              ┌──────┴──────┐
┌──────────────┐                   ▼             ▼
│第三方评估机构 │            ┌──────────┐ ┌──────────┐
│委派评估团队   │            │符合，财政│ │不符合，自│
│评估          │            │予以补贴  │ │己支付服务│
└──────┬───────┘            └──────────┘ └──────────┘
       ▼
┌──────────────┐
│社会力量评估等级│
│认定          │
└──────┬───────┘
   ┌───┴────┐
   ▼        ▼
┌────────┐ ┌──────────┐
│符合，确│ │不符合，对│
│认评估结│ │评估结果进│
│果（等级）│ │行解释    │
└────────┘ └────┬─────┘
                │申请人提出异议
                ▼
          ┌──────────┐
          │ 申请复核 │
          └──────────┘
```

左侧标注：评估结果反馈至村（社区），并告知申请人

右侧标注：需申请公共服务补贴的

图 1　宁波市鄞州区老年照护等级评估工作流程

附录3

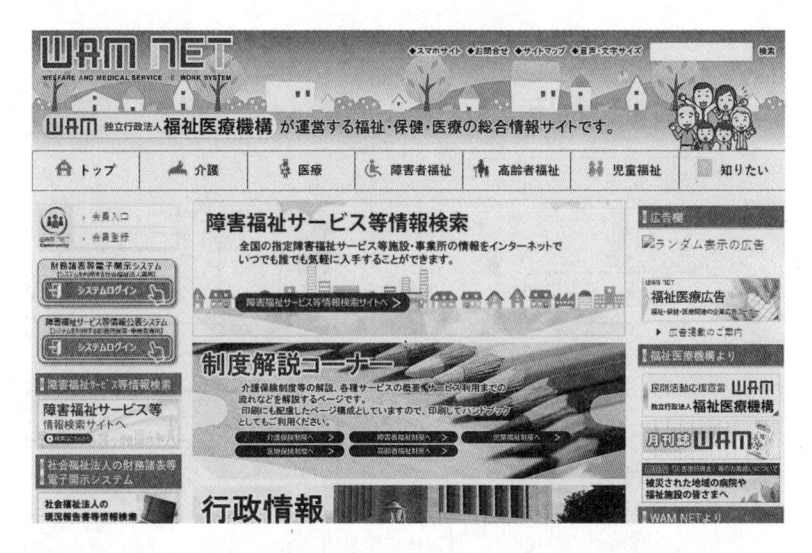

图1 日本独立行政法人福祉医疗机构 WAM NET 网站

图2 J老年服务中心居家服务流程相关规章制度

附录 4

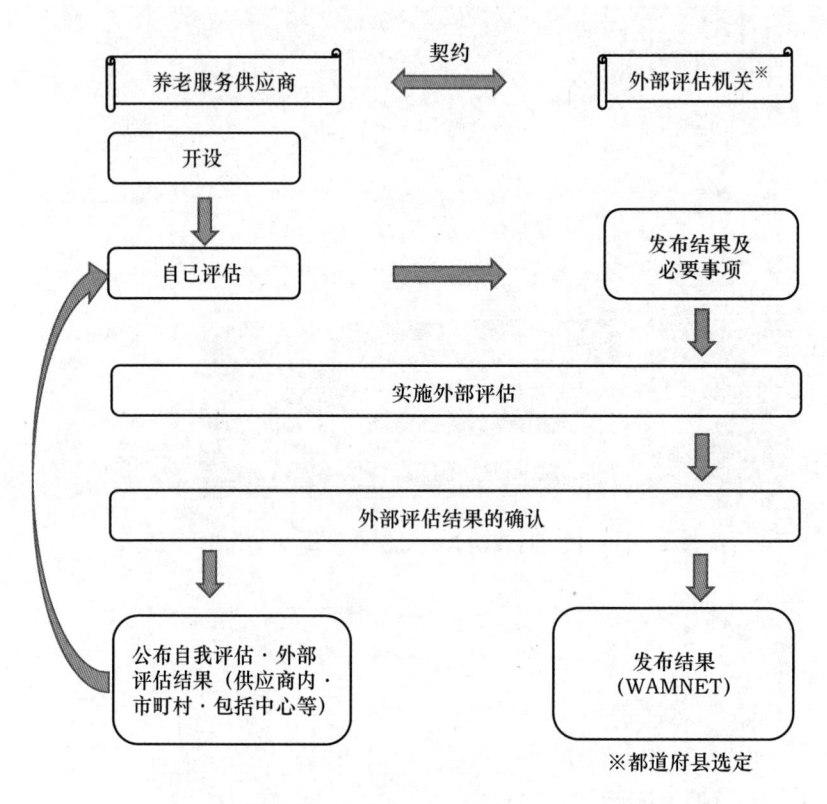

图 1　地域社区养老服务自我评估・外部评估流程

附录 5

表 1　　杭州市 C 区政府购买养老服务项目清单

序号	服务类型	服务内容
1	紧急呼叫服务	1 分钟内响应；确保老年人紧急情况得到处理，并跟踪反馈亲属、子女、社区等
2	主动关怀服务	主动推送服务信息根据老年人反馈提供相应服务并对老年人进行满意度调查
3	特殊助急服务	2 分钟内响应；在 1 小时内或老人同意时间提供服务
4	其他助急服务	家电维修（每次）
5	其他助急服务	开锁修锁（每次）
6	其他助急服务	管道疏通（每次）
7	其他助急服务	水电维修（每次）
8	助洁服务	居室清洁（每小时）
9	助洁服务	衣物洗涤（每小时）
10	助洁服务	理发修面（每次）
11	助餐服务	上门送餐（每次）
12	助餐服务	代购菜品和米面佐料（每次）
13	助医服务	家庭诊疗（每次）
14	助医服务	陪医就诊（每次）
15	助医服务	康复护理（每小时）
16	助浴服务	辅助洗浴（每次）
17	助浴服务	足部护理（每次）

续表

序号	服务类型	服务内容
18	助行服务	陪同购物（每小时）
19		陪同散步（每小时）
20		物品代购（每小时）
21	助聊服务	读书读报（每小时）
22	走失老人找回	走失老人找回（每次）

附录6

表1　　　　区民政局（老龄委办）随机抽查事项清单①

事项	内容
抽查项目	对在运行的养老机构的监督检查
抽查对象	区级登记成立的在运行的养老机构
抽查内容	1. 抽查养老机构是否取得《养老机构设立许可证》； 2. 抽查养老机构是否有提交年度报告，报告是否完整； 3. 抽查养老机构是否依据《养老机构管理办法》开展运营
抽查依据	《养老机构管理办法》（民政部令49号） 第二十八条民政部门应当按照实施许可权限，通过书面检查或者实地查验等方式对养老机构进行监督检查，并向社会公布检查结果。上级民政部门可以委托下级民政部门进行监督检查。养老机构应当于每年3月31日之前向实施许可的民政部门提交上一年度的工作报告。年度工作报告内容包括服务范围、服务质量、运营管理等情况。 《养老机构设立许可办法》（民政部令第48号） 第二十二条许可机关依法对养老机构的名称、住所、法定代表人或者主要负责人、服务范围等设立许可证载明事项的变化情况进行监督检查，养老机构应当接受和配合监督检查
抽查主体	C区民政局（老龄委办）
抽查比例	10%，随机抽取
抽查频次	每年1次
抽查方式	书面检查、实地核查、网络监测

---

① B区民政局（老龄委办）"双随机、一公开"工作实施方案，http://xxgk.hzxh.gov.cn/art/2018/7/27/art_ 1214168_ 19717844.html。

表2　　　　　　　　杭州市C区老年人满意率调查表[①]

街道（镇）＿＿＿＿＿＿　社区（村）＿＿＿＿＿＿　调查时间：＿＿＿＿＿＿　被调查者姓名：＿＿＿＿＿＿

序号	调查内容	非常满意	满意	基本满意	不满意
1	对服务机构（单位）的管理是否满意？				
2	对服务机构提供的服务内容是否满意？				
3	对服务机构履行协议（合同）的能力是否满意？				
4	对服务机构工作人员的服务态度是否满意？				
5	对服务机构提供的服务设施是否满意？				
6	对护理员处理应急问题的能力是否满意？				
7	对护理员的工作效率是否满意？				
8	对护理员上门服务时对老年人的关爱程度是否满意？				
9	对护理员上门服务时的语言和行为表现是否满意？				
10	对护理员上门服务时的品德表现是否满意？				
合计					

说明：非常满意10分，满意8分，基本满意6分，不满意0分。总分值为100分。

---

① 2011年7月《C区社区（村）居家养老服务标准（试行）》。

附录 7　承接养老服务主体满意度调查问卷

尊敬的领导：

　　您好！首先对您在百忙之中抽出时间填写本次调查问卷表示衷心的感谢！我们是"政府向社会力量购买养老服务评估指标构建及应用"小组，想要了解您对承接养老服务过程的满意情况，衷心感谢您的合作！

1. 您所在的社会力量类型是（　　）[单选题]
□社会组织　　　　　　□企业　　　　　　□事业单位
2. 您所在城市：（　　）[单选题]
□南京市　　　　　　　□上海市　　　　　　□合肥市
□杭州市
3. 您对政府向您们购买养老服务过程总的感受是（　　）[单选题]
□很不满意　　　　　　□不满意　　　　　　□一般
□满意　　　　　　　　□很满意

购买养老服务主体满意度调查问卷

尊敬的领导：

　　您好！首先对您在百忙之中抽出时间填写本次调查问卷表示衷心的感谢！我们是"政府向社会力量购买养老服务指标构建及应用"小

组，想要了解您对社会力量提供的养老服务质量的满意情况，衷心感谢您的合作！

1. 您所在的部门是（　　）［单选题］
□民政　　　　　　□财政　　　　　　□老龄办
□其他
2. 您所在城市：（　　）［单选题］
□南京市　　　　　□上海市　　　　　□合肥市
□杭州市
3. 您对社会力量提供的养老服务质量总体感受是（　　）［单选题］
□很不满意　　　　□不满意　　　　　□一般
□满意　　　　　　□很满意

服务对象满意度调查问卷

敬爱的老年朋友或家人：

您好！首先对您在百忙之中抽出时间填写本次调查问卷表示衷心的感谢！

我们是政府向社会力量购买养老服务评估小组，想要了解您或您的家人对养老服务的满意情况，请您按照您的实际感受逐一回答每个问题，在□上打√或画○即可，衷心感谢您的合作！

1. 您的身份是：［单选题］
□本人自填　　　　□家属代填
2. 老年人的性别：［单选题］
□男　　　　　　　□女
3. 老年人的年龄：［单选题］
□60—64 岁　　　　□65—69 岁　　　　□70—74 岁
□75—79 岁　　　　□80—84 岁　　　　□85—89 岁

□90 岁以上

4. 老年人享受购买养老服务所在城市：[单选题]

□南京市　　　　　　□上海市　　　　　　□合肥市

□杭州市

5. 老年人享受养老服务内容：[多选题]

□助餐　　　　　　　□助浴　　　　　　　□助洁

□助医　　　　　　　□助急　　　　　　　□助行

□家政服务　　　　　□精神慰藉　　　　　□咨询服务

□代办服务　　　　　□其他助老服务_____

6. 您对您或您家里老人享受养老服务及时性的感受是（　　）

□非常满意　　　　　□满意　　　　　　　□一般

□不满意　　　　　　□非常不满意

7. 您对您或您家里老人享受养老服务时长的感受（　　）

□非常满意　　　　　□满意　　　　　　　□一般

□不满意　　　　　　□非常不满意

8. 您对您或您家里老人提供养老服务的人员态度（　　）

□非常满意　　　　　□满意　　　　　　　□一般

□不满意　　　　　　□非常不满意

9. 您对您或您家里老人享受的一些服务收费（　　）

□非常满意　　　　　□满意　　　　　　　□一般

□不满意　　　　　　□非常不满意

10. 您对您或您家里老人已享受的养老服务总体感受是（　　）

□非常满意　　　　　□满意　　　　　　　□一般

□不满意　　　　　　□非常不满意

11. 跟政府直接提供养老服务方式相比，您对通过购买方式提供养老服务总的感受是（　　）

□非常满意　　　　　□满意　　　　　　　□一般

□不满意　　　　　　□非常不满意

12. 您对目前的养老服务有哪些意见或建议？[填空题]

参考文献

专著

包国宪、[美]道格拉斯·摩根：《政府绩效管理学——以公共价值为基础的政府绩效治理理论与方法》，高等教育出版社2015年版。

范柏乃、段忠贤：《政府绩效评估》，中国人民大学出版社2012年版。

范明林、吴俊：《质性研究》，格致出版社、上海人民出版社2009年版。

凤笑天：《社会研究方法》，中国人民大学出版社2013年版。

康晓光等：《依附式发展的第三部门》，社会科学文献出版社2011年版。

孔小礼：《科学方法中的十大关系》，学林出版社2004年版。

王浦劬、[美]莱斯特·M.萨拉蒙：《政府向社会组织购买公共服务：中国与全球经验分析》，北京大学出版社2010年版。

王浦劬、[英]郝秋笛：《政府向社会力量购买公共服务发展研究——基于中英经验的分析》，北京大学出版社2016年版。

王浦劬等：《政府向社会组织购买公共服务：中国与全球经验分析》，北京大学出版社2010年版。

张汝立等：《外国政府购买公共服务研究》，社会科学文献出版社2014年版。

朱俊峰、窦菲菲、王健：《中国地方政府绩效评估研究——基于广义模糊综合评价模型的分析》，复旦大学出版社2012年版。

[美]E.S.萨瓦斯：《民营化与公私部门的伙伴关系》，周志忍等译，中国人民大学出版社2002年版。

［美］珍妮特·V. 登哈特、罗伯特·B. 登哈特：《新公共服务：服务，而不是掌舵》，丁煌译，中国人民大学出版社2010年版。

学位论文

常晋：《政府购买公共服务的主体行为研究》，博士学位论文，东北财经大学，2017年。

邓志锋：《政府向社会组织购买公共服务中的行动逻辑研究》，博士学位论文，华东师范大学，2018年。

范栩含：《政府购买公共服务绩效评估体系构建研究》，硕士学位论文，上海师范大学，2015年。

胡光景：《地方政府购买社区居家养老服务管理监督与质量评估研究》，硕士学位论文，南京大学，2013年。

刘延海：《PV-GPG理论视角下中国政府绩效管理制度的回顾与展望》，硕士学位论文，兰州大学，2016年。

罗瑜亭：《政府购买公共就业服务效率研究》，博士学位论文，深圳大学，2017年。

闵文：《我国政府购买公共服务评估制度研究》，硕士学位论文，华中师范大学，2017年。

屈亮：《我国政府购买医疗保险服务模式的研究》，硕士学位论文，山东财经大学，2018年。

孙领：《政府购买公共服务第三方评估制度研究》，硕士学位论文，湖南大学，2017年。

王春婷：《政府购买公共服务绩效与其影响因素的实证研究》，博士学位论文，华中师范大学，2012年。

王明清：《政府向社会组织购买公共服务研究》，硕士学位论文，福州大学，2017年。

王寅：《境外PPP模式及其对我国养老机构发展的启示研究》，硕士学位论文，南京大学，2018年。

曾乾：《公共价值视域下政府购买公共服务的问题研究》，硕士学位论文，山东大学，2019年。

中文期刊

包国宪、张弘:《基于 PV-GPG 理论框架的政府绩效损失研究——以鄂尔多斯"煤制油"项目为例》,《公共管理学报》2015 年第 3 期。

蔡立辉:《政府绩效评估的理念与方法分析》,《中国人民大学学报》2002 年第 5 期。

陈玎:《公共服务多元提供:问责与风险分配的视角》,《中山大学学报》(社会科学版) 2014 年第 4 期。

陈刚、赖小琼:《我国省际基础公共服务供给绩效分析——基于以产出为导向的三阶段 DEA 模型》,《经济科学》2015 年第 3 期。

陈建国:《政府购买服务的需求管理模式和改革方向》,《东北大学学报》(社会科学版) 2018 年第 5 期。

陈磊:《法治政府绩效满意度实证研究——基于 2014 年广西的抽样调查》,《学术论坛》2016 年第 5 期。

陈通、王伟:《基于模糊平衡记分卡的绩效评估体系研究》,《西安电子科技大学学报》(社会科学版) 2007 年第 1 期。

陈为雷:《政府和非营利组织项目运作机制、策略和逻辑——对政府购买社会工作服务项目的社会学分析》,《公共管理学报》2014 年第 3 期。

陈晓春、王小艳:《低碳视角下政府绩效评价体系研究》,《中国行政管理》2012 年第 10 期。

程坤鹏、徐家良:《从行政吸纳到策略性合作:新时代政府与社会组织关系的互动逻辑》,《治理研究》2018 年第 6 期。

储亚萍、何云飞:《政府购买居家养老服务绩效的影响因素研究》,《云南民族大学学报》(哲学社会科学版) 2018 年第 4 期。

崔光胜:《政府购买公共服务中的利益博弈与风险防控》,《湖北社会科学》2017 年第 2 期。

崔光胜、余礼信:《基层政府购买农村公共服务:实践、困境与路径——基于江西省 G 镇的个案分析》,《中南民族大学学报》(人文社会科学版) 2014 年第 6 期。

崔述强等:《中国地方政府绩效评估指标体系探讨》,《统计研究》2006年第3期。

崔英楠、王柏荣:《政府购买社会组织服务绩效考核研究》,《北京联合大学学报》(人文社会科学版)2017年第4期。

崔卓兰、杜一平:《行政自我评价法律制度探究》,《行政法学研究》2011年第4期。

邓金堂、秦颖、李蓉:《以科学发展观为基础的政府绩效评估研究》,《软科学》2006年第2期。

邓搴:《论法治视野下政府公共服务外包的理论源流》,《陕西行政学院学报》2016年第1期。

丁增稳、陈莉:《政府绩效评价指标体系研究》,《会计之友》2011年第8期。

范柏乃、朱华:《我国地方政府绩效评价体系的构建和实际测度》,《政治学研究》2005年第1期。

范炜烽:《基于HLM模型的政府向社会力量购买公共服务绩效影响因子分析》,《领导科学论坛》2016年第13期。

方雪琴:《广播电视公共服务绩效评估体系的构建》,《现代传播》(中国传媒大学学报)2011年第5期。

冯俏彬、郭佩霞:《我国政府购买服务的理论基础与操作要领初探》,《中国政府采购》2010年第7期。

付士成、李昂:《政府购买公共服务范围研究——基于规范性文件的分析与思考》,《行政法学研究》2016年第1期。

高海虹:《政府购买社会组织服务的利益相关者分析》,《理论探讨》2014年第1期。

高树彬、刘子先:《基于模糊DEA的服务型政府绩效评价方法研究》,《科学学与科学技术管理》2011年第12期。

耿永志:《我国民生公共服务绩效评价体系构建》,《求索》2016年第9期。

韩江风:《政府购买服务中第三方评估的内卷化及其优化——以Z市S区社会工作服务评估项目为例》,《四川理工学院学报》(社会科学版）2019 年第 2 期。

何寿奎、胡明洋、莫云波：《政府购买公共服务的路径选择与治理机制》，《经济体制改革》2015 年第 2 期。

何文盛、王焱、蔡明君：《二次评估：政府绩效评估结果偏差的测量》，《兰州大学学报》（社会科学版）2013 年第 6 期。

何阳、孙萍：《地方政府购买人民调解服务与第三方评估》，《广西大学学报》（哲学社会科学版）2018 年第 2 期。

何植民、李彦娅：《以人为本：新时期我国地方政府绩效评估的核心价值取向》，《理论前沿》2006 年第 1 期。

和晓艳：《论政府公共服务效能测评的价值定位》，《思想战线》2011 年第 S1 期。

胡朝阳：《政府购买服务的法律调整体系探析——以代理理论与双阶理论为分析视角》，《学海》2014 年第 4 期。

胡穗：《政府购买社会组织服务绩效评估的实践困境与路径创新》，《湖南师范大学社会科学学报》2015 年第 4 期。

湖平、卢伟：《政府购买公共体育服务的模式、问题及建议——基于苏、浙、沪、粤等省市的调研》，《体育科学》2016 年第 12 期。

黄佳豪：《地方政府购买居家养老服务评估研究——以合肥为例》，《理论与改革》2016 年第 2 期。

黄天友：《探讨政府绩效审计内容与方法的几点思路》，《审计理论与实践》1997 年第 10 期。

吉鹏、李放：《政府购买居家养老服务的绩效评价：实践探索与指标体系建构》，《理论与改革》2013 年第 3 期。

江易华：《县级政府基本公共服务绩效指标：设计与筛选》，《天府新论》2011 年第 1 期。

姜文华、朱孔来：《政府购买服务中存在的问题及对策研究——基于对山东省政府购买服务状况的调研》，《理论学刊》2017 年第 4 期。

姜晓萍、郭金云：《基于价值取向的公共服务绩效评价体系研究》，《行政论坛》2013 年第 6 期。

姜智彬：《媒体服务绩效评估指标体系研究——基于层次分析法的报

纸绩效评估体系建构》，《新闻大学》2012 年第 4 期。

金碧华：《政府向社会组织购买公共服务的评估机制研究——基于上海、广州、东莞、宁波的考察分析》，《西安电子科技大学学报》（社会科学版）2015 年第 3 期。

敬乂嘉：《从购买服务到合作治理——政社合作的形态与发展》，《中国行政管理》2014 年第 7 期。

句华：《公共服务合同外包的适用范围：理论与实践的反差》，《中国行政管理》2010 年第 4 期。

句华、杨腾原：《养老服务领域公私伙伴关系研究综述——兼及事业单位改革与政府购买公共服务的衔接机制》，《甘肃行政学院学报》2015 年第 3 期。

郎玫：《博弈视角下政府绩效评价的基础模型及其选择中的"绩效损失"》，《上海行政学院学报》2018 年第 6 期。

李长远、张会萍：《政府购买养老服务的风险及其防治——基于养老服务链视角》，《经济体制改革》2019 年第 2 期。

李春、王千：《政府购买养老服务过程中的第三方评估制度探讨》，《中国行政管理》2014 年第 12 期。

李金龙、虞莹：《论我国政府绩效评估指标体系的优化》，《行政与法》2007 年第 3 期。

李乐、杨守涛、周文通：《试论公共责任视域下以公民为本的绩效评估指标体系的构建——英国的经验与启示》，《中国行政管理》2018 年第 6 期。

李磊、顾辰影、郑依琳：《城市群公共服务供给如何创新？——善治视域下的协同路径探析》，《江苏行政学院学报》2018 年第 6 期。

李民、吴永清：《基于科学发展观的地方政府绩效评估价值取向研究》，《求索》2009 年第 11 期。

李宁：《农村公共文化服务绩效评估机制构建研究》，《宁夏大学学报》（人文社会科学版）2009 年第 6 期。

李涛、陈彦桦、王嘉炜：《广西北部湾经济效应及其演进动力研究——一种考察地方政府绩效的方法》，《企业经济》2014 年第

9期。

李一宁、金世斌、吴国玖：《推进政府购买公共服务的路径选择》，《中国行政管理》2015年第2期。

李熠煜、佘珍艳：《资源依赖视角下农村社会组织发展模式研究》，《湘潭大学学报》（哲学社会科学版）2014年第2期。

李颖、邓念国：《系统化建构与属地化依附：政府向社会组织购买公共服务背景下的政社关系变迁》，《天津行政学院学报》2019年第1期。

廖芹、李晶、陈自洁：《基于DEA方法和粗糙集的政府效率评估模型》，《运筹与管理》2005年第6期。

林闽钢、王刚：《政府购买服务视角下事业单位改革的新思路》，《行政管理改革》2017年第12期。

林琼、凌文辁：《试论社会转型期政府绩效的价值选择》，《学术研究》2002年第3期。

林蓉蓉：《中国地方政府绩效评估指标体系研究现状分析——以14个地方政府绩效评估指标体系描述性分析为例》，《辽宁行政学院学报》2011年第7期。

刘博：《基层治理中的组织培育与服务创新——基于上海的经验研究》，《天津行政学院学报》2015年第3期。

刘红芹、包国宪：《政府购买居家养老服务的管理机制研究——以兰州市城关区"虚拟养老院"为例》，《理论与改革》2012年第1期。

刘俊英、时帅：《论贫困治理绩效评价——价值理性与工具理性的双重分析》，《长白学刊》2018年第4期。

刘磊、邵伟波：《公众参与视角下基于模糊层次分析法的政府信息公开绩效评估研究》，《情报理论与实践》2014年第3期。

刘晓洲、窦笑晨：《凭单制政府购买公共服务：一般机制与中国实践》，《天津行政学院学报》2019年第2期。

刘志辉：《政府与社会组织对称性互惠共生关系构建——基于国家治理能力现代化视角的分析》，《天津行政学院学报》2017年第3期。

鲁迎春、陈奇星：《从"慈善救济"到"权利保障"——上海养老服务供给中的政府责任转型》，《上海行政学院学报》2016年第2期。

马宝成：《试论政府绩效评估的价值取向》，《中国行政管理》2001年第5期。

马贵侠、叶士华：《民间公益组织发展：动态、反思与展望》，《理论与改革》2015年第3期。

马辉、廉睿：《民族地区政府购买公共服务的理论诠释与实践反思》，《改革与战略》2016年第11期。

马立、曹锦清：《基层社会组织生长的政策支持：基于资源依赖的视角》，《上海行政学院学报》2014年第6期。

马亮、杨媛：《公众参与如何影响公众满意度？——面向中国地级市政府绩效评估的实证研究》，《行政论坛》2019年第2期。

马全中：《绩效评估的价值体系构建——基于服务型政府的视角》，《云南行政学院学报》2012年第2期。

马全中：《近年来政府向社会组织购买公共服务研究述评》，《社会主义研究》2016年第2期。

马全中：《政府向社会组织购买公共服务项目制模式研究——基于广东欠发达地区的购买实践》，《领导科学》2019年第8期。

苗红培：《政府与社会组织关系重构——基于政府购买公共服务的分析》，《广东社会科学》2015年第3期。

倪星：《地方政府绩效评估指标的设计与筛选》，《公共管理研究》2006年第0期。

宁靓、赵立波：《公众参与政府购买公共服务绩效评估指标体系研究》，《中国海洋大学学报》（社会科学版）2017年第4期。

彭国甫：《地方政府绩效评估程序的制度安排》，《求索》2004年第10期。

彭国甫：《价值取向是地方政府绩效评估的深层结构》，《中国行政管理》2004年第7期。

彭国甫、李树丞、盛明科：《基于DEA模型的政府绩效相对有效性评估》，《管理评论》2004年第8期。

彭国甫、盛明科、刘期达：《基于平衡计分卡的地方政府绩效评估》，

《湖南社会科学》2004年第5期。

彭少峰、杨君：《政府购买社会服务新型模式：核心理念与策略选择——基于上海的实践反思》，《社会主义研究》2016年第1期。

彭少峰、张昱：《迈向"契约化"的政社合作——中国政府向社会力量购买服务之研究》，《内蒙古社会科学》（汉文版）2014年第1期。

齐海丽：《公共服务合作供给的国际经验与启示》，《中共桂林市委党校学报》2011年第4期。

邱水林：《政府购买生态服务：欧盟国家的经验与启示》，《环境保护》2018年第24期。

桑助来、张平平：《政府绩效评估体系浮出水面》，《瞭望新闻周刊》2004年第29期。

尚虎平：《地方政府绩效评估指标设计的研究进展与数据挖掘理论的应用》，《甘肃行政学院学报》2012年第2期。

尚虎平：《基于数据挖掘的我国地方政府绩效评估指标设计——面向江苏四市的探索性研究》，《软科学》2011年第12期。

史虹、王善东：《辽宁政府购买服务现状、问题与对策》，《地方财政研究》2018年第4期。

寿志勤等：《安徽实验：第三方政府网站绩效评估机制研究》，《中国科技论坛》2010年第2期。

宋美喆、缪世岭：《地方政府绩效评估指标体系的构建及应用方法》，《统计与决策》2012年第14期。

苏海军、姚岚：《公共卫生服务体系绩效评价指标框架研究》，《中国卫生经济》2010年第11期。

孙斐：《地方政府绩效评价的价值分类与结构》，《兰州大学学报》（社会科学版）2018年第4期。

孙洪敏：《地方政府绩效管理评价体系趋向性研究》，《学术界》2017年第8期。

孙洪敏：《地方政府绩效评估指标体系的民生解读》，《行政论坛》2011年第3期。

孙怡帆、杜子芳、邢景丽：《基本公共服务绩效评价指标体系的构建》，《统计与决策》2016年第5期。

邰鹏峰：《政府购买公共服务的评估困境破解——基于内地评估实践的研究》，《学习与实践》2013年第8期。

唐斌、彭国甫：《地方政府生态文明建设绩效评估机制创新研究》，《中国行政管理》2017年第5期。

唐任伍、唐天伟：《2002年中国省级地方政府效率测度》，《中国行政管理》2004年第6期。

汪锦军：《浙江政府与民间组织的互动机制：资源依赖理论的分析》，《浙江社会科学》2008年第9期。

王春婷、李帆、林志刚：《政府购买公共服务绩效结构模型建构与实证检测——基于深圳市与南京市的问卷调查与分析》，《江苏师范大学学报》（哲学社会科学版）2013年第1期。

王丛虎：《政府购买公共服务的底线及分析框架的构建》，《国家行政学院学报》2015年第1期。

王芳等：《加拿大与澳大利亚公共卫生服务均等化经验与启示》，《中国卫生政策研究》2010年第5期。

王海燕、唐润、于荣、郑继媛：《城市公交行业绩效评价体系研究》，《中国工业经济》2011年第3期。

王景波等：《地方政府体育公共服务绩效评估指标体系的研究》，《沈阳体育学院学报》2011年第2期。

王浦劬：《政府向社会力量购买公共服务的改革机理分析》，《北京大学学报》（哲学社会科学版）2015年第4期。

王荣党：《贫困县政府绩效评估的第一阶梯：需求·职能定位·价值取向》，《经济问题探索》2010年第10期。

王生交：《政府购买会计审计服务的绩效评价研究》，《中国注册会计师》2015年第10期。

王诗宗、费迪：《地方政府与社会组织在公共服务中的合作——浙江省宁波市的案例》，《国际社会科学杂志》（中文版）2014年第3期。

王晓东、王旭冉、张路瑶、李国红：《公共服务绩效评价体系构建与应用研究——以河北省为例》，《会计之友》2016年第8期。

王学军：《公共价值认同何以影响绩效：理论框架与研究议程》，《行政论坛》2019年第2期。

魏建森：《基于第三方主导的政府绩效评估研究》，《领导科学》2013年第8期。

魏娜、刘昌乾：《政府购买公共服务的边界及实现机制研究》，《中国行政管理》2015年第1期。

翁士洪：《从补缺式模式到定制式模式：非营利组织参与公共服务供给体制的战略转型》，《行政论坛》2017年第5期。

吴卅：《政府购买公共体育服务绩效评估现状——基于上海市和常州市经验》，《北京体育大学学报》2017年第3期。

吴绍琪、冉景亮：《政府绩效评估主体的研究》，《软科学》2006年第6期。

伍治良：《我国非营利组织统一立法的实证调研》，《法学》2014年第7期。

肖小霞：《社会组织发展：相关社会政策评析、约束与调整——社会政策视角的分析》，《福建论坛》（人文社会科学版）2012年第1期。

徐邦友：《两个转变中的政府行政观念》，《理论导刊》1997年第2期。

徐邦友：《试析政府绩效评估的新取向》，《中共浙江省委党校学报》2000年第3期。

徐家良、许源：《合法性理论下政府购买社会组织服务的绩效评估研究》，《经济社会体制比较》2015年第6期。

徐家良、赵挺：《政府购买公共服务评估机制研究》，《政治学研究》2013年第5期。

徐顽强、李敏：《地方政府绩效评估机制与行为悖论研究》，《宁夏社会科学》2018年第3期。

徐文贤、康福婷：《公共文化服务体系下的社区图书馆外包》，《图书馆论坛》2013年第6期。

徐阳：《政府绩效评估指标的研究轨迹》，《重庆社会科学》2017年第3期。

许鹿、杨小寻：《社会组织在政府购买服务中的自我调适》，《贵州社会科学》2019年第5期。

许鹿、钟清泉：《协同还是控制：社会组织参与公共服务质量改进机制研究》，《贵州社会科学》2015年第2期。

许燕：《国外政府购买公共服务范围及特点比较分析》，《价格理论与实践》2015年第2期。

薛泽林、孙荣：《分层项目制：上海市推进政府购买公共服务的经验与启示》，《上海行政学院学报》2017年第6期。

闫培宁：《基于AHP与过程结果模型的电子政务公共服务绩效实证研究》，《中国行政管理》2012年第6期。

颜如春：《对加强我国地方政府绩效评估机制建设的思考》，《探索》2007年第1期。

杨书胜：《政府购买服务内卷化倾向及成因分析》，《理论与改革》2015年第3期。

叶托、胡税根：《政府购买社会服务的绩效评估指标体系研究——基于德尔菲法和层次分析法的应用》，《广东行政学院学报》2015年第2期。

俞祖成：《日本政府购买服务制度及启示》，《国家行政学院学报》2016年第1期。

臧乃康：《政府绩效评估及其系统分析》，《江苏社会科学》2004年第2期。

臧乃康：《政府绩效评估价值与和谐社会的契合》，《探索》2005年第4期。

曾维和、陈岩：《我国社会组织承接政府购买服务能力体系构建》，《社会主义研究》2014年第3期。

詹国彬：《需求方缺陷、供给方缺陷与精明买家——政府购买公共服务的困境与破解之道》，《经济社会体制比较》2013年第5期。

张偲、温来成：《我国政府购买公共服务的边界》，《地方财政研究》2018年第4期。

张洪柱、樊炳有：《公共体育服务供给中政府与社会力量博弈分析》，《体育文化导刊》2017年第8期。

张俊彦：《美国联邦政府绩效管理制度之研究》，《深圳大学学报》（人文社会科学版）1993年第3期。

张礼建、吴晨旭、杨华茜：《我国政府购买公共服务现有模式的优化策略——基于三个评价指标》，《云南行政学院学报》2017年第2期。

张楠：《纵横结构的公共文化服务绩效评估体系模型》，《领导科学》2012年第20版。

张汝立、陈书洁：《西方发达国家政府购买社会公共服务的经验和教训》，《中国行政管理》2010年第11期。

张卫国：《美国养老社区研究》，《世界经济与政治论坛》2012年9月第5期。

张学研、楚继军：《政府购买公共体育服务绩效评估指标体系的研究》，《广州体育学院学报》2015年第5期。

张妍妍等：《政府购买公共服务之成效评估研究》，《图书馆理论与实践》2018年第7期。

张仲兵、武晓平：《养老服务行业的公平缺失与政府职能偏差分析》，《云南行政学院学报》2014年第5期。

赵红梅：《基于多级模糊综合评判法地方政府绩效评估研究》，《科技管理研究》2008年第10期。

赵环、徐选国、杨君：《政府购买社会服务的第三方评估：社会动因、经验反思与路径选择》，《福建论坛》（人文社会科学版）2015年第10期。

赵环、严骏夫、徐选国：《政府购买社会服务的逻辑起点与第三方评估机制创新》，《华东理工大学学报》（社会科学版）2014年第3期。

郑方辉、邓霖、卢扬帆：《影响政府整体绩效的公众满意度因素实证研究》,《天津行政学院报》2014年第1期。

郑吉萍:《地方政府绩效评估机制探析》,《长白学刊》2007年第4期。

郑钦:《公益创投：政府购买公共服务的新模式——以浙江宁波为例》,《领导科学》2017年第32期。

中国行政管理学会课题组等:《政府部门绩效评估研究报告》,《中国行政管理》2006年第5期。

周定财:《政府购买公共服务的制动因素及其优化路径》,《中共天津市委党校学报》2019年第2期。

周清:《促进民办养老机构发展的财税政策研究》,《税务与经济》2011年第3期。

周志忍:《政府绩效评估中的公民参与：我国的实践历程与前景》,《中国行政管理》2008年第1期。

卓越:《公共部门绩效评估初探》,《中国行政管理》2004年第2期。

卓越:《政府绩效评估指标设计的类型和方法》,《中国行政管理》2007年第2期。

卓越、张红春:《政府绩效信息透明度的标准构建与体验式评价》,《中国行政管理》2016年第7期。

邹蕴涵:《养老服务政府采购规模测算与政策建议》,《宏观经济管理》2016年第3期。

外文文献

Adil Najam, "The Four-C's of Third Sector-Government Relations", *Nonprofit Management & Leadership*, Vol. 10, No. 4, 2000.

Amanda M. Girth et al., "Outsourcing Public Service Delivery: Management Responses in Noncompetitive Markets", *Warner Source: Public Administration Review*, Vol. 72, No. 6, 2012.

Arun Kumar et al., "Procurement Performance Measurement System in the Health care Industry", *International Journal of Health Care Quality Assurance*, Vol. 18, No. 2, 2005.

Bennett, J. and Iossa, E. , "Building and Managing Facilities for Public Services", *Journal of Public Economics*, Vol. 90, No. 10 – 11, 2006.

Bing Li et al. , "Perceptions of Positive and Negative Factors Influencing the Attractiveness of PPP/PFI Procurement for Construction Projects in the UK: Findings From a Questionnaire Survey", *Engineering, Construction and Architectural Management*, Vol. 12, No. 2, 2005.

Blais, A. et al. , *The Budget-Maximizing Bureaucrat*, Pittsburgh, PA: University of Pittsburgh Press, 1992.

Campbell, J. W. , "Identification and Performance Management: An Assessment of Change-Oriented Behavior in Public Organizations", *Public Personnel Management*, Vol. 44, No. 1, 2015.

Canıtez, Fatih and Çelebi, Dilay, "Transaction Cost Economics of Procurement Models inPublic Transport: An Institutional Perspective Research in Transportation Economics", *Research in Transportation Economics*, Vol. 69, No. 11, 2018.

Chunqin Zhang et al. , "Performance Evaluation of Public Transit Systems Using a Combined Evaluation Method", *Transport Policy*, Vol. 45, No. 1, 2015.

Clark M. , *Democratizing Development: The Role of Voluntary Organizations*, London: Earthscan Publications, 1991.

Cortis, Natasha, "Access to Philanthropic and Commercial Income Among Nonprofit Community Service Organizations", *VOLUNTAS: International Journal of Voluntary & Nonprofit Organizations*, Vol. 28, No. 2, 2017.

Cruz, C. O. and Marques, R. C. , "Exogenous Determinants for Renegotiating Public Infrastructure Concessions: Evidence from Portugal", *Journal of Construction Engineering and Management*, Vol. 139, No. 9, 2013.

Cruz, C. O. and Marques, R. C. , "Theoretical Considerations on Quantitative PPP Viability Analysis", *Journal of Management in Enginnering*, Vol. 30, No. 1, 2014.

Cunningham Ian, James Philip, "Analysing Public Service Outsourcing:

The Value of a Regulatory Perspective", *Environment and Planning C - Politics and Space*, Vol. 35, No. 6, 2017.

Daniel Stid and Jeffrey Bradach, "How Visionary Nonprofits Leaders Are Learning to Enhance Management Capabilities", *Strategy & Leadership*, Vol. 37, No. 1, 2009.

Dobler, D. and Burt, D., *Purchasing and Supply Management*, McGraw-Hill, New York: The McGraw-Hill Companies, Inc, 1996.

Donahue and John D., *The Privatization Decision: Public Ends, Private Means*, New York: Basic Books, Inc, 1989.

Edwin R. A. Seligman and Alvin. Johnson, eds., *Encyclopaedia of the Social Sciences*, New York: The Macmillan Company, 1930.

Eleanor Chelimsky and William R. Shadish, eds., *Evaluation for the 21st Century: A Handbook*, Thousand Oaks, CA: Sage Publications, Inc, 1997.

Francesco Gardenal, "A Model to Measure E-Procurement Impacts on Organizational Performance", *Journal of Public Procurement*, Vol. 13, No. 2, 2013.

George A. Boyne, "Bureaucratic Theory Meets Reality: Public Choice and Service Contracting in U. S. Local Government", *Public Administration Review*, Vol. 58, No. 6, 1998.

Gerry Stoker, *Transforming Local Governance: From Thatcherism to New Labour*, London: Palgrave Macmillan, 2003.

Graeme A. Hodge, *Privatization: An International-Review of Performance*, Oxford: Westview Press, 2000.

Guasch, J. L., *Granting and Renegotiating Infrastructure Concession: Doing it Right*, WBI Development Studies, Washington: World Bank Publications, 2004.

G. Hodge, *Privatization: An International Review of Performance*, Boulder, CO: Westview Press, 2000.

Haddad, M. A., "Community Determinants of Volunteer Participation and the Promotion of Civic Health: The Case of Japan", *Nonprofit and Voluntary Sector Quarterly*, Vol. 33, No. 3, 2004.

Hansmann, H., "Economic Theories of Nonprofit Organizations", in W. W. Powelled, eds., *The Nonprofit Sector: A Research Handbook*, New Haven, CT: Yale University Press, 1987.

Hart, O. and Moore, J., "Incomplete Contracts and Renegotiation", *Econometrica*, Vol. 56, No. 4, 1988.

Herbert A. Simon, *Administrative Behavior: A Study of Decision-Making Processes in Administrative Organization*, New York: The Macmillan Company, 1947.

Jackson, P., *The Political Economy of Bureaucracy*, London: Phillip Allen, 1982.

James M. Buchanan, Robert D. Tollison, *Theory of pubic Choice*, Ann Arbor: The University of Michigan Press, 1972.

John Bennett and Elisabetta Iossa, "Contracting out public service provision to not-for-profit firms", *Oxford Economic Papers*, Vol. 62, No. 4, 2010.

Judith R. Saidel, "Resource Interdependence: the Relationship between State Agencies and Nonprofit Organizations", *Public Administration Review*, Vol. 51, No. 6, 1991.

Kakabadse A. and Kakabadse N., "Outsourcing in the Public Services: A Comparative Analysis of Practice, Capability and Impact", *Public Administration and Development*, Vol. 21, No. 5, 2001.

Kevin Lavery, *Smart Contracting for Local Government. Services: Processes and Experience*, Westport CT: Praeger Publishers, 1999.

Knudsen Daniel, *Procurement Performance Measurement System*, Lund, M. S. dissertation, Lund University, 1999.

Kuhnle S. and Selle P., *Government and Voluntary Organizations: A Relational Perspective*, Aldershot: Ashgate, 1992.

Leon E. Irish et al., *Outsourcing Social Service to CSOs: Lessons from Abroad*, Washington: The World Bank, 2009.

Lester M. Salamon, "Of Market Failure, Voluntary Failure, and Third Party Government: Towards a Theory of Government-Nonprofit Relations in the Modern Welfare State", *Journal of Voluntary Action Research*, Vol. 16, No. 1 -2, 1987.

Magnus Sparrevik et al., "Green Public Procurement-A Case Study of an Innovative Building Project in Norway", *Journal of Cleaner Production*, Vol. 188, No. 6, 2018.

Martin I. Kestenbaum and Ronald L. Straight, "Procurement Performance: Measuring Quality, Effectiveness, and Efficiency", *Public Productivity & Management Review*, Vol. 19, No. 2, 1995.

McMaster, R. and J. Sawkins, "The Contract State, Trust Distortion and Efficiency", *Review of Social Economy*, Vol. 54, No. 2, 1996.

Medda, F., "A Game Theory Approach for the Allocation of Risks in Transport Public Private Partnerships", *International Journal of Project Management*, Vol. 25, No. 3, 2007.

Michael Riketta, "Organizational Identification: A Meta-Analysis", *Journal of Vocational Behavior*, Vol. 66, No. 2, 2005.

Moxham and Claire, "Measuring up: Examining the Potential for Voluntary SectorPerformance Measurement to Improve Public Service Delivery", *Public Money & Management*, Vol. 33, No. 3, 2013.

Mueller, D. C., *Public Choice* II, Cambridge: Cambridge University Press, 1989.

Nor Suzila Lop et al., "Performance Assessment Framework for Private Finance Initiative Projects in Malaysia", *MATEC Web of Conferences*, Vol. 66, No. 00049, 2016.

Oliver Hart et al., "The Proper Scope of Government: Theory and an Application to Prisons", *Quarterly Journal of Economics*, Vol. 112, No. 4, 1997.

Owen, G. and Merna, A., "The Private Finance Initiative", *Engineering, Construction and Architectural Management*, Vol. 4, No. 3, 1997.

Peter Spiller et al. , *Procurement20/20*: *Supply Entrepreneurship in a Changing World*, Hoboken, New Jersey: John Wiley & Co. , Inc, 2014.

Proscovia Svärd, "The Impact of New Public Management Through Outsourcing on the Management of Government Information: The case of Sweden", *Records Management Journal*, Vol. 29, No. 1/2, 2019.

Qing Miao et al. , "Public Service Motivation and Performance: The Role of Organizational Identification", *Public Money & Management*, Vol. 39, No. 2, 2019.

Ruane, S. , "Acquiescence and Opposition: the Private Finance Initiative in the National Health Service", *Policy & Politics*, Vol. 28, No. 3, 2000.

Ruth Hoogland Dehoog, "Competition, Negotiation or Cooperation: Three Models for Service Contracting", *Administration and Society*, Vol. 22, No. 3, 1990.

Salamon L. M. , *Partners in Public Service: Government-Nonprofit Relations in the Modern Welfare State*, Baltimore: The Johns Hopkins University Press, 1995.

Salamon L. M. and Helmut K. A. , "Social Origins of Civil Society: Explaining the Nonprofit Sector Cross-Nationally", *VOLUNTAS: International Journal of Voluntary and Nonprofit Organizations*, Vol. 9, No. 3, 1998.

Sameen Siddiqi et al. , "Contracting but Not Without Caution: Experience With Outsourcing of Health Services in Countries of the Eastern Mediterranean Region", *Bulletin of the World Health Organization*, Vol. 84, No. 11, 2006.

Taylor, M. , "Between Public and Private: Accountability in Voluntary Organizations", *Policy and Politics*, Vol. 24, No. 1, 1996.

Tong, Catherine E. , "Fostering Inter-Agency Collaboration for the Delivery of Community-Based Services for Older Adults", *British Journal of Social Work*, Vol. 48, No. 2, 2018.

Trebble Timothy M. et al. , "Managing Hospital Doctors and Their Practice:

参考文献

What Can We Learn About Human Resource Management From Non-Healthcare Organisations?" *BMC Health Services Research*, Vol. 14, No. 1, 2014.

Victor Pestoff, "Co-production and Third Sector Social Services in Europe: Some Concepts and Evidence", *VOLUNTAS: International Journal of Voluntary and Nonprofit Organizations*, Vol. 23, No. 4, 2012.

Wolch J. R., *The Shadow State: Government and the Voluntary Sector in Transition*, New York: The Foundation Center, 1990.

Wolch J. R., *The Shadow State: Government and the Voluntary Sector in Transition*, New York: The Foundation Cente, 1990.

Yong D. R., "Alternative Models of Government-Nonprofit Sector Relations: Theoretical and International Perspectives", *Nonprofit and Voluntary Sector Quarterly*, Vol. 29, No. 1, 2000.

后　　记

本书是国家社科基金项目"政府向社会力量购买公共服务评估指标体系构建及应用研究"（批准号：15BZZ055）的重要成果，是在课题组及研究团队的共同努力完成的，研究团队的具体分工如下：

范炜烽教授主持和负责项目的总体设计、规划部署、研究实施与协调沟通，南京理工大学博士研究生许燕参与并承担了相关工作并承担了第六章、第七章、第八章、第九章的撰写工作。东华理工大学王青平、南昌大学笪蕾、江苏省政府研究室经济发展研究中心吴江为主参与了课题的研究与部分章节撰写工作，南京理工大学公共事务学院硕士研究生郑夏青、夏英双、席亚洁、孙鸣承担了本课题资料收集和整理、实地调研、文字撰写、格式调整等工作。

范炜烽教授与许燕共同承担了全书的统稿、修订与校对工作。

在本项目成果付梓之际，首先最要感谢的是北京大学国家治理研究院王浦劬教授对本项目的指导和关心。

在本项目的研究过程中，有幸得到了南京大学政府管理学院张永桃教授、童星教授、林闽钢教授，北京大学政府管理学院王浦劬教授、句华教授，清华大学韩冬雪教授，吉林大学周光辉教授，南开大学朱光磊教授，厦门大学陈振明教授，人民大学何艳玲教授，中山大学王清教授，河南大学张向东教授等各位高校学者、实务专家以及学院同事的帮助，正是在你们的指导和帮助下，才顺利完成本书指标构建最为关键的部分，项目研究团体全体成员在此表示深深地谢意！

在本项目实地调研过程中，所涉及的南京、上海、杭州、合肥四地的民政部门、财政部门、基层政府机构、社会组织负责人与工作人员、受访对象，都对本项目的调研给予了积极支持和帮助，为课题研究提供了大量的一手资料。对此，项目研究团体全体成员表示由衷的敬意和谢意！

中国社会科学出版社许琳编辑为本书的编辑工作倾注了大量的心血，提出了诸多宝贵的修改建议，在此，项目研究团体全体成员亦致诚挚感谢！

在写作此书的过程中，还遇到了很多良师益友。正是他们的指导和鼓励，或赐赠材料，或以其他方式提供帮助，在此一并感谢！

范炜烽

2020年12月20日于南京理工大学

数字政府与基层治理研究中心